왜 미국은 북한을 이기지 못하나

왜 미국은 북한을 이기지 못하나

북·미 핵대결에 관한 역사적 고찰과 전망

| 김종성 지음 |

내일을여는책

역사는 2류들의 반란史

역사는 언제나 2류가 1류에게 도전하는 무대였다. 그리고 2류의 승리 확률은 100%다. 백년이고 2백년이고 싸우다 보면 언젠가는 도전자가 승리하기 때문이다. 역사학자 에드워드 카아는《역사란 무엇인가?》에서 어제의 1류가 내일은 2류가 될 수밖에 없다고 했다. 어제의 1류는 어제의 것에 익숙하기 때문에 내일의 1류가 되기 위한 준비를 하지 않는다. 내일의 1류가 되는 준비를 하자면 지금의 기득권을 포기해야 하기 때문이다. 그래서 어제의 1류는 어제의 1류일 수밖에 없다. 어제의 1류가 앞으로도 영원히 1류가 된다면, 역사학이란 학문은 필요 없게 된다. 역사라는 것은 무엇이 어떻게 바뀌었는가를 담는 기록이다. 아무것도 바뀌지 않는다면, 역사는 자신의 존재 의의를 상실할 것이다.

이렇게 역사는 어제의 도전자가 내일은 챔피언이 되고, 어제의 챔피언이 내일은 사라지는 무대다. 과거 한민족의 눈치를 보던 거란족·여진족·만주족이 순식간에 대륙을 점령하고 세계적 강국이 되는 모습을 우리의 조상들은 목격했다. 한민족은 어제의 2류였던 그들이 어느 순간 1류가 되어 한민족의 복종을 요구하는 현실에 봉착했다. 그렇기 때문에 오늘 1류라고 마냥 칭송할 필요도 없고, 지금 2류라고 마냥 무시할 수도 없는 것이다.

이런 역사의 법칙은 북한과 미국의 관계에서도 예외가 아니다. 지금 북한은 2류다. 하지만 단순한 2류가 아니라 손에 뭔가를 쥐고 있는 2류다. 북한이 손에 쥔 것은 '핵'이라는 쟁점이다. 핵은 우리 시대의 운명을 좌우하는 쟁점이다. 시대의 운명을 좌우하는 쟁점! 그 쟁점을 움켜쥔 2류가 1류에 대항하고 있다면, 그 2류는 예사 2류가 아닌 것이다.

핵문제는 지구상의 패권을 좌우하는 문제다. 국제법적으로 핵을 보유할 수 있는 나라는 겨우 다섯 나라다. 유엔 안보리 상임이사국인 미국·러시아·중국·영국·프랑스만이 합법적으로 핵이라는 '흉기'를 쥘 수 있다. 그렇기 때문에, 자신들을 핵보유국이라고 주장하는 북한의 움직임은 심상치 않은 것이다. 그것은 수상한 움직임이다. 북한은 안보리 상임이사국 지위에 상응하는 그 뭔가를 노리고 있다. 그래서 북한은 예사롭게 지나칠 2류가 아닌 것이다. 만약에라도 북한이 자신들의 뜻을 성취한다면 '어제의 2류가 내일은 1류가 된다'는 역사 법칙이 관철되는 셈이다. 북한은 단순히 식량이나 에너지를 얻어낼 목적으로 핵실험을 하는 게 아니다. 이 세상을 뒤바꿀 뭔가를 목적으로 움직이고 있는 것이다. 따라서 북한의 행보를 관찰하는 것은 우리에게 매우 중요하고 절실한 일이다.

이런 인식 하에, 이 책에서는 북한과 미국의 관계를 역사적으로 조명하고 두 나라의 행동패턴을 도출해본 다음, 이것을 기초로 두 나라 관계의 미래를 예측하고자 한다. 19세기 초반부터 전개된 조선과 미국의 관계, 20세기 중반부터 펼쳐진 북한과 미국의 관계를 추적하다 보면, 북한이 무슨 생각으로 핵문제를 일으키고 있는지, 그들이 노리는 것이 무엇인지, 북·미관계 및 동아시아의 미래가 어떻게 될 것인지에 대한 역사적 안목을 얻게 될 것이다.

2017년 2월

김종성

미국의 패권에 도전하는 북한

오늘날 세계 정세에서 북·미 간의 핵문제만큼 중대하고도 불확실한 것은 없다. 지금 이 시간에도 남북관계의 단절과 대립 문제, 북·일 간의 납치자 문제, 중화 패권주의와 일본 군국주의의 문제, 중국과 일본의 역사왜곡, 일본의 독도 침탈 야욕, 중·일 간의 조어도(센카쿠열도) 문제, 중국과 대만의 양안관계, 티베트 문제, 야스쿠니신사 문제 등이 번갈아가며 동아시아, 나아가 세계의 이목을 집중시키고 있지만, 그 어떤 이슈도 북·미 간의 핵문제에 필적할 수는 없다. 동아시아 밖에서 벌어지는 문제들도 북·미 간의 핵문제를 능가할 수 없다. 그것이 핵문제가 아닌 이상, 언뜻 보기에 북·미 핵문제보다 더 중요한 것처럼 보일 수 있지만, 실상은 북·미 핵문제보다 중요하지 않다.

핵무기는 1945년에 세계 최첨단 무기가 되었다. 따라서 핵무기를 둘러싼 대결은 '최첨단 대결'의 비중을 갖고 있다. 또한 핵무기는 단순한 최첨단 무기의 하나에 그치지 않고, 세계를 지배하는 수단으로써의 위상도 갖고 있다. 핵무기를 보유하는 나라가 세계를 지배한다는 점은, 핵무기 보유가 공인된 5대 핵국(核國)이 유엔 안전보장이사회 상임이사국이라는 점에서 단적으로 드러난다.

1969년 유엔 총회에서 채택된 핵확산금지조약(NPT) 제9조 제3항에서는 '1967년 1월 1일 이전에 핵무기와 그 밖의 핵폭발 장치를 제조하고 또 폭발시킨 나라'만을 합법적인 핵보유국으로 인정한다. 이 조건을 충족하는 나라는 미국·러시아·영국·프랑스·중국 5개국뿐이다. 이들은 안보리 상임이사국들이다. 북한·인도·파키스탄·이스라엘도 핵을 보유하고 있지만, 이들은 공식적인 핵보유국이 아니다. 이 나라들이 보유한 핵무기는 분명 공식적인 핵무기이지만, 미국·러시아 등이 주도하는 유엔의 인정을 받지 못했기 때문에 이들은 공식적인 핵보유국이 아닌 것이다. 이처럼 원칙상 안보리 상임이사국이 아니고서는 보유할 수 없는 핵무기를 북한이 갖고 있다. 북한은 그것으로 세계 최강 미국을 위협하고 있다. 이러니 이 문제는 단순히 동아시아 차원이 아니라 세계적 차원의 쟁점이 되는 것이다.

지구상 바닷길에서 해적이 많이 출몰하는 곳은 인도네시아 해역, 소말리아 해역, 나이지리아 해역, 토고 해역, 아덴만, 홍해, 말레이시아 해역, 방글라데시 해역 등이다. 이는 해적이 아프리카 서해안, 홍해 및 아덴만, 뱅골만, 동남아 해역에 많이 출몰하고 있음을 뜻한다. 이곳들은 16세기 이래 서유럽이 세계 침략을 목적으로 지나다닌 바닷길이다. 16세기 이래 서유럽은 바닷길을 통해 영향력을 확장했다. 그런 그들이 다니던 길에서 해적이 자주 출현한다는 것은 바닷길에 대한 서유럽의 지배력이 약해졌음을 의미하고, 이는 곧 서유럽의 세계 지배력이 약해졌음을 뜻한다. 이렇게 세계 해적들은 바닷길의 길목을 지키며 세계 질서를 교란하고 있다.

그런데 북한의 행보는 해적들처럼 단지 길을 막고 질서를 교란하는 수준에 그치지 않고 있다. 북한은 핵무기를 들이대며 미국을 위협하고 있다. 그리고 미국과 대등해지려 하고 있다. 이 나라는 일대일 테이블에 미국을 끌어들이고 자국과 미국만의 무대를 만들려 애쓰고 있다. 북한은 단순한 해적질 정도가 아니라 그 이상을 겨냥하고 있는 것이다. 해적과 정부의 결정적 차이는, 해적은 권위가 없는데 반해 정부는 그것이 있다는 점이다. 북한은 바닷길의 해적들처럼 미국으로부터 뭔가를 받아내는 정도와는 비견할 수 없는 더 큰 뭔가를 얻어내려 하고 있다. 북한이 경제적인 이익이나 얻어내려 하고 있다고 생각한다면, 북한의 의도나 향후 행보를 전혀 알아낼 수 없을 것이다.

미국이 동아시아에서 패권을 발휘할 수 있는 것은 미국이 인정하든 않든 간에 미국의 핵무기가 이곳에 배치되어 있기 때문이다. 동아시아 해양세력인 한국·일본·대만·필리핀 등은 독자적인 핵무장을 하지 못한 채, 미국의 핵무기에 의존하고 있다. 미국은 이 지역 해양세력을 자국의 핵우산 아래 모으면서 패권을 지켜나가고 있다.

이런 상태에서, 북한은 핵무장을 통해 한국·일본 등을 교란하고 있다. 북한의 핵무장은 반(反)북 진영의 한국·일본을 자극하고 독자적 핵무장 충동을 일으키고 있다. 2014년 5월 30일자 미국 일간지 〈월스트리트저널〉에 소개된 박근혜 대통령의 "북한의 추가 핵실험은 주변국들에게 독자적 핵무장의 명분을 제공해서 핵 도미노 효과를 일으킬 수 있다."는 발언에서 북한 핵무장의 효과를 감지할 수 있다. 북한 핵무장의 심리적 파급 효과는, 북한의 핵실험이 거듭되자 한국 내의 반북 세력이 작은 목소리로 "우리도 핵무장을 해야 한다."고 주장하는 데서도 나타난다. 한국이나 일본 등이 핵무장을 한다는 것은 미국의 핵우산이 불필요해진다는 것을 의미한다. 이는 핵우산에 기초한 미국의 패권이 동아시아에서 행사될 필요성이 없어짐을 의미한다. 이처럼 북한의 거듭되는 핵실험은 미국과 한국·일본 등을 갈라놓고 미국의 패권을 흔드는 효과가 있다. 분명히, 북한은 지나가는 배를 붙잡고 돈이나 뜯어내는 해적들과는 다르다. 북한의 목표는 물질적 지원을 받는 것이 아니다. 그것은 패권과 관련이 있다.

많은 한국인들은 북한이 식량이나 에너지를 얻어내려고 핵무기를 만지작거린다고 생각한다. 그러나 그런 관점으로는 문제를 올바로 이해할 수 없다. 북한이 어떤 의도로 핵 정책을 전개하는지 올바로 이해해야만 북한의 향후 행보를 정확히 예견할 수 있다. 그래야만 북·미 핵대결의 미래를 명확히 예측할 수 있다.

차례

1

조선과
미국이
만나다

북·미관계의 출발점은?

북·미 대결은 한국과 동아시아는 물론이고 전 세계의 이목을 끄는 이슈다. 많은 사람들은 이 문제가 앞으로 어떻게 전개될지 지대한 흥미를 갖고 있다. 그런데 이와 관련하여 우리에게는 장애물이 있다. 미국은 몰라도 북한에 대해서만큼은 우리는 극히 제한된 정보밖에 갖고 있지 못하다. 종편(종합편성채널)TV에 나와 북한 지도부와 김정은의 속마음을 훤히 꿰뚫고 있는 것처럼 말하는 전문가들도 사실은 북한에 대해 아는 것이 별로 없다. 이런 상태에서 자꾸만 미래를 예측하려 드니 그 예측이 적중할 리가 없다. 예측이 번번이 빗나가니, 우리 머릿속에서 북·미관계는 오리무중 속으로 빠져들 수밖에 없는 것이다.

모든 경우에 다 그런 것은 아니지만, 미래가 불투명하고 정확히 예측되지 않는 혼돈 상황에서는 일단 과거를 돌아보는 것이 가장 지혜로운 방법이다. 어떤 문제가 처음에 어떻게 시작해서 지금에까지 이르렀는가를 훑어보면 전체적인 맥락 속에서 그 문제를 정리할 수 있다. 그렇게 되면 앞으로의 상황이 어떻게 전개될지를 통찰할 수도 있게 된다. 북·미관계 역시 마찬가지다. 지금처럼 북·미관계를 한치 앞도 예상할 수 없는 상황에서는 미래에 대한 예측을 일단 보류하는 것이 현명하다. 우선은 과거로 돌아가서 이 문제의 인과관계를 하나씩 점검하는 것이 일차적인 과제다.

그렇다면 북·미관계의 출발점은 언제일까? 제1차 북·미 핵대결이 점화된 1990년대가 출발점일까? 이 시점은 북·미관계의 출발점이 될 수 없다. 1990년대는 북·미관계가 핵대결의 양상을 띠게 된 시점일 뿐, 북·미관계의 출발점은 아니다. 그럼, 미국이 일본에 핵폭탄 두 방을 떨어뜨린 1945년이 그 시작일까? 그 해를 북·미관계의 출발점으로 인식하는 사람들이 있다. 조선민주주의인민공화국으로 불리는 북한이 1945년을 계기로 세워지고 그 이후로 북·미가 대결 무대에 올라섰으므로, 1945년을 북·미관계의 출발점으로 설정하는 것도 그럴싸해 보인다. 하지만 그럴싸해 보일 뿐이다. 1945년 역시 아니다.

국제관계를 예측할 때는 그것의 뿌리부터 분석해야 한다. 세계적 차원이든 지역적 차원이든, 모든 국제관계는 국제질서에 뿌리를 두고 있다. 특정한 국제관계의 출발점을 이해하려면 그것이 뿌리를 내리고 있는 국제질서가 언제 시작됐는지를 이해해야 한다. 그러면 북·미관계가 뿌리를 두고 있는 국제질서는 언제 시작된 것일까? 1945년이 출발점이 될 수 없다면, 그 출발점은 언제일까?

북·미관계의 출발점은 1840~1842년 제1차 아편전쟁의 종전 협정인 난징조약에서부터다. 영국과 청나라 간에 벌어진 이 전쟁을 계기로 지금의 동아시아 국제질서가 창출됐고, 그때 생긴 질서가 아직까지 종결되지 않았다. 그리고 북·미관계는 이 질서에 뿌리를 내리고 있다. 따라서 북·미관계의 출발점을 찾고자 한다면 우리는 제1차 아편전쟁부터 주목해야만 한다. 특히 1945년 이후 동아시아 질서의 특징과 1842년 이후 동아시아 질서의 특징을 비교해보면, 1945년 이후의 질서가 1842년 이후의 질서에 포함된다는 점에 동의하게 될 것이다.

1945년 이후 동아시아 질서의 3대 특징은 해양세력(미국·일본·한국·대만·필리핀)이 대륙세력(중국·북한·러시아·몽골)에 비해 우위를 점하고 있다는 점(A), 해양세력 중에서 서양 국가(미국)가 지역 패권을 장악하고 있다는 점(B), 한반도가 양대 세력의 교차점 내지 완충지대 역할을 하고 있다는 점(C)이다.

C는 1598년 임진왜란 종전을 계기로 나타났다. 임란 이전에 일본은 동아시아의 변방이었다. 그랬던 일본이 이 전쟁을 계기로 위협

적인 해양세력으로 등장했다. 대륙세력과 맞짱 뜰 수 있는 세력으로 부상한 것이다. 이로 인해 한반도는 대륙과 해양의 완충지대라는 위상을 갖게 됐다. 임란 이전에도 왜구가 동아시아를 교란하기는 했지만, 왜구는 민간 차원의 해적이었으므로 이들을 곧바로 일본 정부와 연결시킬 수는 없었다. 또 겉으로는 왜구였지만 실제로는 조선·명나라 해적인 경우도 없지 않았다. 그래서 왜구의 활동을 근거로 일본이 임란 이전에도 동아시아 주요 세력이었다고 말할 수는 없다. C의 특성은 임진왜란으로 나타난 것이다.

C를 제외한 나머지 두 가지, 즉 해양이 대륙에 비해 우위를 점한다는 특징과 서양 출신 해양국가가 지역 패권을 쥐고 있다는 특징은 아편전쟁을 계기로 19세기 중반에 출현했다. 이 두 가지 측면에서 1842년 이후와 1945년 이후는 동질적이다. 지역 패권을 장악한 서양 국가가 어느 나라인가 하는 점만 다를 뿐, 서양 출신 해양국가가 패권을 쥐고 있으며 이 나라의 주도 하에 동아시아 해양세력이 우위를 유지하고 있다는 점은 1842년 이후나 1945년 이후나 다르지 않다. 그런 점에서 1945년 이후의 동아시아는 1842년 이후 동아시아의 연장선상에 있다고 말할 수 있다. 1945년은 새로운 시작이 아니라 1842년의 연장이었던 것이다. 이것은 현존 동아시아 질서의 시발점이 1945년이 아니라 1840년임을 의미하는 것이다.

이것은 우리가 살고 있는 국제질서의 수명이 70년 정도가 아니라 170년 이상 되었음을 뜻하는 것이다. 이제까지 동아시아에서는 하나의 국제질서가 보통 200년, 길면 300년 정도 유지되었다. 이런 평균적인 경향을 놓고 보면, 우리는 현존 국제질서의 끝자락, 즉 팍스 아메리카나의 마지막 시기에 살고 있는 셈이다.

이어지는 페이지에서 우리는 19세기 중반 이전의 동아시아 패권의 역사를 간략히 스케치할 것이다. 이를 통해 독자들은 19세기 중반 이후에 A와 B의 특성이 출현한 것이 동아시아 역사에서 특이한 일이었다는 점에 동의할 것이다. 또는 북한이 무엇을 목표로 미국에 대항하고 있는지도 자연스레 알 수 있을 것이다.

미국, 동아시아에 관심을 갖다

미국을 비롯한 서양열강이 중국에 대해 관심을 보인 일차적 목적은 중국과의 통상에 있었다. 하지만, 중국 이외의 국가들에 대해 관심을 보인 이유는 약간 달랐다. 중국과의 교역도 필요했지만, 이 교역에 도움을 줄 나라와의 교류도 필요했다. 미국의 경우도 그런 관점에서 중국과 여타 동아시아 국가들을 분류했다. 미국은 중국도 필요했지만, 북태평양을 운항하는 자국 선박에 식량·식수·석탄 혹은 긴급 구호를 제공해주거나 선박의 기착지를 제공해줄 동아시아 국가도 필요했던 것이다. 조선에 대한 미국의 관심은 여기서 비롯됐다.

19세기 초반에 북태평양을 지나다니던 미국 선박들 중에는 중국으로 가는 배들도 있었지만, 이 넓은 바다에서 포경업을 하는 배들도 많았다. 당시 고래잡이의 주목적은 고기보다는 기름을 채취하는 것이었다. 석유가 채굴되기 이전에 미국과 유럽인들은 등잔·기계·가로등·시계·향수에 고래 기름을 넣었다. 고래 기름은 특히 시계에 필요했다.

농업이 주된 산업이던 산업혁명 이전에, 노동자들은 태양의 위치나 하늘의 밝기를 근거로 하루 동안의 작업을 수행했다. 그들은 하늘을 보면서 일했다. 그런데 산업혁명을 계기로 인간은 하늘이 아닌 공장 천장이나 벽을 보며 작업을 하게 됐다. 그러다 보니 공장에 걸린 시계에 시선이 가지 않을 수 없었다. 이 때문에 시계는 노동자를 관리하는 데에 필요불가결한 물건이 되었고, 그런 시계를 작동시키자면 고래 기름이 필요했다. 그래서 18세기부터 미국과 유럽은 포경업에 열을 올리게 되었다.

포경업의 최대 거점인 북태평양에서 주도권을 잡은 것은 미국인들이었다. 이들이 북태평양에서 안전하게 활동하려면, 태평양 서쪽 연안과 우호관계를 맺어야 한다는 것이 미국 정부의 판단이었다. 재난에 처한 미국 선원들이 식량·식수·석탄이나 긴급구호를 받으려면 태평양 서쪽 국가들의 지원 시스템을 확보해두어야 한다고 본 것이다.

또 미국은 대(對)중국 교역을 안정시키기 위해서라도 동아시아 국가들과 국교를 체결하지 않으면 안 되었다. 당시는 증기선이 바다를 떠다니던 때였다. 당시의 증기선으로는 미국에서 중국까지 한 번도 쉬지 않고 운항하는 것이 불가능했다. 그래서 미국 입장에서는 자국 선박의 중간 기착지가 되어줄 국가들이 필요했다. 미국이 유구(오늘날의 오키나와)와 오가사와라 군도에 접근한 것은 그런 이유 때문이다. 여기서 오가사와라 군도는 일본 남쪽의 태평양에 떠 있는 섬들로서 북위 28도 이남, 동경 140도 이동에 있다. 1854년에 일본과 화친조약을 체결하기 이전까지 미국은 유구왕국과 오가사와라 군도를 선박의 기착지로 활용했다. 19세기 전반에 미국이 동아시아에 관심을 가진 것은 대체로 이런 이유 때문이었다.

미국의 동아시아 진출이 가로막히다

동아시아에 대한 미국의 관심은 적지 않았지만, 1840년대까지만 해도 이것이 국가정책으로 반영되지는 못했다. 이 점은 동아시아를 향한 미국 내부의 움직임이 번번이 무산된 데서도 잘 드러난다.

아편전쟁이 벌어지기 6년 전인 1834년이었다. 미국 정부는 로버츠 특사를 동아시아에 파견하여 통상 증진 방안을 모색했다. 로버츠는 농아시아를 돌아본 뒤 존 폴시드 국무장관에게 "일본과의 통상교역이 열리면 조선과도 교역하게 될 가능성이 있다."고 보고했다. 하지만 로버츠의 보고서는 미국 정부의 동아시아 정책에 별다른 영향을 주지 못했다. 이때만 해도 세계 최강 청나라가 아직 건재했다. 영국·프랑스 같은 서유럽 강대국들도 중국의 벽을 넘지 못하던 때였다. 그렇기 때문에 아메리카 신흥국인 미국이 동아시아와의 관계 수립에서 뾰족한 성과를 거두기는 어려웠다.

그러다가 아편전쟁이 벌어지고 그 결과 1842년에 난징조약이 체결되었다. 이 사건이 갖는 의의는 13세기 몽골제국의 활약 이래 동아시아가 잡고 있었던 주도권이 서유럽 쪽으로 넘어갔다는 데 있다. 경제사 분야의 세계적 권위자인 안드레 군더 프랑크가 《리오리엔트》에서 정리한 것처럼, 1545년부터 1800년 이전까지 중국(명나라·청나라)이 세계 무역흑자의 44%를 차지한 사실에서 알 수 있듯이, 팍스 몽골리카 이후 세계의 경제 중심은 동아시아였다. 아편전쟁은 동아시아로부터 서유럽으로 그 중심이 이전했다는 점에서 역사적 의의를 갖는 사건이었다.

아편전쟁이 동아시아 국제질서에 미친 결정적 영향은 사상 처음으로 해양세력이 대륙세력을 제압하고 동아시아 패권을 쥐도록 만들었다는 점이다. 그런데 그 해양세력은 서양 출신 해양세력이었다. 영국은 난징조약의 결과로 얻어낸 홍콩이라는 해양 기지를 발판으로 동아시아 대륙세력에 대한 우위를 확보하게 되었다. 영국은 동아시아 사상 처음으로 지역 주도권을 확보한 비(非)동아시아 국가였다.

이렇게 전쟁이라는 무력적 방법에 의해 동아시아 시장이 열리자, 미국의 눈길이 다시 이 지역으로 돌려지지 않을 수 없었다. 영국·프랑스가 청나라를 굴복시키는 모습을 보면서 미국은 자신도 동아시아 주요 국가들과 국교를 개설할 수 있다는 자신감을 갖게 되었다. 그렇게 해서 청나라에 접근한 미국은 1844년에 청나라와 중·미오구무역장정(中美五口貿易章程)을 체결했다. 이것은 미국이 중국의 다섯 항구에서 무역을 하고 영사재판권을 향유한다는 등의 내용을 담은 국교 조약이었다. 미국이 영국·프랑스 덕분에 동아시아 주류 세계와 교류하게 되는 순간이었다.

청나라와의 국교 개설에 성공한 미국은 이웃나라인 조선·일본 쪽으로 눈을 돌렸다. 이듬해인 1845년 2월, 미국 하원의원 프래트는 조선 및 일본과의 통상관계를 개설하자고 의회에 제안했다. 하지만 이 제안은 수용되지 않았다. 아편전쟁으로 놀란 청나라를 겁줘서 중·미오구무역장정을 체결하는 데는 성공했지만, 조선·일본까지 상대하기에는 여력이 부족하다고 판단한 것이다. 당시 미국 의회는 인디언이나 멕시코와의 전쟁에 신경을 쓰고 있었다. 그래서 조선·일본과 수교해야 할 필요성은 느끼고 있었지만, 프래트의 제안을 적극적으로 검토할 여유가 없었던 것이다.

미국이 동아시아 진출을 전면적으로 시도하지 못한 데는 지리상의 이유노 있었다. 당시의 미국 지도는 지금의 미국 지도와 달랐다. 초기 유럽 이주민들은 대서양 바닷물에 발을 담근 채 미국 동부에 상륙했다. 그들이 아메리카대륙을 횡단하여 태평양 바닷물에 발을 담그게 된 것은 19세기 중반이었다. 1848년에 가서야 미국은 태평양 연안인 캘리포니아까지 영토를 확장하게 되었다. 그 이전만 해도 미국의 서부 국경은 태평양 해안가가 아니었다.

눈을 감고 지금의 미국 영토를 세로로 3등분해보자. 조선에서 정조 임금이 급사하고 3년이 지난 1803년 이전까지 미국의 영토는 오른쪽의 3분의 1에 불과했다. 지금의 위스콘신·일리노이·미시시피주의 서쪽 경계를 넘지 못했다. 지금의 중부 지역을 획득한 것은 1803년이었다. 이때 미국은 프랑스로부터 중부 지역을 매입했다. 몬타나·와이오밍·오클라호마는 이때 획득한 땅이다. 하지만 미국이 1803년부터 중부를 실질적으로 지배한 것은 아니다. 프랑스로부터 매입만 했을 뿐, 그곳에 미국의 공권력을 행사할 수는 없었다. 그곳을 실질적으로 지배하는 사람들은 이른바 '인디언'이라 불리는 토착민들이었다. 미국이 실효적 지배권을 획득한 것은 1830년대부터였다. 이때부터 미국은 전쟁을 통해 중부의 인디언들을 내쫓았다.

그랬던 미국이 태평양 연안에 당도한 것은 1840년대 후반이었다. 이때 조선의 임금은 정조의 증손자인 헌종이었다. 미국은 1846년에는 영국과의 협상을 통해 태평양 연안 북부인 워싱턴·오리건주를 얻어내고, 1848년에는 '평화롭지 않은 방법'으로 태평양 연안 남부인 캘리포니아를 차지했다. '평화롭지 않은 방법'이라고 한 데는 이유가 있다. 중부의 아래쪽인 텍사스와 서부의 아래쪽인 캘리포니아는 본래 멕시코 영토였다. 멕시코 영토인 이곳에 미국인 이민자들이 하나둘씩 정착하기 시작했다. 그러다가 자신들의 세력이 커지자, 이들은 멕시코에 반기를 들고 독립정부를 선포했다. 이들은 텍사스와 캘리포니아에 각각 미국인 이민자들의 독립국을 세웠다. 그런데 이 나라들이 결국에는 미국에 합병됐다. 텍사스 쪽의 국가는 1845년에, 캘리포니아 쪽의 국가는 1848년에 미합중국에 합병됐다. 이렇게 해서 미국은 1848년에 태평양 연안에 도달할 수 있게 되었다.

그러면 1848년 이전에 미국인들은 어떻게 태평양을 항해했을까? 그 방법은 크게 두 가지였다. 하나는 미국 해안에서 배를 타고 남미를 빙 돌아 태평양으로 가는 것이고, 또 하나는 파나마나 멕시코를 경유해서 태평양 연안으로 가는 것이었다.

사정이 이러했기 때문에 1848년 이전의 미국은 본격적인 동아시아 정책을 펼 만한 입장이 아니었다. 1830년대 로버츠 특사의 보고서나 1845년 프래트 의원의 제안이 채택되지 않은 것은 바로 이런 이유 때문이었다. 미국은 동아시아에 오고 싶어도 마음대로 올 수 있는 처지가 아니었다.

조선과 미국의 첫 만남

1848년 이후로 태평양을 자유롭게 이용할 수 있게 되면서, 미국은 동아시아 진출을 적극적으로 추진했다. 그런데 미국의 관심사에서 조선은 부차적 위치로 내몰렸다. 1848년 이전만 해도 미국은 지리상의 이유 때문에 동아시아에 접근하기 힘들었다. 그래서 동아시아를 바라보는 눈이 아무래도 현실성이 약할 수밖에 없었다. 그러나 1848년 이후로 동아시아에 대한 접근이 쉬워지면서 동아시아를 바라보는 눈이 좀더 현실적으로 바뀌게 되었다. 이러다 보니 조선과 여타 국가들이 다르게 보이기 시작했다.

미국이 동아시아에 얻어야 할 것은 첫째는 무역상의 이익, 둘째는 항해상의 이익이었다. 가장 중요한 무역상의 이익이라는 측면에서 조선은 매력적인 나라가 아니라는 판단이 들었다. 조선은 청나라처럼 물산이 풍부한 나라가 아니었다. 또 청나라처럼 세계적 경쟁력을 갖춘 상품을 생산하는 나라가 아니었다. 청나라는 중국의 전통적인 3대 수출품인 차·비단·도자기를 갖고 있었지만, 조선에는 그런 것이 없었다. 그렇기 때문에 조선과의 통상관계가 미국의 국부 증대에 도움이 될 가능성은 낮아 보였다.

그렇다면 조선이 항해상의 이익은 줄 수 있었을까? 조선은 태평양을 항해하는 미국 선박을 보호해줄 수 있었을까? 조선의 바다가 태평양과 연결되어 있기 때문에, 조난을 당한 미국 선박이 조선 연해에서 표류할 가능성은 있었다. 하지만, 조선이 미국 선박을 보호해준다 해도, 이로 인한 이익은 그리 크지 않을 것이 분명했다. 왜냐하면, 북태평양을 운항하는 미국 선박들과 가까운 곳은 일본이나

오키나와이지 조선이 아니었다.

이렇게 통상관계라는 관점에서 보나 자국 선박 보호라는 관점에서 보나, 1848년 이후의 미국에게 여전히 조선은 그다지 매력적인 국가가 아니었다. 조선과 국교를 체결할 수 있다면 좋겠지만 무리수를 쓰면서까지 그렇게 할 필요가 없다는 것이 미국인들의 판단이었다.

이처럼 조선은 미국이란 나라에 대해 관심조차 갖지 않고 있었고, 미국 혼자 조선을 놓고 주판을 굴리던 상황에서 우연치 않게 두 나라의 교류가 이루어졌다. 미국이 의심적은 눈으로 조선과의 관계를 저울질하던 때였지만, 이 만남은 비교적 괜찮은 분위기 속에서 이루어졌다.

고종의 전임자 때인 철종 3년 12월, 양력으로 1853년 1월 1일이 지난 뒤였다. 장소는 부산 용당포 앞바다였다. 용당포는 바다에서 부산항으로 들어가는 길목이다. 이곳에 미국 선박이 출현했다. 북태평양에서 고래잡이를 하는 배가 풍랑으로 부산 앞바다에 표류한 것이었다. 이 배로 인해 조선과 미국의 첫 만남이 성사됐다.

조선 정부는 이전에도 용당포 앞바다에서 이양선을 목격한 적이 있었다. 나중에 알려진 바에 따르면, 이 배는 영국 해군 탐사선인 프로비던스호였고 함장은 브라우튼이었다. 프로비던스호가 용당포에 표류한 때는 정조 21년 8월 25일, 즉 1797년 10월 14일이다. 이 날짜 《정조실록》에 따르면, 탑승 인원은 50명이었다. 이들과 접촉한 조선 관리는 "모두 코가 높고 눈이 파랗다."며 "서양 사람 같다."고 보고했다. 이 관리는 중국어·만주어·일본어·몽골어로 의사소통을 시도해보았지만, 모두 실패했다. 그래서 붓을 주면서 글을 써보라고 했더니 "구름과 산 같은 그림을 그려 알 수 없었다."고 조선 관리는 보고했다. 조선 관리한테는 알파벳이 구름과 산 같은 그림으로 보였던 것이다. 이런 경험이 있었기 때문에 1853년 당시의 부산 사람들은 이양선이 아주 생소하지는 않았다.

이 대목에서 짚고 넘어갈 것이 있다. 오늘날의 한국인들은 구한말의 조선이 세계 사정에 완전히 어두웠을 것이라고 생각한다. 하지만, 1797년에 용당포에서 영국 선박을 상대하는 조선 관리들이 중국어·만주어·일본어·몽골어를 구사한 것에서 알 수 있듯이, 당시의 조선인들은 세상물정에 그렇게 어둡지 않았다. 1797년이면 청나라가 세계 제일의 경제대국 지위를 빼앗긴 1842년으로부터 45년 전이다. 따라서 1797년 당시에는 청나라의 공식 언어인 중국어·만주어를 구사하는 사람들이 전 세계에서 가장 세련된 사람들이었다.

다시 1853년 용당포 앞바다로 돌아가자. 관할 지방관인 동래부사는 미국 선박에 문정관(問情官)을 파견했다. 문정관은 상황을 탐문하는 관리였다. 요즘 표현으로 하면 조사관 정도다. 바로 이 문정관과 선원들의 접촉이 최초의 조·미 접촉이었다. 그러나 이것은 정부 간 접촉은 아니었다. 정확히 말하면 조선 관방과 미국 민간의 접촉이었다. 문정관이 파악한 바에 따르면 이 배에는 승무원 마흔세 명이 탑승하고 있었다. 하지만 문정관은 이들과의 의사소통에 실패했다. 필담도 마찬가지였다. 이번에도 조선 문정관은 "서양인들이 구름 같은 그림만 써놓았다."고 보고했다. 미국 선박은 용당포에 표류하기는 했지만 조선 측의 긴급구호를 받을 상황은 아니었던 것 같다. 만약 이 배가 도움을 필요로 했다면 조선측은 종래의 관례에 따라 구조를 제공했을 것이다. 하지만 그럴 필요가 없었기 때문인지 이 배는 그냥 돌아갔다.

그런데 조선 문정관이 접촉하는 과정에서 흥미로운 일이 생겼다. 문정관과의 의사소통에 실패한 미국 선원들은 계속해서 뭔가를 외쳐댔다. 문정관은 그게 무슨 뜻인지는 몰랐지만, 소리 자체는 대충 알아들을 수 있었다. 문정관은 그 발음을 며리계(㫆里界)라는 세 글자로 표기했다. 이것이 선원들의 국적일 것이라고 추측한 문정관은 이들의 국적을 '며리계'로 보고했다. "We are from America! America! America!"라는 선원들의 말을 듣고, 문정관은 America란 발음만 기억했던 것이다. 문정관한테는 A 발음이 약하게 들렸던 모양이다. 문정관이 영어를 배운 적이 없었을 것이라는 점을 감안하면, 'America'를 '며리계'로 알아들은 것은 그의 듣기능력이 꽤 괜찮았음을 보여주는 것이다.

미국 선박의 연이은 출현

미국 선박이 용당포 앞바다에 출현한 지 2년 뒤인 1855년 6월이 었다. 이번에는 강원도 통천군 앞바다에 미국 선박이 출현했다. 지 금은 북한 땅인 통천군은 1998년 6월과 10월에 정주영 현대그룹 명 예회장이 소 1001마리를 끌고 휴전선을 넘도록 만든 곳이다. 정주 영은 강원도 통천군 송전면 아산리에서 1915년에 출생했다. 자서전 인 《시련은 있어도 실패는 없다》에서 청년 시절의 정주영은 아버지 가 황소 판 돈 40원을 포함해서 나무 궤짝에 있던 70원을 훔쳐서 서 울행 밤차에 뛰어올랐다. 그 일에 대한 죄책감 때문에 소 1001마리 를 북에 데리고 갔던 것이다.

통천군 앞바다에 출현한 배는 조선 연해에 우연히 표류하게 된 선박이었다. 이 선박은 고래잡이배인 투브라더즈호였다. 통천군수 는 투브라더즈호 선원들을 후하게 대접했다. 이 조치는 연해에서 표류하는 외국 선박에 대해 조선 정부가 전통적으로 취한 정책을 따른 것이었다. 이런 일이 있을 때마다 조선 정부는 선원과 선박을 구호해서 본국으로 돌려보냈다. 이 원칙은 그 이전은 물론이고 그 후에도 계속 지켜졌다.

조선 정부와 투브라더즈호 선원들 사이에서는 초보적이나마 꽤 많은 의사소통이 이루어졌다. 이들은 조선 관리들에게 영어 단어도 알려주었다. 이들이 알려준 단어에는 'sun', 'man', 'hand' 등이 있었다. 그런데 이들이 2개월간 체류하는 동안에도 조선 정부는 이들의 국적을 확인하지 못했다. 어쩌면 국적을 확인할 필요가 없었는지도 모른다. 설령 국적을 알았다고 해도 조선과 미국 사이에 국교가 없었기 때문에 조선 정부가 이들을 미국에 보냈을 리는 없다. 조선 정부는 청나라의 도움을 빌려 이들을 본국으로 송환하기로 결정했다. 그래서 투브라더즈호와 선원들은 청나라로 보내졌다.

'손님들'이 떠난 뒤에야 조선 정부는 그들의 국적이 화기국(花旗國, Flowery Flag Country)이라는 것을 알아냈다. 화기국은 청나라 개항장인 광주(광저우)에서 등장한 표현이다. 광주항에 도착한 미국 선박의 국기에 별과 선이 꽃처럼 장식된 것을 보고 중국인들이 그런 표현을 만들어냈던 것이다. 그래서 중국에서는 화기국이 미국을 가리키는 표현으로 사용되었다. 하지만, 이것은 비공식적 표현이었다. 공식적 표현은 미리견(美利堅·彌利堅·米利堅)이었다. 투브라더즈호가 화기국 선박이라는 것을 알아냄으로써, 조선은 자국이 태평양 건너 미국과 교류했다는 사실을 뒤늦게 인식하게 되었다.

조선은 거대한 그림을 읽지 못했다

영국인 개빈 멘지스가 저술한 《1421: 중국, 세계를 발견하다》에서는 콜럼버스가 아메리카대륙을 발견하기 72년 전인 1421년에 명나라 제독 정화가 아메리카를 탐험했을 가능성이 제기되었다. 이에 따르면 1421~1423년에 정화 함대는 아메리카뿐만 아니라 호주·뉴질랜드·남극·북극·그린란드까지 탐험했을 가능성이 있다. 근거는 유럽인이 아메리카에 도착했을 때 아시아계로 보이는 사람들이 이미 있었다는 점과, 15세기 초의 중국 난파선으로 확인되는 선박의 잔해가 세계 곳곳에서 발견되었다는 점 등이다.

몽골이 세계를 휩쓴 13세기 이후로 동아시아가 세계 문명을 주도했다는 점, 정화 함대가 세계 정상급의 항해술과 선박 건조 기술을 갖추고 약 60척의 정크선(연해나 하천에서 사람이나 짐을 싣던 배)과 190척의 소규모 선박을 보유했을 뿐만 아니라 약 2만7천 명의 대규모 인력을 보유했다는 점 등을 감안하면, 멘지스의 주장이 터무니없는 것은 아니라는 생각이 든다.

여기서 중요한 것은 정화 함대가 유럽인들보다 먼저 아메리카를 발견했는가 여부가 아니다. 정화의 탐험이 실제 사실이었다 해도 이들이 아메리카대륙에 위협적이지는 않았다는 점이다. 정화 함대는 그냥 탐험했을 뿐이다. 이에 비해 16세기 이후 유럽인들의 세계 탐험은 다른 지역 사람들에게 분명히 위협을 줬다. 왜냐하면 처음에는 그렇지 않았을지라도 점차적으로 여타 지역을 정복하겠다는 목표 하에 세계 각지를 탐험했기 때문이다. 그런 목표는 유럽 각국의 국가정책으로도 반영되었다. 그렇기 때문에 16세기 이후 유럽인들의 탐험은 분명히 위험한 것이었다.

19세기 초반에 조선 연해에 나타난 미국 선박들도 그랬다. 이들은 동아시아에 대한 경제적 착취를 통해 국부를 증대시키겠다는 국가 전략에 따라 동아시아에 찾아온 선박들이었다. 물론 19세기 중반까지의 미국은 서유럽처럼 극악무도한 식민정책을 펼치지는 않았다. 하지만 미국과 서유럽의 차이는 정도의 차이에 불과했다. 미국 역시 제국주의적 기질을 갖고 있었다는 점은 부정할 수 없다. 미국이 어떤 식으로 아메리카대륙을 정복했는지는 굳이 강조할 필요도 없다. 그렇기 때문에 비록 한두 척씩 출현하는 것이기는 해도, 미국 선박의 연이은 출현은 분명히 조선에 위험한 것이었다.

　더욱 더 위험한 것은 조선 정부가 미국의 의도를 잘 몰랐다는 점이다. 미국 선박의 출현이 미국 정부의 동아시아 정책과 관련이 있다는 점을 파악하지 못한 것이다. 조선은 미국 선박은 물론이고 그 외의 서양 선박들도 동아시아 침략과 관련이 있다는 점을 잘 몰랐다. 이 점은 청나라·일본도 마찬가지였다. 1870년대에는 일본인들이 서양의 정책을 파악하고 이것을 모방하게 됐지만, 그 이전만 해도 동아시아인들은 서양이 무슨 이유로 그렇게 동아시아에 집착하는지 이해하지 못했다. 단순히 무역을 통해 이익을 좀 얻어내려고 그러는 줄 알았던 것이다. 아프리카에서 무상으로 노동력을 착취하고 아메리카에서 무상으로 은을 착취한 데에 이어 세계 최대 시장인 동아시아까지 무상으로 빼앗고자 달려드는 서유럽과 미국의 원대한 전략을 동아시아인들은 이해하지 못했다.

19세기에 동아시아가 서양에 패배한 결정적 원인이 바로 이것이었다. 군사력이나 과학기술에서는 서양에 뒤졌지만 경제력이나 문화 전반에서 서양을 능가했던 동아시아가 서양에 패배한 것은 서양의 전략을 이해하지 못했기 때문이다. 그래서 제대로 된 대응을 준비하지 못했던 것이다. 그도 그럴 것이, 서유럽은 그 이전만 해도 세계 질서의 변방이었기 때문에 동아시아 국가들로서는 이들을 무시할 수밖에 없었다.

서유럽이 비주류였다는 점은 저명한 서양 학자들의 입을 통해서도 쉽게 확인된다. 미국 경제학자인 론도 캐머런과 래리 닐은 한국어로도 번역된《간결한 세계경제사》에서 11세기 이탈리아 도시들에 대해 언급하면서 "이탈리아의 도시들은 이처럼 상대적으로 부유하고 진보적인 동방과 상대적으로 빈곤하고 낙후된 서방을 연결하는 중개 역할을 수행함으로써 실질적·명목적으로 많은 이익을 보았다."고 말했다. 이탈리아가 이슬람과 더불어 유라시아대륙의 중개자 역할을 하던 때에 서유럽이 동방 세계에 비해 뒤져 있었다는 언급이다. 또 이 책의 뒷부분에서는 "16세기 이전까지만 해도 서유럽은 고립된 몇몇 지역의 하나의 불과했다."고 말했다. 또 안드레 군더 프랑크는《리오리엔트》에서 "유럽은 19세기에 유럽 중심적 세계관이 발명되어 전파되기 전, 그러니까 근세까지만 해도 아시아에 의존하고 있었다."고 했다. 같은 책에 인용된 시카고대학 인류학자 제임스 모리스 블로트의 언급은 "1492년 또는 1500년 무렵의 유럽은 아시아와 아프리카에 비해 전혀 우위에 있지도 않았고 질적으로 판이한 생산양식을 갖고 있지도 않았다."는 것이다.

이처럼 19세기 이전까지 서유럽이 세계사의 비주류였기 때문에 동아시아는 이들의 의도와 역량을 간과할 수밖에 없었다. 그래서 이들의 발전도 눈치 채지 못하고 이들의 세계정복 전략도 이해하지 못했던 것이다. 조선을 포함한 동아시아 국가들이 서양의 침략에 제대로 대비하지 못한 결정적 이유는 이것이다.

유사한 사례는 유럽인들에 대한 아즈텍 제국의 대응에서도 나타났다. 16세기 초반에 아즈텍 제국에 침입한 스페인 부대는 에르난 코르테스가 이끄는 140명으로 구성되었다. 이들은 총과 강철 무기를 갖고 있었지만, 그것만으로는 목테수마 2세 황제가 이끄는 100만 아즈텍 대군을 상대할 수는 없었다. 목테수마 2세가 압도적 우위에 있었다는 점은 그가 코르테스를 가볍게 보고 황궁에까지 불러들인 사실에서도 드러난다. 만약 목테수마 2세가 유럽인들의 의도를 간파했다면 유럽인들이 자신의 대제국을 그처럼 마음대로 농락하도록 방치하지 않았을 것이다. 천연두가 확산된 것이 아즈텍 제국의 멸망에 기여한 측면도 컸지만, 코르테스가 이끄는 140명이 어떤 의도를 갖고 왔는지를 파악하지 못한 것이 아즈텍 제국을 멸망으로 이끈 결정적 요인이었다. 이처럼 아무리 객관적으로 세력이 월등한 쪽일지라도 상대방의 의도를 간과하고 적절한 대응을 하지 못하면 허무하게 멸망하기 쉬운 것이다.

미국에 의해 멸망하지는 않았지만 조선 역시 미국 선박의 출현을 둘러싼 거대한 프로젝트를 전혀 이해하지 못했다. 요즘 따라 이양선이 너무 자주 출현한다고만 생각했을 뿐, 미국과 서유럽 국가들이 전 세계를 삼키려는 계획을 갖고 다가오고 있다고는 생각하지 못한 것이다. 이처럼 초기의 조·미관계는, 미국은 전체적인 그림을 갖고 있었던 반면에 조선은 그런 그림을 갖지 못한 상태에서 시작됐다. 그래서 이 게임은 처음부터 조선에 불리할 수밖에 없었다. 이 때문에 미국은 비교적 가벼운 마음으로 조선과의 관계에 임할 수 있었던 것이다.

그랬던 미국이 20세기 후반부터 북한과의 관계에서 고전을 면치 못하는 원인은, 이번에는 북한이 전체적인 그림을 가진 반면에 미국은 그렇지 못하다는 점에서 찾을 수 있다. 북한은 미국의 동아시아 패권에 도전하고 한반도 통일을 이룩한다는 커다란 그림을 갖고 미국에 달려드는 반면에, 미국은 북한이 자국과의 수교나 식량·에너지 원조 정도를 탐내는 줄로 착각하고 있다. 19세기와 달리 21세기에는 북한이 큰 그림을 갖고 있고 미국은 그런 그림을 갖고 있지 못한 것이다.

미국, 동아시아 정책 변경에 가담하다

1840년에 발발한 제1차 아편전쟁은 1842년에 종결됐고, 1856년에 발발한 제2차 아편전쟁은 1860년에 종결됐다. 두 차례의 전쟁을 통해 서양열강은 청나라로부터 많은 것을 얻어냈다.

우선, 제1차 아편전쟁을 통해 홍콩이 영국에 할양되고 광주·하문·복주·영파·상해가 서양열강에 개방되고 각 개항장에 서양열강의 영사관이 설치되었다. 또 청나라의 특권 기업인 공행(公行)의 무역 독점권이 폐지되면서 서양 상인들이 개항장에서 좀더 자유롭게 영업을 할 수 있게 되었다. 그런데 이와 같은 성과에도 불구하고 서양열강은 기대했던 이익을 중국에서 제대로 얻어내지 못했다. 무역상의 이익이 생각대로 증진되지 않았던 것이다. 그러자 서양열강은 제2차 아편전쟁을 일으켰다. 이를 통해 서양열강은 좀더 많은 것을 얻어냈다. 외국 공사가 북경에 주재할 수 있게 됐고, 천진(톈진)을 포함한 11개 항구를 추가로 개방시켰다. 또한 서양인이 중국 내륙에서 여행·통상·포교를 하거나 토지를 임대·매입할 수 있게 되었다. 서양 군함이 양자강이나 개항장에 진입할 수 있게 되었고, 외국인들이 중국인 노동자(쿨리)를 수입할 수 있게 되었다.

그런데 그 뒤 서양은 더 이상 중국을 압박하지 못했다. 중국에 대한 서양열강의 공세는 제2차 아편전쟁 이후 현저히 약해졌다. 정확히 말하면 1860년대부터 서양열강이 중국 침략을 주저하게 되었다고 말할 수 있다.

이렇게 된 데에는 여러 가지 이유가 있다. 우선, 중국의 땅덩어리가 너무 넓다는 점 때문에 중국 정복에 부담을 느끼게 되었다. 게다가 중국 시장에는 경쟁자가 너무 많았다. 제1차 아편전쟁을 주도한 영국·프랑스, 제2차 아편전쟁을 주도한 영국·러시아·프랑스·미국 외에도 많은 나라들이 중국 시장에 뛰어들었다. 이로 인해 어느 한 나라가 중국을 독점하기 힘들게 된 것이 서양 입장에서는 불행이고 중국 입장에서는 다행이었다. 인도의 경우에는 1757년 플래시 전투에서 프랑스를 꺾은 영국이 인도 무대를 독점했다.

그에 비해 중국에서는 서양열강의 세력균형이 조성된 탓에 특정 국가가 중국을 독점하는 것이 쉽지 않았다. 제2차 아편전쟁 이후 서양열강의 중국 진출 기회가 증대됐지만, 역설적으로 서양열강 상호 간의 경쟁이 특정 국가의 독점을 막았던 것이다. 또 홍수전이 일으킨 태평천국운동이란 혁명운동 때문에 1851년부터 1864년까지 중국 남부의 광범위한 지역이 태평천국의 정치적 지배를 받았다. 태평천국이 지배한 지역에서는 반외세·반봉건 운동이 일어났다. 결국 중국 보수파와 서양열강의 연합군에 의해 태평천국이 진압되긴 했지만, 14년간이나 이 운동을 지켜본 서양열강은 중국의 힘을 재평가하지 않을 수 없었다.

이런 제반 요인들이 겹친 탓에 1860년대부터 서양열강은 중국을 함부로 다루지 못했다. 그래서 이들은 대(對)중국 전략을 수정하지 않을 수 없었다. 제2차 아편전쟁까지만 해도 영국·러시아·프랑스·미국 등은 중국을 직접 침략하는 전략을 구사했다. 하지만 이것이 여의치 않다는 판단이 들자 이들은 중국을 간접적으로 침략하는 전략을 만들었다.

간접침략 전략이란 중국을 둘러싼 중국의 속국이나 중국의 변경을 먼저 침략한 뒤 중국을 침략하는 것이었다. 티베트-미얀마-베트남-대만-오키나와-조선은 시계의 9시에서 3시 방향으로 중국을 빙 둘러싸고 있다. 티베트·미얀마·베트남·오키나와·조선은 독립국이고, 대만은 청나라 복건성 소속이었다. 이 라인은 U자와 흡사하다. 중국을 빙 둘러싼 U자 라인을 공략한 뒤 중국을 침략하는 것이 간접침략 전략이었다. 청나라를 둘러싼 담을 허문 뒤 청나라라는 집을 침탈하는 전략을 수립했던 것이다.

복건성의 관할을 받는 대만을 뺀 나머지는 청나라와 사대관계를 가진 국가들이었다. 이들은 중국과의 관계에서 신하국의 위치에 있었다. 주변 국가들을 신하국으로 만들 경우 중국의 입장에서는 두 가지 안보상의 이익을 얻을 수 있었다. 하나는 신하국이 중국을 침공할 가능성이 낮아진다는 점이다(A). 중국은 신하국에게 자국에 정기적으로 사신을 보내고 국정 현안을 보고할 의무를 부과했다. 이런 절차를 통해 신하국의 동태를 파악하고 배반 가능성을 예방했다. 또 하나는 신하국이 방패막이 역할을 해준다는 점이다(B). 예컨대 신하국이 중국의 왼쪽에 있을 경우, 신하국은 신하국 왼쪽의 국가로부터 중국을 보호하는 역할을 했다. 그래서 중국은 신하국과의 동맹관계를 견고히 함으로써 신하국 너머에 있는 국가들로부터 자국을 보호할 수 있었다.

1860년대 이후 서양열강의 전략은 위의 B와 관련되는 것이었다. U자 라인은 U자 라인 밖에 있는 세력이 중국을 침략하지 못하도록 차단하는 역할을 했다. 서양열강은 이 라인을 해체함으로써 중국이 무방비 상태에 놓이도록 만들고자 했다. 이 전략에 따라, 1860년대부터 U자 라인에 대한 공세가 강화됐다. 티베트의 경우에는 1888년부터 영국의 침공이 시작되었고, 미얀마의 경우에는 1820년대에 시작된 영국의 침공이 1860년대 이후로 가속화되었다. 베트남의 경우에는 1850년대 후반부터 시작된 프랑스의 침공이 1860년대에 한층 더 강화되었다. 오키나와 및 대만의 경우에는 1870년대부터 일본의 침공이 시작되었다. 일본은 서양 국가는 아니었지만 1868년 메이지 유신 이후 서양의 전략에 편승해서 동아시아 침탈에 나섰다. 일본은 동아시아 국가들 중에서 서양의 세계정복 프로젝트를 가장 빨리 이해하고 이것을 자국에 맞게 응용했다. 일본이 대만과 오키나와를 침략한 것은 U자 라인에 대한 서양의 전략을 이해했음을 의미한다.

조선의 경우에는 1860년대 중반부터 서양의 침략이 본격화되었다. 프랑스가 1866년에 선교사 박해 사건을 명분으로 병인양요를 일으킨 것은 U자 라인에 대한 공세의 일환이었다. 미국도 1860년대 중반부터 조선에 대해 본격적으로 요구 조건을 내걸기 시작했다. 즉, 싸움을 걸기 시작한 것이다. 종전에는 미국 선박이 조선 연해에 이따금 등장하는 수준에 그쳤지만, 1860년대 중반부터는 명확한 요구 조건 하에 미국이 접근하는 상황이 벌어졌다. 조선에 대한 미국의 전략이 바뀌었음을 반영하는 증표였다. 이렇게 미국은 중국에 대한 서양의 직접 공략이 1860년대부터 이웃나라들을 통한 간접 공략으로 전환되는 기회에 편승해 조선에 대한 제국주의적 침공에 착수했다.

다시 출현한 미국 선박들

1855년 투브라더즈호 이후 뜸했던 미국 선박이 11년 뒤인 1866년 조선 연해에 다시 모습을 드러냈다. 고종 3년 2월 25일자(1866년 4월 10일자)《고종실록》에 따르면, 음력으로 이 해 2월 15일(양력 3월 31일) 이전의 어느 날 미국 상선 한 척이 풍랑을 만나 표류하다가 부산 앞바다에 도착했다. 배에는 중국 광동성 사람 두 명을 포함해 여덟 명이 탑승하고 있었다. 그 중 중국인 둘은 통역이었다.

중국인 통역 덕분에 미국 선원들과의 의사소통은 수월했다. 중국인 통역과의 필담을 통해 확인한 바에 따르면, 이 배의 명칭은 한자로 사불호(士佛號)였다. 광동성에서 출발하여 나가사키에서 장사를 하고 돌아가던 사불호는 풍랑을 만나 조선으로 밀려온 배였다. 사불호 선원들은 음식을 판매할 것을 조선 측에 요구했다. 풍랑을 만나 시간이 지체되는 바람에 음식이 부족해졌던 것이다. 조선은 요구를 거절했다. 이유는 다름이 아니었다. 외국인과는 거래를 할 수 없으니 원하는 게 있으면 그냥 가져가라는 것이었다. 무상으로 식량을 얻은 사불호는 조선을 떠나 중국으로 항해했다.

4개월 뒤인 고종 3년 5월(1866년 6월 13일~7월 11일)에는 서프라이즈호라는 미국 선박이 나타났다. 서해안인 평안도 연해였다. 조선 관헌이 발견했을 당시, 이 배는 파손된 상태였다. 이번에도 조선은 배와 선원들을 구호한 뒤 청나라로 보냈다. 미국과 국교를 맺은 청나라를 통해 이들을 미국으로 돌려보내고자 했던 것이다.

이때까지만 해도 미국 선박들은 조선에서 문제를 일으키지 않고 조용히 돌아갔다. 미국의 동아시아 전략이 간접침략 전략으로 바뀌었지만, 이들의 등장은 그런 변화와는 무관한 것이었다. 당시의 조선은 그런 변화를 파악하지 못하고 있었기 때문에 너무나도 조용했던 두 표류 사건을 평상시처럼 다루었다. 그런데 서프라이즈호가 나타난 지 2개월 뒤인 고종 3년 7월(1866년 8월 10일~9월 8일), 종전의 선박들과는 너무나도 다른 배 한 척이 평안도 해안에 등장했다. 이 배의 출현이 조·미관계를 질적으로 변화시켰다.

제너럴셔먼호가 평양을 침공하다

서프라이즈호가 왔다 간 뒤 최소 1개월에서 최대 2개월 사이였다. 고종 3년 7월 6일, 양력으로는 1866년 8월 15일이었다. 미국 상선이 평안도 연해에 출현했다. 이 상선은 그 전에 왔다 간 배들과 달랐다. 이전 배들과 달리 이 상선은 조선 측을 자극하고 공격까지 감행하다가 끝내 재앙을 당하고 말았다. 상선인 듯 군함인 듯 행동한 이 배의 이름은 제너럴셔먼호다.

이 배의 탑승자 중에서 훗날 가장 유명해진 인물은 로버트 저메인 토마스(Robert Jermain Thomas)라는 통역관이다. 흔히 토머스 목사로 알려진 인물이다. 기독교계 문헌들에서는 제너럴셔먼호를 타고 조선에 침투하기 직전에 토마스가 북경에서 박규수를 만나 선교 여행에 대한 지지와 후원을 약속받았다고 말한다. 하지만 전혀 사실이 아니다. 이 시기에 박규수는 북경에 간 적이 없다.

토머스가 조선에 오기 위해 타고자 했던 선박은 처음에는 제너럴셔먼호가 아니었다. 그는 애초에는 프랑스 함대의 조선 침공에 가담하려 했었다. 당시 프랑스군은 조선이 천주교도를 탄압했다는 것을 명분으로 조선 침공을 준비하고 있었다. 미국인인 토마스는 프랑스 함선에 몸을 싣고 조선에 오려 했었다. 하지만 이 계획이 무산되면서 제너럴셔먼호에 탑승한 것이다.

산동반도의 지부(즈푸)에서 출항한 제너럴셔먼호는 세 척의 중국 선박을 대동하고 항해에 나섰다. 이 배는 서해상에서 중국 배들과 헤어진 뒤 대동강 입구를 향했다. 오늘날 서해에서 대동강 입구에 들어가면, 북쪽에는 평안남도 및 남포직할시가 있고 남쪽에는 황해남도 은천군이 있다. 대동강을 따라 조금만 들어가면 동쪽에 황해북도 황주군이 나오고 여기서 북상하면 평양시가 나온다. 대동강 입구를 통과한 제너럴셔먼호는 황주목에 잠시 정박했다. 지금은 황주군이지만 당시에는 황주목이었다. 외국 선박이 자기 관할 구역에 들어오자 황주목사 정대식은 관원들을 대동하고 이 배를 방문했다.

조선 정부의 공식 일기인 고종 3년 7월 15일자(1866년 8월 24일자)《일성록》에는 이날의 상황을 다음과 같이 증언하고 있다. 황주목 관원들이 승선하자 선원들은 총칼을 들고 관원들을 영접했다. 의도적으로 위협적인 상황을 연출한 것이다. 황주목 관원들은 네 명의 선원과 마주앉았다. 이들과의 의사소통은 수월한 편이었다. 통역 토마스가 중국어에 능숙했을 뿐만 아니라 조선어도 어느 정도 구사했기 때문이다. 토머스는 "우리는 너희를 해칠 마음이 없다."면서 통상을 요구했다. 황주목사 정대식은 당연히 거절했다. 황주목사의 권한 밖에 있는 문제였기 때문이다. 그러자 토머스는 "우리는 여기서 무역을 한 뒤 평양에 가서 무역을 할 것이고 그 뒤 한성에 가서 무역을 하겠다."고 통고했다. 조선이 서양과 통상관계를 맺지 않은 사실을 알면서도 일부러 으름장을 놓은 것이다. 그의 발언은 조선 정부의 원칙을 흔들어놓겠다는 메시지였다.

이뿐이 아니었다. 토머스는 조선 관원들 앞에서 조총도 과시했다. 조선이 임진왜란을 계기로 조총을 자체 제작하고 사격술을 연마한 덕분에 17세기 후반에는 청나라와 공동으로 러시아(나선)를 격퇴하는 나선정벌을 두 차례나 성사시켰다는 사실을 모르고 조총을 자랑했던 것이다. 이것도 모자라 그는 프랑스 함대의 보복 침공설(說)을 흘리기도 했다.

토머스의 말을 다 들은 정대식은 그에게 조선을 떠날 것을 요구했다. 그러자 토머스는 "누가 감히 나를 막느냐?"며 "계속 가겠다."고 말했다. 그는 위협적인 분위기를 연출할 목적으로 대포를 시험 발사하는 장면까지 보여주었다. 그런 뒤 토머스는 "식량이라도 팔라."고 요구했다. 정대식은 "표류한 선박에 대해서는 식량을 무상 공급할 수 있지만, 이렇게 무단으로 침입한 선박에 대해서는 식량을 줄 수 없다."고 못을 박았다. 토머스는 식량을 팔라고 요구하고, 정대식은 무단 침입 선박에 대해서는 식량을 그냥 줄 수 없다고 하고, 양측의 대화는 이렇게 엇나가는 방향으로 진행됐다.

토머스가 굳이 식량을 사겠다고 요구한 것은 서양과 통상하지 않겠다는 조선의 원칙을 깨뜨리기 위해서였다고 볼 수 있다. 조선 지방관이 서양 상선과 거래를 했다는 전례를 남기고 싶었던 것으로 보인다. 하지만 정대식은 토머스의 의도에 말려들지 않았다. 정대식의 단호한 태도로 협상은 결렬됐다. 그러자 토머스는 필담 내용이 적힌 종이를 빼앗으며 "그만 나가라."고 요구했다. 정대식은 식량의 무상 제공만을 약속하고 하선했다. 무료 식량을 줄 테니 좀 기다리라고 말하고 내린 것이다. 그런데 정대식이 식량을 보냈을 때는 제너럴셔먼호가 이미 평양 쪽으로 북상한 뒤였다. 제너럴셔먼호 측은 "서양 선박에 대해 식량을 무상으로 공급할 뿐, 거래는 하지 않겠다."는 조선의 원칙을 깰 목적으로 무상 식량의 수령을 일부러 피했던 것이다.

황주목에서 신경전을 연출한 제너럴셔먼호는 대동강을 북상하여 평양부에 접근했다. 평양감영에서는 중군 이현익이 교섭을 시도했다. 중군(中軍)은 군영의 사령관을 보좌하는 장수였다. 조선 측은 교섭을 원했지만, 제너럴셔먼호는 이번에는 교섭에 응하지 않았다. 황주목에서의 경험이 교섭에 대한 기대감을 없앤 것이다. 이현익은 일종의 사신이었다. 사신에 대한 태도는 사신을 후대하든가 아니면 해를 가하든가 둘 중 하나였다. 제너럴셔먼호는 교섭에 응할 생각이 없었기 때문에 후자를 선택했다. 이현익을 납치해버린 것이다. 황당해하는 조선 측이 이에 대응해 이현익 구출 작전을 성사시키자 제너럴셔먼호는 분풀이 총격을 퍼부어 12명의 사상자를 냈다.

이때, 대동강 강변에 등장한 인물이 있었다. 바로 평양감사 박규수다. 훗날 선각자요 개화사상가로 불린 인물이다. 박규수가 개화파의 중심인물로 부각되는 것은 약 9년 뒤인 1875년경이다. 1866년 제너럴셔먼호 사건 현장에서, 박규수는 진압을 결정한 현장 책임자였다.

평양감사 박규수는 침입자와의 전투를 결심했다. 그의 지휘 하에 음력 7월 22일(8월 31일)부터 24일(9월 2일)까지 벌어진 전투에는 조선 관군은 물론이고 일반 백성들도 대거 가담했다. 이양선이 조선 관헌을 납치하고 살상을 감행한다는 소식에 놀란 평양 주민들은 저마다 팔을 걷어 부치고 강변으로 뛰어나왔다. 조선 민관의 일치단결과 화공 전술에 밀린 제너럴셔먼호는 음력 7월 24일 대동강 물속으로 가라앉았다. 토머스를 비롯한 승무원 전원이 불에 타 죽거나 물에 빠져 죽었다. 참고로, 북한은 1986년 9월 2일 대동강변에 제너럴셔먼호 격침비를 세우고, 바로 옆에 1968년 1월에 나포한 미국 첩보선 푸에블로호를 정박시켜 놓았다. 푸에블로호 사건에 관해서는 뒤에서 상세히 다룬다.

상선으로 가장했지만 군함이나 다름없는 제너럴셔먼호가 격침됨으로써 조선과 미국의 관계에는 적신호가 켜졌다. 그 전까지는 밋밋했던 양국 관계가 이제는 적대적 관계로 돌변한 것이다. 이제 조선은 미국과 싸우든가 미국의 요구를 들어주든가 해야 했다. 그렇지 않으면 조선은 보복 공격을 당할 수밖에 없었다. 종전 방식으로는 더 이상 문제를 해결할 수 없는 상태가 된 것이다.

제너럴셔먼호가 제 죽을 줄도 모르고 무모하게 달려든 것은 조선을 청나라·일본과 똑같이 봤기 때문이다. 1842년에 청나라는 영국군의 함포 사격에 놀라 시장개방 결정을 내렸고, 1853년에 일본은 미국군의 함포 사격에 놀라 똑같은 결정을 내렸다. 사실상의 군함이었던 제너럴셔먼호는 똑같은 방식으로 조선을 개방시킬 수 있다고 믿은 것이다. 조선의 관민이 그렇게까지 단결해서 무장 공격을 퍼부을 줄은 몰랐던 것이다. 미국인들은 조선이 중국의 속국이라는 점만 중시한 나머지 중국에 했던 것처럼 위협을 가하면 조선도 금세 굴복하리라 오판한 것이다. 전통적으로 한민족이 강대국 앞에 고개를 숙이는 듯이 하면서도 막상 침략을 당하면 강하게 저항했다는 점을 잘 헤아리지 못했던 것이다.

오늘날에도 미국은 북한이 중국과 다르다는 점을 제대로 인식하지 못하고 있다. 미국은 중국이 전통적으로 한반도와 긴밀한 관계를 갖고 있으며 북한과 중국의 사회체제가 같다는 점을 중시해서 중국의 중재를 통한 핵문제 해결에 상당한 역량을 기울이고 있다. 우리 민족이 겉으로는 중국에 호감을 표시하면서도 속으로는 중국에 대해 거부감을 갖고 있다는 점을 제대로 헤아리지 못하고 있는 것이다. 1866년의 제너럴셔먼호는 바로 그래서 실패했다.

해결사의 등장

제너럴셔먼호가 격침된 직후, 조선에서는 병인양요가 발생했다. 제너럴셔먼호가 격침되고 나서 채 2개월도 안 돼 프랑스 함대가 전쟁을 도발한 것이다. 이 함대는 중국에 주둔 중인 인도차이나 함대였다. 인도차이나 함대는 천주교 박해에 대한 항의를 제기함과 동시에 시장개방을 요구할 목적으로 강화도를 침공했다. 하지만 조선군의 공격을 이기지 못해 결국 철수하고 말았다. 미국에 이어 프랑스까지 패배했으니 아편전쟁 이래 동아시아에서 승리만 거둔 서양열강으로서는 충격이 아닐 수 없었다.

병인양요가 끝날 당시만 해도 미국은 프랑스만 조선에서 패한 줄로 알았다. 자국 선박이 조선과의 전투 중에 격침됐다는 사실을 모르고 있었던 것이다. 미국은 조선을 침공했다가 철수한 프랑스 함대로부터 그 소식을 들었다.

제너럴셔먼호는 대동강에서 침몰됐고, 선원들도 강물 아래로 수장됐다. 그런데 미국 정부는 선박이 침몰했다는 점은 인정하면서도 선원들이 사망했다는 사실은 인정하지 않았다. 선원들이 어딘가에 살아 있을 것이라는 낭설을 신뢰한 것이다. 어쩌면 미국 정부도 선원들이 다 죽었다는 정보를 입수했을지 모른다. 하지만 선원들이 죽었다는 것보다는 살아 있다고 믿는 편이 더 유리했다. 그래야만 선원들의 송환을 요구하면서 조선을 압박할 수 있기 때문이다. 참고로 1991년 이후 일본이 북·일 납치자 문제를 다루는 태도는 미국이 제너럴셔먼호 문제를 다룬 방식과 거의 흡사하다.

미국 정부는 선원들의 송환을 요구하면서 압박을 가했다. 물론 조선은 굴하지 않았다. 결국 미국은 '함포'를 선택했다. 아시아 함대 소속 와츄세트호에게 조선에 가서 진상을 조사하고 선원들을 데려

오라고 명령한 것이다.

이때 와츄세트호를 이끌고 조선에 온 인물은 조·미관계의 해결사라 할 수 있는 로버트 슈펠트(1821~1895년)였다. 해군 소속이지만 외교 무대에서 두각을 보인 인물이다. 그는 남북전쟁(1861~1865년) 때 쿠바 수도 아바나에서 총영사를 했다. 공교롭게도 그는 다음 세기 때 미국의 적이 될 세 나라를 상대로 외교 활동을 벌였다. 조선·청나라·쿠바를 상대로 주된 활동을 했던 것이다. 그의 활약은 뒤에서 소개할 1882년의 사건에서 돋보이게 된다. 그는 조선과의 수교에 대해 보통 이상의 열정을 가진 인물이었다.

슈펠트 함장이 이끄는 와츄세트호는 1867년 1월 22일 황해도 장연군 앞바다에 출현했다. 장연군은 황해도 해안에서 중간쯤 되는 곳이다. 슈펠트가 장연군 앞바다에 나타난 것은 그가 이곳을 대동강 입구로 착각했기 때문이다. 대동강 입구로 가려면 황해도 해안에서 위쪽으로 더 가야 한다. 어쨌든 장연군 앞바다에 도착한 슈펠트는 조선 주상에게 보내는 국서를 장연현감에게 전달했다. 제너럴셔먼호의 진상 조사와 선원 송환을 요구하는 국서였다. 조선 정부는 슈펠트를 상대하지 않았다. 국서도 무시했다. 정부에서는 장연현감에게 "지방 차원에서 알아서 하라."고만 지시할 뿐이었다.

조선 정부의 반응을 예견했는지 슈펠트는 반응도 확인하지 않은 상태에서 남해안으로 내려가 버렸다. 겨울이라 황해도 바다가 얼지 모른다는 생각에서 제주도와 전라도 사이의 거문도 쪽으로 내려간 것이다. 황해도에 오기 전에 슈펠트는 아시아 함대 본부로부터 "거문도 쪽에 해군 기지를 세울 수 있는지 탐사하라."는 지시를 받았었다. 황해도 해안에 더 이상 머물 수 없다는 판단이 들자, 그는 본부의 명령을 명분으로 거문도 쪽으로 배를 돌렸다. 그런 뒤 그는 거문도에서 현지 탐사 활동을 벌였다. 그가 내린 판단은 이 섬이 해군 기지로 적합하다는 것이었다.

거문도는 세 개의 섬으로 구성되어 있다. 두 개의 기다란 섬인 서도와 동도가 서로 마주보고 있고, 두 섬의 남쪽 끝부분이 만나는 곳에 고도라는 또 다른 섬이 있다. 전체적으로 보면 세 개의 섬 사이에 호수 같은 바다가 놓여 있는 형국이다. 호수 같은 그 바다는 도내해(島內海)로도 불린다. 섬들 사이에 자리 잡은 바다라 하여 그런 이름이 붙었다. 도내해는 약 1백만 평 규모다.

슈펠트는 이 같은 거문도의 구조에 착안했다. 도내해가 천연적인 항만을 형성하기 때문에 큰 선박들이 자유롭게 출입할 수 있다고 보았다. 이곳을 근거로 조선·대마도·일본·청나라에 대해 영향력을 행사할 수 있다는 게 슈펠트의 판단이었다. 하지만 훗날 이 섬을 활용한 것은 미국이 아니라 영국이었다. 영국은 1884년에 러시아가 조선과의 수호조약 체결을 통해 한반도 진출에 성공하자, 러시아에 대한 견제 차원에서 1885년부터 2년간 거문도를 점령했다. 이때 거문도는 해밀튼이란 이름으로 서양에 알려졌다.

슈펠트는 12일간 조선 해역에 머물다가 돌아갔다. 이 기간 동안 그는 여러 가지를 조사했다. 먼저 제너럴셔먼호가 격침된 경위를 조사했다. 그는 제너럴셔먼호 참극이 선원들의 잘못에 기인한다는 결론을 내렸다. 그렇지만 선원들이 모두 죽었다는 조선 정부의 말은 믿지 않았다. 그는 선원들이 조선에 억류되어 있을 것이라고 추측했다. 또 그는 거문도도 조사했다. 그는 미국이 이 섬을 활용해야 한다고 본국에 건의했다. 또한 그는 미 해군이 파견한 박물학자인 알버트 비치모어를 대동하고 한반도의 지하자원도 조사했다. 조선의 황금 매장량이 풍부하다는 게 이때 내린 결론이다. 훗날 미국이 평안도의 운산 금광을 개발하게 된 것은 이 보고에 기초한 것이다.

여러 가지 조사활동을 통해 슈펠트는 조선과의 국교 체결이 필요하다는 인식을 한층 더 굳히고 국교 체결에 큰 열의를 갖게 되었다. 하지만 그는 조선에서의 활동을 마치고 상해로 돌아가자마자 본국 귀환 명령을 받게 되었다. 그래서 일단 뜻을 접어야 했지만 그는 훗날 조선과의 외교관계에 다시 등장한다.

군사행동 카드를 만지작거리는 미국

1867년에 와츄세트호가 돌아간 이후 미국은 조선에 대해 강경해지기 시작했다. 미국은 1853년 무력시위를 벌여 이듬해에 일본을 개항시킨 방식을 조선과의 관계에서도 고려하기 시작했다. 군사행동을 통해 조선을 개항시키기로 결심한 것이다. 미국은 처음에는 프랑스와 공동으로 조선 원정을 추진할 계획을 세웠다. 하지만 프랑스의 거절로 이 카드는 무산됐다.

와츄세트호가 돌아간 뒤로 미국이 군사행동을 고려하기 시작했다는 점에 주목할 필요가 있다. 제너럴셔먼호 선원들을 돌려달라는 요구가 거부되었기 때문일 수도 있지만, 슈펠트의 보고서가 구미를 당겼기 때문이었을 가능성을 배제할 수 없다. 슈펠트는 거문도가 미 해군기지로 활용될 수 있으며 조선에 황금이 풍부하게 매장되어 있다고 보고했다. 이런 점을 보면 조선이 자국의 군사적·경제적 목적에 유용하다는 판단 때문에 군사행동을 고려했을 가능성이 있는 것이다.

프랑스의 거절로 공동 원정이 무산되자 미국은 처음에는 외교적 방법을 모색했다. 미국은 일본 무신정권인 도쿠가와 막부에 선원들의 송환을 위한 중재를 요청했다. 도쿠가와 막부는 임진왜란 종전 5년 뒤인 1603년부터 일왕(이른바 천황)을 대신해서 일본을 통치한 정권이다. 미국은 일본의 중재를 통해 조·미 회담을 성사시킨 뒤 수교를 이루고자 했던 것이다. 하지만 이 계획도 무산됐다. 1867년에 메이지유신으로 막부가 붕괴되고 새로운 정권이 들어서면서 막부와 함께 추진했던 일들이 정지됐기 때문이다.

이때 미국이 간과한 점이 있다. 미국은 일본의 도움으로 협상 테이블을 마련하려 했지만 그것은 구조적으로 볼 때 간단한 문제가 아니었다. 적어도 그때까지는 그랬다. 왜냐하면 1876년 이전만 해도 조선과 일본 간에는 직접적인 외교 채널이 존재하지 않았기 때문이다. 전통적으로 조선과 일본의 외교는 공동 속국인 대마도의 중개를 통해 이루어졌다. 조선 주상과 일본 쇼군이 대마도 도주의 중개를 통해 외교관계를 수행했던 것이다. 그래서 조선과 일본의 직접적인 접촉은 원칙상 없었다. 양국 사신이 교환된 경우에도 대마도의 중개는 필수적이었다. 이것은 19세기 중반 이전의 일본이 그만큼 외교력이 약했음을 보여주는 것이다. 그래서 1860년대의 미국이 일본의 중개를 거쳐 조선과 협상하자면 미국-일본-대마도-조선이 모두 관련되는 4자 구도가 등장하지 않으면 안 되었다.

대마도가 조선·일본을 중개하는 구도가 깨진 것은 메이지유신 이듬해인 1869년이었다. 이 해에 대마도는 일본 영토로 편입되었다. 대마도가 일본 쪽에 들어간 것은 19세기 초반부터 일본의 국력이 조선을 능가했다는 것이 명확해졌기 때문이다. 대마도가 일본에 편입되자 조선과 일본을 중개할 나라가 없어지게 되었다. 그러자 일본은 1869년에 일왕 명의로 조선 주상에게 국서를 보내 외교관계 갱신을 요구했다. 일본 쇼군이 대마도 도주를 통해 조선 주상에게 국서를 보내지 않고 일왕이 직접 조선 주상에게 국서를 보낸 것이다. 일본 입장에서는 메이지유신으로 쇼군이 사라진 데다가 대마도마저 흡수했기 때문에 이렇게 할 수밖에 없었지만, 조선 입장에서는 갑작스러운 변화에 당황하지 않을 수 없었다. 그래서 조선은 일왕의 국서를 접수조차 하지 않았다. 이로 인해 조·일 관계는 단절되고 말았다.

이 같은 상태를 타개할 목적으로 일본이 도발한 것이 1875년 강화도 사건이다. 일본은 이 사건을 빌미로 1876년에 조선 주상과 일왕의 직접적 외교관계를 내용으로 하는 '강화도조약(정식 명칭은 조일수호조규)'을 성사시켰다. 이로써 조선과 일본의 직접 외교시대가 열리게 되었다. 그렇기 때문에 그 이전만 해도 일본이 조선에 영향을 미쳐 조·미수교가 가능하도록 하는 것은 힘든 일이었다.

다시 메이지유신 시기로 돌아가 보자. 프랑스에 이어 일본의 지원도 기대할 수 없게 되자 미국은 진상조사를 명분으로 군함을 재차 파견하기로 결정했다. 동시에 미국은 청나라 정부에도 지원을 요청했다. 선원들의 구출에 협조해달라고 부탁한 것이다. 미국이 이렇게 한 것은 꼭 청나라의 도움을 얻기 위해서라기보다는 일종의 안전장치를 확보하기 위해서였다고 말할 수 있다. 조선과 청나라 사이에 사대관계가 작동한다는 것을 알고 있었기 때문에 조선에 대한 군사행동이 혹시라도 미·청 갈등을 유발하지 않을까 우려했던 것이다.

만약 조선과의 갈등이 1860년대 이전에 벌어졌다면 미국은 청나라에 도움을 구하지 않았을지도 모른다. 그때까지만 해도 청나라는 서양열강에 이리 채이고 저리 채이고 있었기 때문이다. 1860년대부터 서양열강이 청나라에 대한 직접 침략 전략을 포기했다는 점은 앞에서 설명했다. 이에 더해 청나라 내부에서도 중대한 변화가 발생했다.

　1861년에 청나라 제9대 황제 함풍제가 사망했다. 뒤를 이은 황제는 동치제였다. 동치(同治)란 연호를 사용하는 여섯 살짜리 황제가 등극한 것이다. 너무 어린 황제가 등극했기 때문에 함풍제의 황후인 자안태후와 함풍제의 후궁이자 동치제의 생모인 자희태후가 공동 섭정을 하게 되었다. 황궁 안에서 자안태후는 동쪽, 자희태후는 서쪽에 살았다. 그래서 이들은 각각 동태후·서태후로 불렸다. 실권을 잡은 쪽은 서태후였다. 이때부터 1908년까지 무려 47년 동안 서태후의 시대가 이어졌다.

　정권을 잡은 서태후는 양무운동(洋務運動)이란 근대화운동을 전개했다. 서양식(洋) 개혁에 힘쓴다(務)는 뜻인 양무운동이 성과를 내면서 청나라는 아편전쟁 시기의 부진을 씻고 서서히 회복되는 기미를 보였다. 이로 인해 청나라의 국제적 지위도 회복되기 시작했다. 이로써 세계 최강인 영국과 러시아도 동아시아 정책을 수행하려면 청나라의 눈치를 살펴야 할 정도가 됐다. 상황이 이러했기 때문에 미국 역시 조선에 대한 군사적 공격에 앞서 청나라의 중재를 의뢰하는 사전 수순을 밟은 것이다.

　하지만 이에 대한 청나라의 공식 반응은 "조선은 비록 속국이기는 하지만, 일체의 정치와 법률은 모두 조선이 자주적으로 수행하며 중국은 간섭하지 않는다."는 것이었다. 청나라의 입장은 한마디로 조선은 속국이지만 자주국이라는 것이었다. 직접적으로 표현하면 "조선의 문제는 우리 소관이 아니니 우리한테 물어보지 말라."는 것이었다.

옛날 동아시아의 속국은 수직적 동맹관계의 하위에 위치한 자주국을 지칭하는 표현이었다. 동아시아에서는 자주국과 자주국 사이에도 황제 대 신하, 아버지 대 아들, 숙부 대 조카의 관계가 존재한다고 생각했다. 황제·아버지·숙부에 해당하는 나라는 상국(上國), 반대편은 속국이었다. 이처럼 국가 간에 서열이 존재하지만 상국과 속국이 각자 자주권을 가진다는 것이 동아시아인들의 관념이었다. 자식이 부모에게 존경의 예를 다해도 자주적 인격체의 지위를 잃지 않는 것처럼 속국도 자주성을 잃지 않는다고 인식했던 것이다. 청나라가 천명한 입장은 그런 뜻을 내포한 것이었다.

동아시아 문화에 무지한 미국이 그런 의미를 이해하지 못했음은 물론이다. 그렇지만 여기에서 미국이 명확히 이해한 것이 한 가지 있었다. 그것은 조선에 어떤 사태가 발생하더라도 청나라가 개입하지 않을 것이라는 판단이었다. '중국은 간섭하지 않는다'는 표현이 이 점에 대한 확신을 도왔다. 이것이 미국으로 하여금 군사행동에 착수하도록 만드는 요인 중 하나가 되었다.

국지전이 발발하다

군사행동을 결심한 미국은 군함 셰난도어호에 "제너럴셔먼호 선원들을 구출하라."는 명령을 내렸다. 이때가 1868년이다. 셰난도어호를 지휘한 것은 이 배의 부함장 페비거 중령이었다. 이 군함이 선택한 방식은 1853년에 페리 제독이 일본을 위협한 방식과 동일했다. 조선을 일본처럼 다뤄 굴복시키겠다는 전략을 세운 것이다.

셰난도어호는 고종 5년 3월 15일(1868년 4월 7일) 중국 산동반도의 지부(즈푸)에서 출항했다. 병력 2백 명이 탑승한 이 배에는 선교사와 미국 영사도 함께 탔다. 3월 18일(양력 4월 10일), 황해도 해안에 출현한 이 배는 4월 26일(양력 5월 18일)까지 근 40일간 황해도 및 평안도 해역을 오르내리며 여러 차례에 걸쳐 대포와 총을 쏘며 조선에 위협을 가했다. 조선군도 대응 사격을 했음은 물론이다.

셰난도어호는 조선을 위협하면서도 한편으로는 협상을 희망했다. 하지만 조선 정부는 종전의 입장을 고수했다. 지방관청에 사건을 일임하고 중앙정부는 방관하는 입장을 취한 것이다. 서양열강과 국교를 체결하지 않겠다는 입장을 단호히 보여주기 위해서였다. 그렇지만 중앙 정부 차원의 대미 교섭이 전혀 없었던 것은 아니다. 이 과정에서 흥선대원군과 미국 정부 사이에 서한이 교환되었다. 흥선대원군의 서한은 평양감사 박규수가 작성한 것이었다. 양국 간에 서신까지 교환되었으니 이전과 비교하면 상황이 훨씬 더 진전된 셈이다.

교섭 수준이 향상되기는 했지만 조선 측의 입장에는 변함이 없었다. 교섭의 형식만 다소 바뀌었을 뿐, 내용은 변하지 않은 것이다. 조선 측은 미국 선박에 식량을 제공할 수는 있지만 어떤 경우에도 수교는 하지 않을 것이라는 입장을 되풀이했다. 동시에 제너럴셔먼호 선원들은 모두 다 죽었다는 사실을 재확인했다. 상황은 여기서 한 걸음도 나아가지 못했다. 청나라와 일본은 서양 군함의 포격 소리만 듣고 굴복했지만 조선은 셰난도어호의 포격에도 아랑곳 하지 않았다. 미국은 포격만 가해도 굴복할 것이라고 생각했지만 그것은 미국의 오산이었다. 셰난도어호의 활동으로 확인된 것은 양국 간의 입장 차이뿐이었다. 와츄세트호에 비해 좀더 진전된 교섭을 성사시키기는 했지만 조선을 개항시키겠다는 목표는 이루지 못했다. 셰난도어호는 고종 5년 4월 26일(1868년 5월 18일) 청나라로 돌아갔다.

셰난도어호가 실패한 뒤에도 미국은 제너럴셔먼호 선원들이 살아 있을 것이라는 낭설에 계속 집착했다. 어쩌면 낭설에 집착했다기보다는 집착한 것처럼 행동했다고 보는 게 더 정확할 것이다. 그래야만 조선과 계속 접촉할 명분이 생기기 때문이다.

미국이 그런 의도를 가졌을 것이라는 점은 이전의 사례로부터 추론된다. 미국이 일본을 개항시키기 8년 전인 1846년이었다. 미국의 고래잡이 선박이 일본 북쪽 바다에서 조난 사고를 당했다. 배에는 열여덟 명의 미국인 선원들이 있었다. 이들은 본국으로 송환되지 못하고 나가사키에 억류됐다. 이 사실을 들은 중국 광주주재 네덜란드 영사가 광주에 체류하던 미 해군 함장 제임스 글린에게 사실을 전해줬다. 1849년 4월 17일 나가사키에 도착한 제임스 글린은 일본과의 협상을 통해 미국 선원들의 신병을 인수했다. 그는 테일러 대통령에게 보낸 보고서에서, 무력을 동원해서라도 일본을 개국시켜야 한다고 주장했다. 이에 따라 1853년 함대를 이끌고 일본에 등장한 인물이 유명한 페리 제독이다. 일본은 이듬해에 문호를 개방하고 미·일화친조약을 체결했다.

억류된 선원들의 송환을 계기로 일본을 개방시킨 전력(前歷)이 미국의 대(對)조선 정책에 어느 정도 참고가 됐을 것이다. "제너럴셔먼호 선원들은 모두 죽었다."는 조선 측의 해명에도 불구하고 미국이 "선원들을 돌려보내라."고 계속 요구한 것은, 일본의 사례와 동일한 방법으로 조선을 개방시키겠다는 의도를 담은 것이라고 해석할 수 있다.

1868년에 셰난도어호가 별다른 성과 없이 귀환하자 상해주재 미국총영사 죠지 시워드는 '무력시위 없이는 협상이 성공할 수 없다'는 판단 하에 본국 정부에 군사원정을 건의했다. 미국 정부의 반응은 잠시 유보됐다. 왜냐하면 1869년 3월 4일 율리시스 그랜트가 앤드루 존슨에 이어 제18대 미국 대통령이 됐기 때문이다. 정권 교체로 인해 조선에 대한 원정이 지연된 것이다. 그랜트 행정부에서 국무장관이 된 해밀튼 피쉬는 조선 원정에 대해 적극적이었다. 그는 북경주재 미국공사 프레드릭 로우에게 전권을 위임하고 미 함대의 조선 원정을 명령했다.

고종 8년 1월 17일(1871년 3월 7일), 프레드릭 로우 공사는 조선 주상에게 원정 계획을 통고하는 서한을 작성했다. 그는 서한을 조선 측에 전해달라고 청나라 정부에 요청했다. 서한에서 로우는 "미국이 선원 억류 사건을 계기로 1854년에 일본과 화친조약을 체결했듯이, 제너럴셔먼호 사건을 계기로 조선과도 유사한 조약을 체결하겠다."며 "그런 목적으로 군함을 파견하는 것"이라고 밝혔다.

청나라를 통해 서한을 받은 실권자 흥선대원군은 "미국과 통상관계는 맺지 않겠지만, 미국 선박이 곤란에 처하면 기꺼이 돕겠다."는 2월 25일자(양력 4월 14일자) 답신을 청나라를 통해 보냈다. 하지만 서한을 받기도 전에 미국은 함대를 출동시켰다. 중국 상해에서 출발한 미 함대는 나가사키에 들러 일본 정부의 협력 하에 출정 준비를 마친 뒤 3월 27일(양력 5월 16일) 조선을 향해 출항했다. 최초의 조·미전쟁인 신미양요가 발발한 것이다.

군함 5척, 병력 1230명, 대포 85문을 보유한 미군은 경기도 남양군 해역에 출현했다. 남양군은 지금의 수원·화성이다. 미군이 조선 해역에 출현한 것은 4월 3일(양력 5월 21일)이고 철수한 것은 5월 16일(양력 7월 3일)이었다. 이 43일 동안에 양국 군대는 강화도의 주요 거점인 광성진·초지진·덕진진에서 전투를 벌였다. 미군의 화력이 우세했기 때문에 전투에서는 미군이 조선군을 압도했다. 하지만 미군은 조선군의 항복을 받아내지 못했다. 미군은 "장차 서양 각국의 강요로 조선이 협상을 받아들일 수밖에 없을 것"이라는 경고 서한을 보냈다. 그러고는 서쪽으로 홀연히 사라졌다.

미군이 전쟁을 일으킨 목적은 조선을 개방시키는 것이었다. 선원 석방은 표면적이지만 부차적인 목적이었다. 미군은 전투에서는 조선을 압도했지만 자신들의 요구를 관철시키지 못했다. 미군이 결국 포기하고 돌아갔기 때문에 이 전쟁은 조선의 승리로 평가되었다. 미국은 일본을 위협하듯이 압박하면 조선도 일본처럼 시장을 개방하게 되리라 예상했지만 그것은 미국의 희망 섞인 기대에 불과했다. 미 함대가 서쪽으로 돌아가고 난 뒤, 조선 곳곳에서는 승리를 기념하는 척화비들이 솟아났다. 이렇게 제한전쟁의 양상으로 벌어지기는 했지만 조선은 미국과의 제1차 전쟁에서 미군을 몰아내고 승리를 거두었다.

조선의 손을
잡았다
뿌리친 미국

소심해져서 일본에 의존해보는 미국

미국은 신미양요에서 패하고 돌아갔다. 미국이 승리했다면 '양요'라는 표현이 나오지 않았을 것이다. 미국이 승리하지 못했더라도 조선에 큰 상처를 입히기만 했더라도 그런 표현이 나오지 않았을 것이다. 피해를 입기는 했지만 조선의 입장에서 보자면 미국이 일으킨 것은 소요 수준에 불과했다. 그래서 요(擾)라고 불렸던 것이다. 만약 미국이 조선에 큰 피해를 입혔거나 조선을 꺾었다면 적어도 난(亂) 정도의 표현은 나왔을 것이다. 승리한 조선의 입장에서 볼 때 미국은 임진왜란을 일으킨 왜적보다도 못한 존재였다.

그 뒤 한동안 조·미관계에서는 별다른 움직임이 표출되지 않았다. 미국은 더 이상은 군사 카드를 꺼내들지 않았다. 하지만 국교를 개설하겠다는 미국의 의지가 소멸한 것은 아니었다. 다만 미국의 접근 방식이 크게 달라졌을 뿐이다.

1871년 신미양요 때까지만 해도 미국은 조선과 직접 부딪혔다. 청나라를 통해 간접적으로 국서를 전달한 사례가 있지만 미국은 조선과 직접 접촉하는 방식을 고수했다. 이 점은 민간이건 관방이건 마찬가지였다. 그런데 신미양요를 계기로 미국은 직접적인 교섭을 회피하기 시작했다. 일본이나 청나라를 통해 간접적으로 접촉하는 방식을 취한 것이다. 이 노선은 1882년 국교 체결에 성공할 때까지 계속 유지됐다.

여기서 1871~1882년 시기 미국이 제3국의 중재 하에 조선과 교류하는 방식을 취했다는 점에 주목할 필요가 있다. 이 패턴은 제2차 세계대전 이후에 북한을 상대할 때도 동일하게 나타났다. 미국은 국교가 있는 한국과는 직접적으로 교류하지만 국교가 없는 북한과는 중국의 중재를 거쳐 교류하고 있다. 이것은 신미양요 이후로 나타난 미국의 행동패턴이다.

간접적 접촉 방식으로 선회한 미국은 한동안 일본의 중재에 기대를 걸었다. 하지만 일본의 소극적 태도로 인해 무산되고 말았다. 미국은 조·일 양국이 오랫동안 교류했기 때문에 일본의 중재를 거치면 조선과 협상할 수 있으리라고 생각했다. 하지만 일본은 그럴 입장이 아니었다. 1869년 이전의 일본은 대마도를 거치지 않고는 조선과 접촉할 수 없었다. 1869년부터 1875년까지는 조·일 국교가 중단됐기 때문에 그나마도 접촉할 수 없었다. 대마도가 일본에 편입되자 조선 정부는 일본과의 직접 교섭을 거부했다. 그러면 강화도조약이 체결된 1876년 이후는 어땠을까? 1876년부터는 조·일 교류가 가능했지만, 일본이 영향력을 행사할 수 있는 것은 아니었다.

운양호 사건과 강화도조약을 계기로 일본이 조선 침탈을 시작했는데, 일본이 영향력을 행사할 수 없었다는 게 말이 될까? 그런 의문을 가질 수도 있다. 하지만 우리의 상식과 달리 당시 일본은 조선에 대해 무언가를 중재하거나 알선할 만한 입장이 아니었다.

오늘날 한국인들 중에는 강화도조약 제1조에 있는 "조선국은 자주국이며 일본국과 평등한 권리를 보유한다(朝鮮國自主之邦 , 保有與日本國平等之權)."는 문구를 과도하게 평가하는 이들이 있다. 일본이 조선을 압박하여 제1조를 만들고, 이를 통해 조선과 청나라의 사대관계를 소멸시키고 조선을 자국의 영향권 하에 두었다고 생각하는 것이다. 하지만 당시 조선과 청나라에서는 제1조를 당연시했다. 왜냐하면 전통적인 동아시아 국제관계에서는 속국과 자주국이 양립가능했기 때문이다. 일본은 조선과 청나라의 전통적 관계를 끊어놓을 목적으로 이 규정을 만들었지만, 이것은 조선과 청나라에 아무런 자극도 주지 못했다.

그렇다면 일본 외교관들이 이처럼 의미 없는 규정을 조약에 넣은 이유는 무엇일까? 일본은 지리상으로는 동아시아의 일원이었지만,

정치적으로는 동아시아의 변방이었다. 예외가 있기는 하지만 과거의 일본은 한반도의 중개 없이는 원칙상 중국대륙과 교류할 수 없었다. 한반도가 철저하게 중국과 일본의 교류를 견제했기 때문이다. 한반도는 대륙과 해양을 중개하는 데서 생기는 이익을 놓치려 하지 않았다. 그래서 일본과 대륙의 교류를 방해했던 것이다. 이런 이유 때문에 전통적으로 일본은 동아시아 국제관계의 변방에 머물 수밖에 없었다. 그래서 일본 정부 안에서는 동아시아 국제질서에 대한 인식이 축적되기 힘들었다. 이 때문에 강화도조약 제1조가 조·청관계에 영향을 주지 못할 것이라는 점을 예견하지 못했던 것이다.

게다가 1551년에 중국과 일본의 외교관계가 단절된 이래 일본은 약 300년간 중국대륙과 교류하지 못했다. 일본이 1592년에 임진왜란을 일으킨 데에는 당시까지 약 40년간 단절된 중국과의 관계를 부활시키겠다는 의도도 포함되어 있었다. 하지만 일본은 임진왜란에서 조선과 명나라를 제압하지 못했다. 전쟁이 끝난 뒤에 조선과는 국교를 재개했지만 명나라와는 그렇게 하지 못했다. 그래서 일본은 동아시아보다는 동남아·중동·유럽 쪽으로 고개를 돌릴 수밖에 없었다. 이런 이유 때문에 일본 외교관들은 동아시아 국제관계에 대한 인식을 축적할 기회가 별로 없었다. 그래서 강화도조약 체결 당시, 조선과 청나라가 보기에는 지극히 당연한 '조선은 자주국이다'라는 문구를 넣기 위해 불필요한 협상력을 소모했던 것이다.

이런 이유 때문에 강화도조약 이후에도 조선과 청나라의 전통적

관계는 변함없이 유지되었다. 일본이 강조한 대로 조선은 자주국이었지만, 일본이 예측하지 못한 바와 같이 조선은 여전히 청나라의 속국이었다. 이렇게 조선과 청나라의 관계가 여전히 긴밀했기 때문에 조선에 대한 일본의 영향력에는 한계가 있을 수밖에 없었다. 강화도조약 이후에 강화된 것이 있다면 조선에 대한 일본 상품의 수출뿐이었다. 무역관계에서는 일본의 입김이 강해졌지만, 정치적 측면에서는 별로 강해진 게 없었다. 그렇기 때문에 일본을 앞세워서 조선과의 관계를 개설하겠다는 미국의 의도는 비현실적인 것이었다.

지금까지 설명한 것은 1880년경까지 상황이다. 이때까지 미국은 조선과 국교를 맺고자 다방면의 노력을 기울여봤지만 모두 허사였다. 그런데 동아시아 정세의 변화에 힘입어 1880년대 초반에 미국은 드디어 꿈을 성취하는 데 성공한다. 이야기는 다음으로 이어진다.

이홍장의 한반도 전략과 조·미관계의 돌파구

미국의 숙원을 해결해준 것은 청나라였다. 조선 주변국의 도움을 빌려 조선에 진출하고자 하는 미국의 욕구가 조선에 대한 정책을 바꾸고자 하는 청나라의 욕구와 묘하게 맞아떨어진 것이다. 그렇다면 이 두 욕구는 구체적으로 어떻게 맞아떨어진 것일까?

1860년대 이후 서양열강과 일본은 티베트-미얀마-베트남-대만-

오키나와-조선의 U자 라인을 무너뜨린 뒤 중국을 공략하는 전략으로 선회했다. 이 전략은 동아시아 질서를 붕괴시키는 결과를 초래했다. 이 라인의 붕괴와 함께 1910년에 조선이 망하고 1912년에 청나라가 멸망했다. 이 라인이 청나라의 영향력으로부터 완전히 떨어져나간 뒤 청나라가 망한 것이다. 이 점을 보면 1860년대부터 서양 열강과 일본이 이 라인에 집중한 것이 전략적으로 유효했음을 알 수 있다.

청나라는 1870년대 후반에 위기를 감지했다. 청나라는 U자 라인의 동부에서부터 위기를 포착했다. 청나라 복건성 소속인 대만이 1874년에 일본의 침공을 받은 데 이어, 청나라·일본의 공동 속국인 오키나와가 1879년 일본에 강점됐기 때문이다. 이쯤 되자 청나라 실권자인 북양대신(북방 3개 항구와 관련된 외교·통상의 담당자) 이홍장은 '다음 차례는 조선이 되겠다'는 예측을 하게 되었다. '조선마저 무너지면 청나라는 끝'이라는 것이 그의 판단이었다. 그는 '조선마저 위험해지지 않도록 하려면, 청나라가 먼저 조선을 장악해야 한다'는 판단에 도달했다.

이홍장이 이런 인식에 도달한 데는 크게 두 가지 배경이 있다. 하나는, 1860년 제2차 아편전쟁의 결과로 체결된 러시아·청나라 간의 북경조약으로 러시아가 연해주를 차지함에 따라 러시아 영토가 조선 함경도와 맞닿게 되었다는 점이다. 이로 인해 러시아가 언제든 조선을 침공하거나 조선과 동맹할 수 있는 가능성이 생겼다. 또 하나는 1879년 오키나와 강점을 계기로 일본의 조선 침략 가능성이 높아졌다는 점이다. 오키나와 강점은 조선에 대한 일본의 집중력이 그만큼 높아지는 것을 의미했다. 이로써 러시아와 일본이 북과 남에서 조선을 침공할 가능성이 높아지게 되었다. 만약 북경에서 가장 가까운 동맹국인 조선이 무너지면 청나라의 안보도 위험해질 수밖에 없었다. 이런 인식 하에 이홍장은 기존의 느슨한 사대관계로는 조선을 자국 편에 확실히 묶어둘 수 없다고 판단하게 되었다. 청나라가 조선을 강력하게 장악함으로써 조선이 제3국의 수중에 들어가지 않도록 해야 한다는 게 그의 결론이었다.

이 같은 계산은 청나라의 대(對)조선 정책에 변화를 주었다. 1861년 이래 청나라의 실질적 통치자이자 허수아비에 불과한 광서제의 이모인 서태후는 이 전략을 수용했다. 이것은 광서 5년 7월 4일자 (1879년 8월 21일) 광서제 명의의 상유(上諭, 황제의 명령)에 의해 청나라의 새로운 정책이 되었다. 이 상유에서는 전통적인 관계 하에서는 청나라가 조선의 내정·외교에 간섭하는 게 힘들지만, 조선에 대한 외부 세력의 위협이 가중되는 현실에 대처하기 위해서는 청나라가 조선문제에 적극 개입해야 한다는 전략이 천명됐다. 상유에서는 완곡한 방법으로 조선문제에 개입할 것을 이홍장에게 명령했다.

이에 따라 이홍장이 착안해낸 방안은 세계 각국을 조선 무대에 끌어들임으로써 어느 한 나라도 조선을 단독으로 장악하지 못하도록 하는 것이었다. 청나라가 단독으로 조선을 장악하는 것은 불가능했기 때문에 세계열강의 힘을 빌리고자 했던 것이다.

이 방안을 실현하기 위한 구체적 방법 중 하나는 청나라가 조선과 서양열강의 수교를 알선하는 것이었다. 이홍장은 러시아를 제외한 서양열강을 조선에 끌어들이고, 이미 조선에 진출한 일본의 힘과 더불어 서양열강의 힘을 함께 이용하면 러시아가 조선에 들어오지 못하도록 할 수 있을 거라고 계산했다. 이렇게 하다 보면 일본도 서양열강의 힘에 눌려 조선을 탐내지 못할 것이라고 판단했다. 그렇게 되면 그 어느 나라도 조선을 경유해 중국을 침략할 수 없을 것이라는 게 이홍장의 계산이었다.

이홍장이 이런 생각을 하고 있을 때, 미국은 일본의 도움을 빌려 조선과 국교를 체결하려다가 실패했다. 미국이 청나라 쪽으로 눈을 돌릴 때, 이홍장이 위의 구상을 하고 있었던 것이다. 덕분에 미국은 청나라의 도움을 빌려 조선과의 접촉을 시도하게 되었다.

청나라와 미국이 조·미 수교에 적극성을 띠었다고 해서 이 문제가 곧바로 해결될 수 있는 것은 아니었다. 당사자인 조선의 태도가 무엇보다 관건이었다. 조선은 형식상으로는 청나라의 신하국이었지만 이것은 말 그대로 형식에 불과했다. 병자호란 때 청나라와의 전쟁에서 패배한 인조가 지금의 서울시 송파구에 있었던 삼전도에서 굴욕적인 항복 의식을 거행했다는 이유로, 그 뒤에도 조선이 청나라에 질질 끌려 다녔을 것이라고 생각하면 오산이다.

삼전도에서 항복의식이 벌어진 1637년만 해도 청나라(당시 국호는 후금)가 중원에 진출하기 이전이었다. 당시 후금은 만주를 지배하는 나라였다. 청나라가 중국 전역의 지배자가 된 것은 1644년이다. 중원을 차지한 뒤로 청나라의 대외전략이 바뀌었다. 넓어진 영토를 통치하려면 군사력을 사방에 골고루 안배해야 했다. 그러기 위해서는 조선의 감정을 자극하지 않고 평화적인 관계를 유지해야 했다. 그래서 1644년 이후의 청나라는 병자호란 때와는 달리 조선에 대해 유화적인 태도를 취했다. 위에 소개한 광서제 명의의 상유에는 "청나라가 조선 문제에 간섭하는 것은 쉽지 않다."는 문장이 있었다. 이것은 1644년 이후의 조·청관계를 반영하는 것이다. 전후 사정이 이러했기 때문에 청나라가 조선의 의사를 무시하고 조·미 수교를 강요할 수는 없었다.

우리는 '삼박자가 다 맞았다'는 말을 자주 쓴다. 조선과 미국의 수교에서 이 말이 잘 들어맞았다. 미국은 이전부터 조선과의 수교를 원했고, 청나라는 1879년부터 조선과 서양의 수교문제에 관심을 가졌다. 이런 상태에서 조선 주상인 고종도 1880년부터 이 문제에 본격적으로 관심을 갖기 시작했다. 이로 인해 1880년부터 조·미 수교의 가능성이 서서히 높아지기 시작했다.

고종이 서양과의 수교에 관심을 갖게 된 데에는 몇 가지 요인이 있었다. 첫째, 고종은 이 문제를 왕권 강화의 차원에서 인식하고 있었다. 오늘날 많은 한국인들은 고종을 유약한 임금으로 인식하고 있지만, 고종은 정조 임금 이후 약화된 왕권을 상당한 수준에서 회복한 군주였다. 정조 사후에 등장한 순조·헌종·철종은 하나 같이 유약했다. 이 세 임금의 시대에 경주 김씨, 풍양 조씨, 안동 김씨 같은 세도가문들이 국정을 좌지우지했다고 해서, 이 시대를 세도정치 시기라고 부른다. 60년간 계속된 세도정치 시대에 종지부를 찍고 왕권을 강화한 것은 고종을 앞세운 흥선대원군이었다. 고종이 양반들의 세력 기반인 서원을 철폐하고 국민적 불만을 무릅쓰고 경복궁을 중건할 수 있었던 것은 왕실의 권력이 이전보다 훨씬 더 강력했기에 가능한 일이다. 고종은 그런 흥선대원군을 몰아내고 친정 체제를 구축한 인물이다. 그런 면에서 보면 고종은 아버지보다 더 대단한 인물이었다.

친정에 착수한 고종이 아버지 세대는 물론이요, 구세대와도 선을 긋고 왕권을 강화할 목적에서 추진한 것이 바로 서양열강과의 수교였다. 이적시하던 서양과 수교하는 새로운 국면을 조성하려면 과거와 인연이 깊지 않은 새로운 관료층을 전면에 세워야 한다. 새로운 사람들을 전면에 세우다 보면 아버지 세대나 구세대와의 단절을 이룰 수 있었다. 고종이 노력을 벌인 결과로 흥선대원군이 실각한 지 4, 5년 뒤인 1870년대 후반에는 개화파라 불리는 신진세력이 입지를 굳히게 되었다.

김기수·김홍집이 수신사가 되어 일본을 방문한 것은 이런 분위기 속에서 나온 것이었다. 제2차 수신사 김홍집은 1880년 하반기에 일본에 가서 일본주재 청나라공사인 하여장과 청나라 참찬관(참사관)인 황준헌 등을 만났다. 이들 청나라 외교관들은 김홍집에게 시장개방의 필요성을 강조했다. 하여장은 주일공사에 부임하기 전에 이홍장으로부터 "기회를 봐서 어떻게든 조선을 시장개방으로 유인하라."는 지시를 받았다. 이런 지시를 받은 뒤였기 때문에 하여장은 김홍집의 방일을 놓치지 않고 설득 작업에 들어갔다. 하여장과 황준헌 등이 김홍집을 설득하고자 특별히 제작한 논문이 그 유명한 《조선책략》이다. 일본에서 돌아온 김홍집은 고종에게 이 책을 전달했고, 고종은 책을 열어보자마자 매우 흡족해했다. 《조선책략》의 메시지가 자신의 대외관계 구상과 맞아떨어졌기 때문이다.

《조선책략》의 메시지는 간결하고 명료하다. 핵심은 '러시아를 경계하라'다. 세계 전역에서 남진을 시도하는 러시아로부터 조선을 방어하는 방책으로 제시한 것은 '청나라와 친하고 일본과 결합하며 미국과 연대하라'는 것이었다. 한마디로, 방러(防俄)를 위해 친청(親淸)·결일(結日)·연미(連美)하라는 것이었다. 여기서 친(親)이니 결(結)이니 연(連)이니 하는 글자에는 별다른 차이가 없다. 동어반복을 피하고자 각기 다른 표현을 사용했을 뿐이다. 청나라는 러시아 못지않게 일본도 경계하는 나라였다. 그런 나라가 '결일'을 권고한 것은 일본보다 러시아가 훨씬 더 위험하다는 판단 때문이었다.

친청·결일·연미는 결과적으로는 다 똑같은 의미였지만, 그중 '연미'가 품는 함의는 좀 색달랐다. 친청·결일과 달리 연미는 강력한 결단이 수반되는 것이었다. 청나라와 일본은 기존에 국교를 체결했거나 체결한 적이 있는 동아시아 국가들이지만 미국은 그렇지 않았다. 미국은 기존에 국교를 체결한 적이 없을 뿐만 아니라 동아시아 국가도 아니었다. 친청과 결일을 한다고 해서 조선이 추가적으로 지나야 할 관문은 없었다. 청나라·일본은 그냥 가까이하면 되는 것이었다. 그런데 연미를 하자면 이질적인 서양 국가와 수교를 해야 했다. 이것은 사회적 저항을 물리칠 때만 가능한 일이었다. 여기에 더해 연미를 하자면 적대관계부터 해소해야 했다. 미국은 이미 전쟁을 치른 적이 있는 적성 국가였기 때문이다. 그렇기 때문에, 연미를 권고한 《조선책략》의 메시지는 조선에 대해 보통 이상의 결단을 요구하는 것이었다.

그래서 이 논문은 미국에 대한 새로운 인식을 심어주고자 상당한 분량을 할애했다. 이 논문은 갖가지 미사여구를 동원해 미국을 칭찬했다. 미국은 항상 공의를 실천하며 남의 영토를 빼앗지 않는 나라라는 극찬도 아끼지 않았다. 그래서 미국과 손을 잡는 것은 안전하다고 말했다.

> (미국은) 예의로써 나라를 세우고 남의 영토를 탐내지 않고 남의 백성을 탐내지 않고 남의 내정에 간여하지 않았다. …… 항상 약소국을 돕고 공의를 유지하며 유럽인들이 악을 범하지 못하도록 했다.

논문 저자인 황준헌이 미국을 극찬할 수 있었던 것은 유럽열강은 아시아를 침략한 데 반해 미국은 아메리카를 침략했기 때문이다. 적어도 당시까지는 미국이 아시아를 침략하지 않았다. 만약 미국이 아시아까지 침략했다면 청나라 외교관의 눈에 미국이 그렇게 아름답게 보이지는 않았을 것이다. 당시까지만 해도 미국의 식민주의적 침략이 아메리카대륙에 국한된 까닭에 미국의 잔학상이 세계적으로 알려지지 않았던 것이다. 또 당시 유럽 선교사들이 제국주의의 아시아 침략에서 첨병 역할을 한 데 반해, 미국 선교사들은 비교적 순수하게 종교적 열정을 추구했다. 이런 요인들 때문에 황준헌이 미국을 그토록 극찬했던 것이다.

황준헌은 1848년에 출생했다. 《조선책략》을 집필할 당시, 그는 서른세 살이었다. 그가 타계한 해는 58세 때인 1905년이다. 죽기 7년 전에 그는 자신의 글이 성급했다는 것을 깨달았을 것이다. 1898년에 미국이 아시아 국가인 필리핀을 빼앗을 목적으로 스페인과 전쟁을 벌였기 때문이다. 그러니까 《조선책략》을 집필한 1880년으로부터 불과 18년 만에 황준헌의 글이 엉터리였음이 판명된 것이다.

1898년 사건을 접하기도 전에 조선인들은 미국의 본질을 간파했다. 조선인의 눈에 비친 미국은 황준헌의 눈에 비친 미국이 아니었다. 황준헌이 간과한 것을 조선인들은 이미 간파하고 있었다. 이때까지 조선인들의 머릿속에서 미국의 이미지를 형성하는 데 기여한 것은 제너럴셔먼호 사건과 신미양요였다. 두 사건을 통해 조선인들의 기억에 새겨진 미국은 야만적이고 탐욕스러우며 무례한 나라였다. 그런데 《조선책략》은 완전히 새로운 미국을 조선인들에게 소개했다. 여기에 묘사된 미국은 세상에 둘도 없는 착한 나라였다. 이 책 속의 미국은 한마디로 '착한 미국'이었다. 그래서 《조선책략》 속의 미국은 조선인들이 도저히 이해할 수 없는 미국이었다. 그런데 최고 통치자인 고종이 《조선책략》을 적극 수용함에 따라 미국에 대한 조선인들의 인식은 위로부터 강제로 변경되기 시작했다. 이런 강제적 변화를 기초로 고종은 미국에 대한 태도를 바꾸었다. 시장개방을 추진한 것이다.

백성들의 저항과 고종의 강행

고종은 《조선책략》을 명분으로 미국과의 수교를 정력적으로 추진했다. 하지만 대다수의 백성들은 이것을 받아들일 수 없었다. 백성들은 기존에 형성된 미국의 이미지를 쉽사리 떨쳐버릴 수 없었다. 그래서 백성들 사이에서는 고종의 개방정책에 대한 저항이 나타났다. 가장 격렬하게 저항한 곳은 경상도 지역이었다. 이 지역의 저항을 상징적으로 대표한 움직임이 1881년 영남 만인소였다.

선비 1만여 명을 동원해 만인소를 주도한 것은 유학자 이만손·강진규 등이었다. 이들은 영남 선비들을 대표해서 올린 상소에서 시장개방을 추진하는 조정의 움직임을 격렬히 비판했다. 이들은 "미국은 믿을 수 없는 나라이며 머지않아 조선의 독립을 해하게 될 것"이라면서 미국에 대한 인식의 변화를 경계했다. 이들의 상소문을 읽어보면, 어쩌면 그렇게 정확하게 미래를 예측할 수 있었을까 하는 감탄이 들 정도다.

> 저들이 풍랑을 몰고 험한 바닷길을 건너와 우리나라 관료들을 괴롭히고 우리 재산을 쉴 새 없이 빼앗아 가거나, 또 저들이 우리의 허점을 엿보고 우리의 빈약함을 업신여겨, 들어주기 어려운 청을 강요하고 감당하지 못할 책임을 지운다면 전하께서는 장차 어떻게 대응하시겠습니까?

만약 고종이 등극하기 이전이었다면 이런 상소가 효력을 발했을지도 모른다. 고종 이전의 순조·헌종·철종은 역대 왕들에 비해 현저히 무기력했다. 만약 그들의 시대에 지방 유생들이 들고 일어났다면 왕도 어쩔 수 없이 수용할 수밖에 없었을 것이다.

하지만 고종은 조선 후기의 역대 왕들에 비해 매우 강력했다. 고종이 등장하기 이전까지 가장 강력한 후기 임금은 숙종이었다. 숙종은 신하들에게 끌려 다니지 않고 당파 간의 대립을 조장하거나 조율하는 방법으로 왕권을 강화했다. 영조와 정조가 조선 후기에 가장 강력했을 것이라고 오해하는 이들이 적지 않지만, 두 임금은 강력하기는 했어도 숙종보다는 못했다. 영·정조는 특정 당파의 독재를 막는 탕평책을 추진하기는 했지만, 이들은 숙종처럼 각 당파를 마음대로 주무르지는 못했다. 그런데 고종은 숙종 못지않게 강력했다. 흥선대원군이 외부의 위협을 명분으로 사대부 세력을 누르고 왕권을 강화한 상태에서 고종은 흥선대원군을 밀어내고 친정 체제를 구축했다. 그래서 고종은 영·정조보다 훨씬 더 강력한 왕권을 확보했다. 고종은 시장개방 문제 같은 국가 핵심 문제를 자기 마음대로 결정한 왕이었다. 이처럼 강력한 왕권이 있었기에,《조선책략》과 조·미수교에 반대하는 경상도 선비들의 상소는 묻힐 수밖에 없었다. 만약 흥선대원군이 사대부들을 약화시키지 못한 상태에서 고종이 친정 체제를 구축했다면 미국은 조선에 발도 들여놓지 못했을 것이다.

1882년에 고종은 흥선대원군의 대외정책을 공식적으로 뒤집었다. 그는 한양 종로를 비롯해 전국 곳곳에 설치된 척화비를 무시해 버리기로 마음먹었다. 적대국인 미국과의 수교를 추진하기로 한 것이다. 그런데 조선은 서양과의 수교를 추진할 만한 준비가 되어 있지 않았다. 서양 국가에 대한 정보가 불충분했을 뿐만 아니라 만국공법, 즉 국제법에 대한 지식도 거의 없었다. 그래서 조선 단독으로 수교를 추진하는 것은 무리였다. 만국공법을 비교적 잘 아는 동아시아 국가의 도움이 필요했다. 동아시아에서 만국공법을 가장 잘 아는 나라는 일본이었지만, 그렇다고 일본의 도움을 받을 수는 없었다. 결국 청나라의 도움을 받는 수밖에 없었다. 때마침 《조선책략》을 선사한 청나라가 조선의 문호 개방을 지원할 뜻을 피력했다. 그래서 고종은 청나라의 도움을 빌려 미국과의 수교를 추진하기로 결심했다.

고종의 결단으로 수교 협상이 추진되면서 재등장한 해결사가 앞에서 소개한 슈펠트 제독이었다. 1867년 조선에 왔다가 목적을 이루지 못하고 돌아간 슈펠트는 그 뒤 해군 준장 자격으로 군함 타이콘데로카호의 세계일주를 지휘하며 아프리카 남단을 돌아 중동과 동아시아를 방문했다. 이 기회에 그는 체스터 아서 대통령의 전권대사가 되어 조·미수호조약 체결을 성사시키게 되었다. 미국의 오랜 숙원을 성취시키는 현장에 서게 된 것이다. 하지만 오래 기다린 것에 비하면 얻은 게 별로 없었다. 이 점에 대해서는 뒤에서 자세히 설명하겠다.

조·미수호통상조약의 체결은 청나라의 중재 하에 이루어졌기 때문에 조약 체결을 위한 협상도 청나라 천진(톈진)에서 열렸다. 이홍장이 조선의 위임을 받아 슈펠트와 협상을 벌이는 방식으로 전개된 것이다. 물론 조선 측의 의사가 반영되기는 했지만 형식상으로는 미국과 청나라의 양자 회담을 통해 협상이 진행되었다. 조약 협상은 청나라 천진에서 이루어졌지만 조약 서명은 조선 제물포에서 이루어졌다. 이때가 고종 19년 4월 6일(1882년 5월 22일)이다.

조·미수호통상조약 제1조에는 특이한 내용이 있다. 제1조는 고종 이후의 조선인들이 미국을 대하는 태도에 결정적 영향을 주었다.《조선책략》의 미사여구가 미국에 대한 조선인들의 태도에 어느 정도 영향을 준 것 이상으로 제1조도 유사한 기능을 발휘했다. 일제 강점기와 해방 이후까지 한국인들의 태도에 큰 영향을 준 조항이었다고 평가할 수도 있다.

제1조는 조선과 미국 간의 상호 원조에 관한 조항이다. 제1조에서는 "만일 제3국이 일국(一國) 정부에 대해 부당하게 또는 억압적으로 행동할 때는 타국 정부는 사건의 통지를 받는 대로 원만한 타결을 위해 주선을 다함으로써 우의를 표시하여야 한다."고 했다. 이것은 양국 중 일국이 제3국에 의해 주권의 침해나 위협을 받을 때는 타국이 긴급 원조를 제공한다는 조항이다.

이런 조항이 청나라의 뜻에 의해 삽입되었을 리는 없다. 이것은 조선 측이 강력하게 요구한 결과였다. 제1조를 통해 고종은 유사시에 조선이 미국의 군사적 지원을 받을 수 있는 가능성을 남겨두고자 했다. 여기서 드러나는 것은 고종의 이이제이(以夷制夷) 전략이다. 외국이 조선의 주권을 위협할 경우에 미국을 앞세워 위기에 대응한다는 전략을 갖고 있었던 것이다.

이렇게 고종은 지난 날의 적국이었던 미국과 조약을 체결하는 기회에 미국을 이용해서 조선의 독립을 지켜나갈 구상을 갖고 있었다. 흥선대원군의 눈에는 위험천만하거나 무익한 구상이었을 수도 있지만 고종은 그런 계획을 갖고 대미관계를 전환시켰다.

청나라의 훼방과 미국의 배신

조·미수호통상조약에 따라 조·미 양국은 공사급 사절을 교환했다. 이듬해인 1883년에는 루시우스 푸트가 초대 주조선 미국공사로 파견됐다. 그리고 덕수궁 서쪽과 정동극장 북쪽 사이에 있던 단층짜리 건물이 미국공사관이 되었다. 이것이 조선에 세워진 최초의 서양 공사관이다. 이에 대한 답례로 조선은 민영익을 답방사(使)라는 의미의 보빙사(報聘使) 명의로 미국에 파견했다. 상주 사절을 보낸 미국과 달리 조선은 특사를 파견한 것이다. 조선은 조약 체결 4년 뒤인 1887년에야 박정양을 초대 주미공사로 임명했다. 하지만 여기에는 온갖 우여곡절이 따랐다. 조선과 미국의 수교를 중재한 청나라가 상주 사절의 파견을 방해했기 때문이다.

뒤에서 설명하겠지만 조·미수교가 체결된 직후 임오군란이 발생하고, 이것을 틈타 청나라가 사상 최초로 조선의 내정과 외교를 장악했다. 그래서 1882년 하반기부터 조선은 청나라의 간섭을 받았다. 이런 상태가 1894년 청·일전쟁 직전까지 계속되었다. 그래서 청나라가 조선의 외교관계를 훼방할 수 있었던 것이다. 청나라는 조선이 단독으로 외국과 수교하는 것을 원치 않았다. 조선이 단독으로 외국과 관계를 맺으면 조선을 자국의 대외전략에 맞게 이용할 수 없었기 때문이다. 그래서 박정양의 주미공사 파견을 방해한 것이다. 조선이 그에 아랑곳없이 박정양 파견을 강행하자 청나라는 물리적 대응으로 나왔다. 인천에서 배를 타고 떠나는 박정양을 저지하기까지 했던 것이다.

청나라가 조선의 외교사절 파견을 방해하자 미국은 불쾌감을 드러냈다. 자국이 관련된 사안에 청나라가 개입하는 것은 당연히 자존심이 상하는 일이었다. 청나라가 인천항에서 박정양을 저지하자 미국은 해군 군함 오시피호를 보내 박정양의 출국을 도우려 했다. 미 해군은 박정양을 태우는 데는 성공했지만 조선 해역을 빠져나가기는 용이하지 않았다. 오시피호가 인천에 출현하자 청나라도 군함 6척을 보냈기 때문이다. 청나라 군함들은 오시피호를 막고 위협사격까지 가했다. 하지만 결국 오시피호는 포위망을 뚫었다. 그런 뒤 미국에 무사히 도착했다. 박정양 일행이 샌프란시스코에 도착한 것은 1888년 1월 1일이다.

같은 달 17일, 박정양은 클리블랜드 대통령에게 신임장을 제출하고, 워싱턴에 있는 주미공사관에서 직무를 개시했다. 하지만 박정양은 정상적으로 일을 할 수 없었다. 워싱턴에 주재하는 청나라 외교관들이 박정양을 방해했기 때문이다. 미국주재 청나라 공사는 장음환(張蔭桓)이었다. 그는 박정양이 업무를 처리하기 전에 자기와 먼저 상의할 것을 요구했고, 연회 석상에서는 자기 옆에 앉을 것을 요구했다. 조선이 청나라의 간섭을 받고 있다는 점을 공개적으로 과시하려 했던 것이다.

주미공사의 직무에 대한 청나라의 방해는 워싱턴뿐만 아니라 한성에서도 있었다. 청나라는 박정양을 소환할 것을 고종에게 끊임없이 요구했다. 고종은 결국 무릎을 꿇고 만다. 계속되는 괴롭힘에 시달린 고종은 결국 1889년 박정양을 소환했다. 대신 호러스 알렌 선교사를 참찬관으로 임명하고 주미공사관의 사무를 맡겼다. 그 뒤 오랫동안 미국에서 조·미관계를 처리한 것은 알렌이었다.

조·미관계는 청나라의 중재로 수교 관계까지 갔지만, 바로 그 청나라의 방해로 파행을 겪었다. 그래서 조·미관계의 파행은 외형상 청나라에 원인이 있는 것처럼 보였다. 하지만 조·미관계가 파행을 겪게 된 보다 결정적인 원인은 바로 미국에 있었다.

조·미수호통상조약이 체결된 지 얼마 되지 않아 고종이 조약 제1조를 활용할 일이 생기게 되었다. 제1조에 언급한 것처럼 제3국이 조약 당사국을 압박하는 상황이 조성된 것이다. 그 제3국은 바로 청나라다.

앞에서 설명했듯이 청나라가 조선의 내정·외교에 간섭하는 것은 당시까지만 해도 상상할 수 없는 일이었다. 그런데 조·미수교를 중재하는 과정에서 청나라는 조선에 대한 영향력을 확보했다. 서양과 담을 쌓고 지내던 조선을 집 밖으로 데리고 나왔으니 집 밖에 나온 조선이 청나라의 말을 듣게 되는 것은 당연했다. 이렇게 청나라에 대한 의존도가 높아지던 상황에서 청나라가 환영할 만한 뜻밖의 사건이 조선에서 터졌다. 그것은 조·미수호조약 체결 직후에 터진 임오군란이다.

조·미수호통상조약은 고종 19년 4월 6일(1882년 5월 22일)에 체결됐다. 임오군란은 같은 해 6월 9일(양력 7월 23일)에 발생했다. 조약 체결 2개월 뒤에 발생한 것이다. 이 사건은 표면상으로는 구식 군인들의 처우 불만 때문에 발생한 것처럼 보이지만 본질적으로는 시장개방에 대한 사회적 분노 때문에 폭발했다. 1876년 일본에 시장을 개방한 데 이어 1882년 미국에까지 시장을 개방하자 이로 인한 분노가 군란의 형태로 폭발한 것이다.

임오군란은 조선과 청나라의 관계를 질적으로 변화시켰다. 임오군란이 발생하자 정국의 주도권은 흥선대원군 이하응에게 돌아갔다. 황현이 기록한 정치실화집인 《매천야록》에 묘사된 바와 같이 군란의 주역들이 이하응을 추대한 뒤 경복궁으로 밀고 들어갔기 때문이다. 1873년 고종의 친정 선포와 함께 실권을 상실한 이하응은 이런 분위기를 틈타 9년 만에 정국의 주도권을 탈환했다.

고종 입장에서 볼 때 흥선대원군은 아버지이기보다는 라이벌이었다. 그래서 명성황후의 일가 친척을 앞세워 흥선대원군을 몰아내고 친정을 선포했던 것이다. 그렇기 때문에 흥선대원군이 정권을 잡는 것은 고종 입장에서는 정치적 식물인간이 되는 것이나 마찬가지였다. 그래서 고종은 상황을 뒤집을 방안을 강구하지 않을 수 없었다. 그가 생각해낸 방안은 청나라의 도움을 구하는 것이었다. 장고 끝에 고종은 왕명으로 청나라에 가 있던 어윤중(1848~1896)을 떠올렸다.

1869년 과거시험 대과에 급제한 어윤중은 주상 비서실인 승정원의 정7품 주사로 공직 생활을 시작했다. 그 뒤 암행어사 경험을 바탕으로 고종의 국정 파악에 많은 도움을 주었고, 1881년에는 신사유람단의 일원이 되어 일본의 근대화 작업을 시찰했다. 일본을 시찰한 뒤에는 청나라에 가서 미국과의 국교문제에도 개입하고 청나라의 근대화 과정도 시찰했다. 이런 경력에서 드러나듯이 어윤중은 고종의 최측근 중 하나였다.

임오군란으로 최고 권력을 쥔 것은 흥선대원군이었지만 대원군을 앞세워놓고 실질적으로 권력을 잡은 이들은 김장손을 비롯한 하층민들이었다. 김장손은 당시 63세였다. 이들은 약 1개월간 조선 정국을 장악했다. 이런 상황 속에서 고종은 공포심을 갖지 않을 수 없었다. 아버지도 아버지였지만, 하층민들이 상황을 주도하고 있다는 게 무섭지 않을 수 없었다. 고종이 청나라에 가 있는 어윤중을 떠올린 것은 대개 이런 상황에서였다. 그는 비밀리에 어윤중에게 연락을 보냈다. 청나라 군대의 파병을 요청할 것을 지시했던 것이다. 이것은 조정의 합법적 절차를 거친 것은 아니었다. 이때는 그런 것을 기대할 수도 없었다. 주도권을 잡은 흥선대원군과 반란군이 청나라 군대를 부를 이유가 없었기 때문이다. 그래서 비공식적 루트를 통해 파병을 요청한 것이다.

때마침 청나라 실권자 이홍장은 운신의 폭이 제한된 상태에 있었다. 어머니가 위독하다는 전갈을 받고 고향에 가 있었던 것이다. 만약 이런 일만 생기지 않았다면, 구한말 역사는 많이 달라졌을 것이다. 만약 정말로. 그랬다면 청나라 조정이 고종의 파병 요청을 거절했을 가능성이 높다. 왜냐하면 이홍장은 조선 문제에 관한 한 가급적 유화적인 입장을 취했기 때문이다. 그런데 임오군란이 발생하기 얼마 전인 광서 8년 3월 2일(1882년 4월 19일), 이홍장은 어머니의 병환이 위독하다는 소식을 듣고 상해(상하이) 왼쪽에 있는 안휘성으로 내려갔다.

이에 따라 이홍장의 직무는 다른 사람이 대행하게 되었다. 대행 업무를 맡게 된 사람은 양광총독(광동성·광서성의 행정·군사 책임자) 장수성이다. 장수성은 이홍장을 대신해서 북양대신 직무를 수행하게 되었다. 이홍장의 어머니는 병세가 한층 더 악화되다가 결국 사망에까지 이르게 되었다. 이로 인해 이홍장은 고향에서 모친상까지 치르지 않으면 안 되었다. 이 때문에 이홍장의 안휘성 체류 기간은 더 길어지게 되었다. 그래서 임오군란이 발생한 6월 9일(양력 7월 23일)에도 장수성이 직무를 대행하게 되었다.

그런데 장수성은 이홍장과 성향이 달랐다. 대외관계에서 이홍장은 온건파였지만, 장수성은 강경파였다. 그는 청나라 말기의 강경파 그룹인 청류파(淸流派)의 일원이었다. 이홍장과 색깔이 다른 사람이었던 것이다.

이홍장의 사무처리 방식은 훗날 1894년 청·일전쟁에서 잘 드러났다. 청·일전쟁 직전에 일본은 전쟁 도발의 명분만 모색했다. 이런 상황에서 이홍장은 어떻게든 평화적으로 사태를 마무리하는 데만 주력했다. 이 때문에 그는 일본과의 전쟁을 제대로 준비하지 못했고 결국 패전하고 말았다. 이런 사례에서 표출되듯이 이홍장은 외교문제를 가급적 순리적으로 푸는 인물이었다. 이 때문에 오늘날 중국 학계에는 이홍장을 우유부단한 인물로 비판하는 학자들이 적지 않다.

이런 이홍장이 임오군란 당시 고향에 머물지 않았다면 고종의 파병 요구를 거절했을 가능성이 높다. 왜냐하면 러시아·영국·미국·일본 등이 주시하는 상황에서 청나라가 조선 정부의 공식 요청도 없이 군대를 파병하면 국제분쟁을 초래할 위험성이 높았기 때문이다. 그는 파병 카드를 가급적 꺼내지 않으려고 노력했을 것이다.

이에 비해 장수성은 중국의 힘을 과시하고 싶어 하는 인물이었다. 두 차례의 아편전쟁에서 패한 뒤인 1860년대부터 청나라는 근대화 작업인 양무운동에서 상당한 성과를 거두었다. 그래서 1882년 당시의 청나라는 국력을 상당부분 추스른 상태였다. 이런 분위기 속에서 강경파는 중국의 힘을 보여주고 싶어 했다. 그러던 차에 온건파 이홍장 대신 강경파 장수성이 북양대신 직무를 대행하게 되고, 하필 이런 상황에서 고종이 파병을 요청했던 것이다.

장수성은 아주 전격적으로 군대를 파견했다. 일본군도 군란 진압을 목적으로 조선에 상륙했지만, 청나라 군대는 일본군보다 훨씬 너 빨리 군란을 진압했다. 그런 뒤 흥선대원군을 청나라 군영으로 유인해서 체포했다. 그러고는 대원군을 청나라로 압송했다. 이로써 청나라는 조선의 정국을 손아귀에 넣게 되었다. 아편전쟁으로 체면이 손상된 청나라가 이처럼 전격적이고 자신감 넘치게 국제분쟁을 처리한 적은 없었다. 임오군란 진압은 청나라의 체면을 세워준 사건이었다.

그 뒤 청나라는 사상 최초로 조선에 대해 내정간섭을 실시했다. 이런 분위기 속에서 청나라는 광서 8년 8월 23일(1882년 10월 4일) 조선과 조·청상민수륙무역장정을 체결했다. 일종의 통상조약을 체결했던 것이다. 국제법적 조약의 범주에 들어가는 이 장정은 양국 통상관계를 핵심적으로 다루었지만, 이 외에 두 나라의 정치문제도 다루었다. 청나라는 이 장정을 통해 조선이 정치적으로 자국의 아래에 있다는 점을 명시하고자 했다. 장정의 전문(前文)에서는 조선을 중국의 속국으로 규정하고, 제1조에서는 조선 주상과 청나라 북양대신을 동격으로 인정하며, 제2조에서는 청나라 쪽에만 치외법권을 인정했으며, 제7조에서는 청나라 해군이 조선 연해를 순시할 수 있도록 했다. 이런 불평등한 장정이 임오군란 직후부터 청·일전쟁 직전까지 12년 동안 조선과 청나라의 관계를 규율했다. 학계에서는 이 12년 동안 조선에 대한 청나라의 간섭이 가장 극심했다고 평가하고 있다.

조·청상민수륙무역장정에 따라 청나라는 처음에는 진수당을, 다음에는 원세개(위안스카이)를 현지 책임자로 파견했다. 책임자로 임명될 당시 원세개는 27세밖에 안된 애송이였다. 더군다나 장정을 기준으로 해도 원세개는 조선 주상의 아랫사람이었다. 장정에서는 원세개의 상관인 북양대신 이홍장이 조선 주상과 동격이라고 했다. 그런데도 그는 고종 앞에서 제대로 예의를 표하지 않았을 뿐만 아니라 극심한 내정간섭을 서슴지 않았다. 1886년에는 고종의 폐위까지 시도했다. 원세개의 횡포가 어찌나 심했던지 서울에 주재한 각국 외교관들도 혀를 내둘렀다. 고종은 임오군란을 진압할 목적으로 외국 군대를 끌어들였지만, 고종의 의도와 달리 이 군대는 지원 군대에서 내정간섭 군대로 돌변했다. 이로 인해 고종은 지독한 내정 간섭에 시달렸다. 진수당과 원세개가 주재한 12년 동안, 조선은 이전 시기에서는 찾아볼 수 없었던 자주성의 억압을 경험했다. 오늘날 한국인들이 과거의 한·중관계를 부정적으로 바라보게 된 계기는 바로 이 12년간의 기억에 있다.

애초에 고종이 시장을 개방한 것은 외국열강을 조선에 끌어들이면 외국끼리 서로 경쟁하게 될 것이고, 그렇게 되면 조선이 독립을 유지할 수 있을 것이라는 계산 때문이었다. 고종은 그런 목적으로 청나라를 이용해서 서양열강을 끌어들였다. 그런데 청나라는 공짜로 조선을 도울 생각이 없었다. 마키아벨리는 《군주론》에서 "군주는 부득이한 경우 외에는 자기보다 강한 자와 손잡고 제3자를 공격해서는 안 된다."며 "이런 경우, 승리를 거둔다 해도 동맹국의 먹이가 되기 마련이다."라고 경고했다. 청나라는 바로 그런 불순한 동맹국이었다. 청나라는 조선을 돕는 데 그치지 않고 조선을 아예 집어 삼키려 했다.

고종은 뒤늦게나마 외세의 본질을 간파했다. 하지만 그는 철저히 반성하지 않았다. 그래서 그가 찾은 해법은 불철저한 것이었다. 그가 찾은 해법은 또 다른 외세를 이용해서 청나라를 몰아내는 것이었다. 한마디로 이번에도 이이제이였던 것이다. 고종이 생각해낸 '또 다른 외세'는 바로 미국이었다.

고종이 미국에 기대를 건 것은 조·미수호통상조약 제1조 때문이었다. 제3국이 조약 당사국을 위협할 경우에 또 다른 조약 당사국이 원조에 나서기로 한다는 제1조를 신뢰한 것이다. 고종은 청나라 군대가 들어온 이듬해인 1883년에 주조선 미국 공사인 푸트에게 미국인 군사교관단과 미국 군함을 파견해줄 것을 요청했다. 미군을 이용해서 청나라의 영향력을 제거하고자 했던 것이다.

그러나 미국은 뜻밖의 태도를 보였다. 뜻밖이라는 것은 고종의 입장에서 그렇다는 것이다. 미국은 조선의 요청을 단호히 거부했다. 그것도 아주 명시적으로 거부했다. 국제사회가 다 알 수 있도록 거부했던 것이다. 미국은 주조선 전권공사의 격을 떨어뜨리는 방식으로 대답을 대신했다. 처음에 주조선 미국공사는 주청나라 공사나 주일본 공사와 동격이었다. 그런데 미국은 고종이 원조를 요청하자 주조선 공사를 주조선 변리공사로 격하시켜버렸다. 변리공사는 전권공사와 대리공사의 중간이었다. 미국이 이런 식으로 반응한 것은 청나라가 미국의 뜻을 알 수 있도록 하기 위해서였다. 청나라가 혹시라도 오해하지 않을까 해서 이런 식으로 거부한 것이다. 이로써 조·미수호통상조약은 체결된 지 얼마 되지도 않아 사실상 휴지조각이 되고 말았다.

그 옛날 백제의 압박에 시달리던 신라의 김춘추는 고구려와 왜국을 방문해서 '백제와의 동맹을 끊고 신라와 동맹하자'고 제안했다. 고구려와 왜국은 김춘추의 제안을 받아들일 이유가 없었다. 백제는 고구려와 왜국의 동맹국이었다. 또 백제보다 신라가 강하지도 않았다. 신라와의 동맹은 두 나라에 아무런 이익도 되지 않았다. 그래서 두 나라는 김춘추의 동맹 제안을 뿌리쳤다. 그런데 두 나라는 그냥 말로만 거절하지 않고 김춘추를 자국에 억류하는 강수를 선보였다. 고구려는 김춘추를 감옥에 가두었고, 왜국은 김춘추를 인질로 삼았다. 이런 제스처를 취해야만 백제가 오해하지 않을 것이기 때문이었다. 미국이 도움을 주지는 못할망정 야박하게 주조선 공사의 격을 떨어뜨린 것도 같은 이유 때문이었다.

미국은 왜 돌변했을까?

한때 미국은 조선과의 수교를 간절히 희망했었다. 그런 미국이 1882년 이후로 돌변했다. 그 이유는 무엇일까? 그것은 조선과의 관계가 실익이 없다는 판단 때문이었다. 수교해놓고 보니 국익에 별

도움이 되지 않는다는 판단이 든 것이다. 경제적으로도 그렇고 정치적으로도 그렇다는 결론을 내린 것이다.

19세기 및 20세기 초반에 중국이 거둔 수출입 통계를 보여주는 〈중국 구(舊)해관 사료〉가 있다. 이 자료는 중국 전체의 무역 통계와 더불어 중국 각 항구의 무역 통계를 연도별로 보여주고 있다. 〈중국 구해관 사료〉의 1885~1893년 편에는 조선 무역통계가 부록으로 실려 있다. 1882~1894년에 조선은 청나라의 내정간섭을 받았다. 그래서 1885~1893년에 조선의 수출입 통계를 청나라에서 정리했던 것이다.

이 시기 조선의 대외무역은 일본과 청나라에 편중되어 있다. 1885~1893년에 조선의 대외무역에서 양국이 차지하는 비중은 재수출을 제외한 순수 무역액을 기준으로 할 때 99.6%다. 나머지 0.4%의 대부분은 러시아가 차지하고, 그중 극히 일부를 미국이 차지했다. 미국은 조선과의 수교에 기대를 걸었지만, 조선과의 수교는 별다른 경제적 이익이 되지 못했다.

물론 미국이 조선에서 아무런 경제적 이익도 얻지 못한 것은 아니다. 미국은 평안도 운산금광 채굴권과 경인철도 부설권을 얻어내고, 한성 시내 전등·전차·수도 부설권 등도 얻어냈다. 하지만 이런 것은 1894년 청·일전쟁 이후의 일이다. 1882~1894년 시기에 미국은 조선에서 경제적 이익을 얻어내지 못했다. 조선 시장에서 청나라·일본과 경쟁할 힘이 없었던 것이다.

미국이 비록 경제적 이익은 얻지 못했을지라도 자국 선박의 안전에 관한 도움만큼은 얻어낼 수 있지 않았을까? 앞서 언급한 바와 같이 미국이 동아시아에 진출한 목적 중 하나는 북태평양 포경업에 종사하는 자국 선박들을 도와줄 국가를 찾아내는 데 있었다. 그런데 1880년대에 미국은 일본과 비교적 견고한 관계를 유지했다. 그래서 조선이 아니더라도 일본으로부터 도움을 얻을 수 있었다. 이런 면에서도 조선은 그다지 유용한 나라가 아니라는 것이 미국의 판단이었다.

그렇다면 정치적 이익은 어땠을까? 미국은 이것마저 기대할 수 없었다. 조·미관계가 무역흑자를 늘리지 못하더라도 미국의 정치적 지위 향상에 도움이 되었다면, 미국은 고종의 원조 요청을 수락했을지 모른다. 하지만 상황은 미국에게 그런 기대를 갖지 못하도록 만들었다. 왜냐하면 조선과 서구열강의 수교를 중재하는 과정에서 청나라가 조선을 정치적으로 장악했기 때문이다.

당시 세계 최강이었던 러시아와 영국은 동아시아에서만큼은 상호 대결을 자제했다. 양국은 발칸반도나 중앙아시아에서는 정면충돌을 불사했지만, 동아시아에서만큼은 그렇게 하지 않았다. 이것은 1860년대 이후의 현상이었다. 만약 두 나라가 동아시아에서마저 열전을 벌였다면 구한말의 한반도에서는 청나라 대 일본이 아니라 러시아 대 영국의 대결구도가 벌어졌을 것이다. 하지만, 러시아와 영국은 동아시아에서는 정면충돌을 기피했다. 그래서 두 나라는 제3

국인 청나라가 조선을 장악하는 것에 대해 동의했다. 러시아 입장에서는 영국이 영향력을 행사하는 게 아니라 다행스러웠고, 영국 입장에서는 러시아가 영향력을 행사하는 게 아니라 다행스러웠다.

일례로, 청나라가 조선에 대한 간섭정책을 개시하기 전인 1879년, 청나라주재 영국공사 웨이드는 "러시아와 일본이 조선을 침범하려 하므로, 청나라는 조선에 대해 적극적인 정책을 실시하고 조선이 서구열강과 통상하도록 설득해야 한다."며 청나라 정부를 부추겼다. 러시아 역시 영국의 한반도 진출을 막고자 청나라의 내정간섭을 지지했다. 두 개의 세계 최강이 입장을 같이하게 되자 일본도 청나라의 간섭에 동의할 수밖에 없었다.

이렇게 청나라가 국제사회의 지지 하에 조선 문제를 좌지우지하고 있었기 때문에 미국이 조선 무대에서 발언권을 높이기는 쉽지 않았다. 그래서 조선 문제는 미국에게 정치적 이익도 주지 않았다. 이처럼 경제적 이익도, 정치적 이익도 없었기 때문에 미국이 안면을 바꾸게 된 것이다.

미국 대신 러시아로 고개를 돌리는 조선

미국의 냉담한 반응을 보고 고종은 당황했다. 그렇지만 포기는 하지 않았다. 그는 새로운 파트너를 물색했다. 그 대상은 러시아였다.

러시아를 끌어들여 청나라를 견제하는 쪽으로 마음을 바꾼 것이다.

이러한 발상은 당시로서는 매우 대담한 것이었다. 당시 러시아는 영국과 더불어 세계 최강이었다. 서세동점의 열풍 속에서 약소국으로 전락한 조선이 세계 최강 러시아를 이용한다는 것 자체가 대담한 일이 아닐 수 없었다.

그것이 대담한 일이었던 데는 또 다른 이유가 있다. 당시 러시아를 제외한 모든 동아시아 국가들은 러시아의 남진을 견제하고 있었다. 여기서 말하는 '동아시아 국가들'에는 청나라가 포함되는 것은 물론이고, 동아시아에 기지를 둔 영국 같은 서양열강도 포함된다. 처음에는 동유럽의 국가의 일원에 불과했던 러시아가 17세기부터 급격히 몸집을 불려 유라시아대륙의 북쪽을 모조리 차지하더니, 19세기 중반부터는 유라시아 남쪽으로의 남진을 시도했다. 당시의 세계 각국이 러시아의 행보에 촉각을 곤두세우는 것은 당연했다. 그래서 당시의 동아시아 국가들은 러시아를 견제한다는 대외명분에서만큼은 대동단결을 이루고 있었다.

이런 상태에서 고종은 러시아를 끌어들인다는 계획을 세운 것이다. 그것도 청나라의 간섭을 받는 상황에서 말이다. 이것은 동아시아 국제사회를 적으로 돌리는 행위였다. 고종은 이런 위험성에도 불구하고 러시아를 과감히 끌어들었다. 이때 고종의 밀명을 받고 러시아와의 수교를 추진한 대표적인 인물이 김옥균이다. 김옥균은 1882년에는 주일러시아공사 로마노비치 로젠을, 1883년 말과 1884

년 초에는 당시의 주일러시아공사인 알렉산더 다비도브에게 수교 의사를 전달했다. 김옥균이 일본을 끌어들이려 했다고 알려져 있지만, 실제로는 일본보다는 러시아를 끌어들이려 했다. 이 점에 대해서는 뒤에서 자세히 설명한다.

조선이 러시아와의 수교를 추진하는 것은 청나라를 몰아낼 지원군을 요청하는 것이나 마찬가지였다. 미국은 고종의 요청을 거절했지만, 러시아는 선뜻 호응했다. 조선이 청나라로부터 독립을 유지할 수 있도록 도움을 주겠다고 약속한 것이다. 이것은 러시아에게도 실익을 보장하는 일이었다. 조선과의 수교에 성공할 경우, 조선에서 부동항을 확보할 수 있었기 때문이다. 1856년에 러시아인이 발견한 블라디보스토크는 완벽한 부동항이 아니었다. 블라디보스토크는 1년에 8개월만 부동항이고 4개월은 동항(凍港)이었다. 하지만, 조선에는 사시사철 얼지 않는 항구들이 있었다. 그래서 조선과의 수교는 러시아의 남진을 보장할 수 있는 비장의 카드였다. 또 조선과 수교할 경우, 러시아는 동아시아에서 반(反)러시아 연대를 약화시킬 수 있었다. 그래서 조선의 수교 요청에 긍정적 반응을 보인 것이다.

조선과 러시아의 접촉은 국제사회의 눈을 피해 은밀하게 진행되었다. 이런 비밀 접촉의 결과로 1884년에 조선·러시아수호통상조약이 체결되었다. 조·러수호통상조약으로 약칭되는 이 조약은 고종 21년 윤5월 15일(1884년 7월 7일)에 조인됐다. 미국의 거절에 대한 반응으로 시작된 일이 이런 상황으로까지 연결된 것이다.

조선과 러시아의 전격 수교는 세계적으로도 쇼킹한 사건이었다. 이것은 러시아의 남진 작업이 동아시아에서 한 단계 진전을 이룩한 사건이었다. 러시아가 영국·청나라·일본·미국 등의 견제를 뚫고 조선에 진출한 것도 대단했지만, 조선이 영국 쪽 동맹의 견제를 뚫고 러시아를 끌어들였다는 것도 대단했다. 서양 정세에 어둡다고 알려진 조선이 이 일을 해냈으니 세계가 깜짝 놀랄 만도 했다.

이런 사건의 연장선상에서 벌어진 일이 고종 21년 10월 17일 (1884년 12월 4일)의 갑신정변이다. 흔히 갑신정변은 개화파가 일본을 끌어들여 청나라를 몰아내려 한 사건으로 이해되고 있다. 물론 '갑신정변'이 청나라를 몰아내려고 한 사건인 것은 확실하다. 하지만 '일본을 끌어들여'라는 부분에 대해서는 좀 더 세심한 고찰이 필요하다. 물론 표면상으로는 그렇게 보였다. 하지만 사건의 본질은 전혀 다른 데에 있었다.

갑신정변은 고종이 청나라를 견제하고자 러시아를 끌어들인 지 5개월 뒤에 벌어진 사건이다. 갑신정변을 주도한 인물은 조·러 수교에 깊숙이 간여한 김옥균이다. 고종의 최측근인 김옥균은 고종의 뜻을 정확하게 대변하는 인물이었다. 갑신정변 역시 고종과 김옥균의 교감 하에 벌어졌을 가능성이 있음을 보여주는 것이 김옥균의 회고록인 《갑신일록》이다. 이에 따르면 김옥균은 영국 영사 애스톤에게 정변 발생을 암시하면서 "변고가 생기면 우리 임금께서 각국 공사와 영사를 보호하실 것이다."라는 메시지를 전달했다. 곧 발생할 정변이 고종의 뜻에 따른 것임을 암시한 것이다. 그런 그가 고종의 뜻에 따라 러시아를 끌어들인 직후에 갑신정변을 일으켰다는 점에 주목할 필요가 있다. 이 점을 보면 김옥균이 일본을 끌어들이고자 갑신정변을 일으켰다는 논리는 성립할 수 없다. 일본을 끌어들이는 것은 고종의 뜻이 아니었기 때문이다. 고종의 뜻을 대변하는 김옥균이 고종의 뜻과 배치되는 나라를 끌어들일 리는 만무했다.

갑신정변 이전에 고종은 청나라를 몰아내는 데에 도움을 줄 나라를 물색했다. 처음엔 미국, 다음엔 러시아와 접촉했다. 접촉 대상에 일본은 포함되지 않았다. 그리고 고종이 러시아를 끌어들인 직후에 갑신정변이 발생했다. 따라서 고종의 뜻을 대변하는 갑신정변 주체 세력이 청나라를 몰아내고 일본을 끌어들이려 했다는 논리는 성립할 수 없다. 갑신정변 주체세력이 정신적으로 의존한 대상은 일본이 아니라 러시아였다. 그들의 의도는 청나라를 몰아낸 다음에 러시아의 영향력을 이용해서 조선의 국권을 지키는 것이었다.

그렇다면 김옥균이 러시아군을 이용하지 않고 일본군을 끌어들인 이유는 무엇인가? 당시 러시아는 만주 동부 지역인 연해주를 점령했지만 이곳을 거점으로 동아시아 정책을 수행하는 데는 한계가 있었다. 연해주는 러시아 본거지로부터 너무 멀리 떨어져 있었다. 또 경제적으로도 충분히 개척되지 않은 상태였다. 그래서 1880년대만 해도 이곳을 근거로 군사 활동을 수행하기는 어려웠다. 러시아가 동아시아에 대해 본격적으로 영향력을 발휘한 것은 시베리아 횡단철도가 뚫린 뒤부터였다. 모스크바에서 극동까지 연결되는 시베리아 횡단철도는 1891년에 착공되어 1916년에 완공되었다. 조선이 망하고 6년 뒤에야 완공된 것이다. 그래서 1884년 갑신정변 당시에는 러시아가 조선과 수교를 하기는 했지만 군대를 보내 조선을 원조할 수 있는 형편은 아니었다. 그래서 갑신정변 주체세력은 차선책으로 일본군을 이용할 수밖에 없었다. 순진한 발상이기는 하지만 일본군을 이용해서 청나라 군대를 내쫓은 뒤 러시아의 힘을 이용하고자 했던 것이다.

김옥균이 일본군의 도움을 받으면서도 일본을 신뢰하지 않았다는 점은 《갑신일록》에서도 확인된다. 이에 따르면, 김옥균은 정변 이전부터 일본을 좋아하지 않았을 뿐만 아니라 정변 당시에도 일본을 믿지 않았다. 그는 주조선 일본공사인 다케조에 신이치로를 특히 불신했다. 그는 일본이 애초의 약속을 깨고 조선에 대한 차관 제공을 거절한 일을 계기로 일본인들을 불신했고, 정변 당시에도 일본의 배신 가능성을 끊임없이 탐지했다. 물론 정변 실패 뒤에 일본으로 망명하기는 했지만, 이것은 일본 외에는 망명지가 없었기 때문이다. 김옥균은 그저 일본군을 이용하다가 내버리려 했을 뿐이다. 그의 입장에서는 가까운 일본보다는 멀리 있는 러시아를 이용하는 게 조선의 안전을 위해서 바람직한 일이었다.

하지만 러시아를 이용해서 청나라를 견제하겠다는 조선의 의도는 뜻대로 이루어지지 않았다. 영국이 조선과 러시아의 밀착을 견제하고자 거문도를 점령하는 수를 걸었기 때문이다. 1885년에 거문도를 점령한 영국군은 1887년까지 섬을 떠나지 않았다. 한반도 남해의 중간쯤에 있는 거문도는 서도·동도·고도의 세 섬으로 구성되어 있다. 세 개의 섬이 서로 마주보고 있고, 그 중간에 도내해(島內海)라는 1백만 평 정도의 바다가 있다. 섬으로 둘러싸인 이 바다에는 큰 선박들이 자유롭게 드나들고 정박할 수 있다. 영국이 거문도를 점령한 것은 출입이 자유로운 이 섬을 기초로 러시아의 남진을 저지하기 위해서였다. 거문도는 남해의 중간쯤에 있기 때문에, 이곳을 거점으로 서해나 동해로 자유롭게 출격할 수 있다는 게 영국군의 판단이었던 것으로 보인다.

러시아가 조선에 진출한 데 이어 영국이 거문도를 점령하자 동아시아에서는 러시아 대 영국의 패권 대결이 본격화될 가능성이 생겨났다. 이것은 1860년대 이래 동아시아에서만큼은 자중해온 두 나라가 열전(熱戰)에 뛰어들 가능성이 있음을 예고하는 것이었다. 하지만, 두 나라는 더 이상 사태를 확산시키지는 않았다. 이에 따라 러시아는 조선 문제에 대해 소극적인 입장으로 돌아섰다. 고종의 뜻대로 러시아가 청나라와 대결하는 상황은 생기지 않았던 것이다. 이때문에 고종은 1894년 청·일전쟁이 벌어지기 직전까지 계속해서 청나라의 간섭을 받아야 했다. 러시아를 이용해서 청나라를 견제하겠다는 발상은 이처럼 영국의 개입으로 물거품이 되고 말았다.

조선에서 영·러 대결이 확산될 뻔했던 것은 미국이 조선의 원조 요구를 들어주지 않았기 때문이다. 미국에 대한 실망감에서 시작된 일이 상황을 이 정도로까지 확대시켰지만 영·러의 자중으로 충돌이 더 이상 확산되지는 않았다.

이 시기에 미국은 조선 문제에 대해 방관자적 태도를 취했다. 수교를 그토록 희망했던 미국이 조선의 요청을 뿌리치면서까지 중립적 태도를 취하는 것은 이전 같았으면 상상도 할 수 없는 일이었다. 이 같은 미국의 태도는 이후로도 계속해서 유지된다.

청·일전쟁을 묵인한 미국

조·미수호통상조약 제1조는 사실상 사문화되었다. 하지만 고종은 미국에 대한 환상을 버리지 못했다. 일시적인 실망감 때문에 러시아를 택하기는 했지만, 러시아가 별다른 도움을 주지 못해서인지 미국에 대한 환상은 그 후에도 상당한 힘을 발휘했다. 이런 환상은 고종뿐만 아니라 당시의 신지식인들이 일반적으로 품은 것이었다. 유학을 공부한 선비들은 '미국은 오랑캐!'라며 미국에 대한 환상을 버릴 것을 촉구했지만, 개화파라 불린 신지식인들 중에는 미국이 언제라도 조선을 지원할 것이라고 믿는 사람들이 적지 않았다.

그도 그럴 것이 당시까지만 해도 미국은 동아시아에 대해서만큼은 침략주의 정책을 펼치지 않았다. 다른 서양 국가들이 동아시아를 침탈할 때에도 미국은 중립적이고 객관적인 자세를 유지했다. 19세기 초중반에 영국·프랑스 상인들이 중국에 아편을 밀어 넣을 때도, 미국 상인들은 그런 행위에 동참하지 않았다. 또 유럽 선교사들이 제국주의 침략의 첨병 역할을 할 때도, 미국 선교사들은 순수한 종교적 목적을 추구했다. 그래서 미국에 대해서만큼은 중국인들도 좋은 인상을 갖고 있었다. 이런 인식이 조선 지식인들에게도 영향을 미친 것이다.

하지만 미국이 좋은 이미지를 유지할 수 있었던 것은 미국이 이 지역에 대해 별다른 이해관계를 갖지 않았기 때문이다. 미국은 인디언 문제, 흑인 노예 문제로 인한 후유증 때문에 국내 문제에 집중하기에도 바빴다. 그래서 동아시아를 침탈할 여력이 없었던 것이다. 그런 이유 때문에 이 지역 문제에 대해 현실적 이해관계에 얽매이지 않는 입바른 소리를 할 수 있었던 것이다. 이 같은 사정을 알 리 없는 고종과 신지식인들은 미국의 선량함에 대한 기대를 저버리지 않았다.

그런데 미국에 대한 그 같은 환상을 깨주는 사건이 발생했다. 발단은 1894년 동학농민전쟁이었다. 농민군이 호남 지방의 중심지인 전주성을 점령하자 고종은 정부군으로는 농민군을 진압할 가능성이 없다고 판단하고 청나라에 정식으로 파병을 요청했다. 1882년 임오군란 당시의 파병 요청은 비공식적인 것이었지만 1894년의 파병 요청은 공식적인 것이었다. 1894년에는 고종이 실권을 장악하고 있었기 때문이다. 청나라는 조선의 요청을 수락했다. 1882년 이래 청나라의 간섭을 받는 조선에서 민중반란이 일어났으니 청나라 입장에서는 조선의 요청이 없더라도 조선 문제에 개입해야 할 상황이었다. 이런 상황에서 고종이 먼저 파병을 요청했으니 청나라로서는 쌍수를 들어 환영할 만한 일이 아닐 수 없었다.

그런데 청나라가 파병을 단행하자 일본도 파병으로 맞대응했다. 일본은 1882년 임오군란의 사후처리 조약인 제물포조약 제5조의 "일본공사관에 병력 약간을 설치하여 경비한다."는 조항을 근거로 공사관 보호를 명목으로 군대를 파견했다. 이로 인해 양국 군대가 조선에 동시에 진주하는 뜻밖의 상황이 발생했다.

청나라 군대는 1882년에는 조선 구식 군대를 진압하고 상황을 신속히 장악했다. 이때는 청나라군이 일본군보다 먼저 움직였다. 그런데 1894년에는 달랐다. 이번에는 일본군이 빨랐다. 일본군은 농민군이 아닌 조선 정부를 타깃으로 삼았다. 조선 정부를 먼저 장악한 일본군은 고종에게 청나라와의 관계 단절을 비롯한 일련의 개혁을 요구했다. 그 유명한 갑오경장(갑오개혁)이 시작된 것이다. 조선 정부를 자기편으로 돌린 일본은 이번에는 청나라와의 일전을 준비했다. 농민군을 진압하러 온 일본군이 조선 정부를 장악한 데 이어 청나라 군대에 대한 진압에 나선 것이다. 동아시아 패권을 놓고 청나라와 일본이 승부를 겨룬 청·일전쟁은 이렇게 시작됐다.

고종은 농민군을 진압할 목적으로 청나라 군대를 끌어들였다. 그런데 상황은 전혀 다른 방향으로 흘러갔다. 청나라 군대만 끌어들였는데 일본군도 덩달아 들어온 것이다. 뒤이어 일본군이 조선 땅에서 청나라군에 맞서는 상황이 발생했다. 그러자 고종은 이번에도 국제사회의 지원으로 상황을 타개하기로 결심했다. 국제사회를 상대로 전쟁 방지를 위한 협력을 요청한 것이다.

고종과 뜻을 같이한 인물은 청나라 이홍장이었다. 이홍장은 임오군란 때는 모친상 때문에 강경파에게 정책결정권을 내주었었다. 하지만 이번에는 청·일전쟁을 진두지휘하는 입장에 있었다. 그래서 청·일전쟁에 대한 청나라의 접근법에는 이홍장의 개성이 그대로 드러났다. 성격 그대로 그는 신중한 접근법을 취했다. 가급적 대화로 풀겠다는 의지를 피력한 것이다. 그래서 이홍장도 고종처럼 국제사회에 전쟁방지를 위한 협조를 요청했다. '일본 좀 말려달라!'고 요청한 것이다.

고종은 이번에도 미국의 도움에 기대를 걸었다. 그는 조·미수호통상조약 제1조에 대한 미련을 버리지 못했다. 그는 미국뿐만 아니라 러시아·영국·이탈리아·독일·프랑스에도 기대를 걸었다. 그는 세계열강이 나서주기만 하면 일본이 전쟁을 도발하지 못할 것이라고 확신했다. 그의 예측은 정확한 것이었다. 그의 계산대로 세계열강이 나서기만 해줬다면 청·일전쟁은 발발하지 않았을 것이다. 왜냐하면 1870년대 이래로 일본의 동아시아 전략은 서양열강의 정책에 편승하는 전략이었기 때문이다. 그래서 세계열강이 한 목소리로 일본의 도발을 반대했다면 조선 땅에서 일본이 전쟁을 일으킬 수는 없었을 것이다.

그러나 세계열강은 고종의 희망을 들어주지 않았다. 세계열강은 침묵했다. 목소리를 내는 것은 조선에게 이익이 되고 침묵하는 것은 자신들에게 이익이 됐기 때문이다. 러시아와 영국은 청나라와 일본의 전쟁이 자신들의 세계 패권에 영향을 주지 않을 것이라고 판단했다. 러시아는 영국만 조선을 장악하지 않는다면 청나라·일본 어느 쪽이 장악하든 문제가 되지 않는다고 판단했다. 영국도 그랬다. 러시아만 조선을 장악하지 않는다면 청·일 어느 쪽이 장악하든 괜찮다고 본 것이다. 결과적으로 이 예측은 틀린 것이었다. 이 전쟁의 승자는 얼마 안 가 세계 최강인 러시아와 영국에까지 도전장을 내밀게 된다. 하지만 당시에는 이런 것을 예측할 수 없었다. 그래서 두 나라는 청나라와 일본 사이에서 중립을 취하기로 결정했다. 당시 상황에서 중립을 지키는 것은 일본의 개전을 묵인하는 것과 마찬가지였다.

미국 역시 침묵의 대열에 가담했다. 미국은 주미조선공사 이승도로부터 세 차례나 중재 요청을 받았다. 하지만 글로버 클리브랜드 대통령이 이끄는 미국 행정부는 "우리 미국은 엄정하고도 편파성 없이 중립을 유지하겠다."는 입장을 표명하고 개입을 거부했다. 조·미수호통상조약 제1조대로라면 미국은 일본을 상대로 철군을 요청했어야 했다. 하지만 미국은 이번에도 약속을 이행하지 않았다.

이처럼 이 시기까지도 조선 고종은 미국을 조선 정치에 이용하고지 부단한 노력을 기울였다. 하지만 미국은 조선과 엮이고 싶지 않았다. 적어도 이때까지는 그랬다. 미국이 조선의 운명에 영향을 미치게 되는 것은 이로부터 약 10년 뒤의 일이다. 그때까지 미국은 조선을 둘러싼 상황에서 방관자에 머물게 된다.

전쟁을 막아달라는 고종의 간곡한 요청에도 불구하고 미국을 비롯한 세계열강이 중립을 지키자 일본은 이것을 자국에 대한 지지의 표시로 간주했다. 갑신정변 때 청나라에 밀린 일본은 약 10년간 해군력 강화에 주력했다. 일본은 이 10년간 양성한 해군력을 청·일전쟁에서 과시했다. 일본 해군은 서해에서 벌어진 북양함대(청나라 정예 함대)와의 일전에서 보기 좋게 승리를 거두었다. 청·일전쟁 승리를 계기로 일본은 조선에서 청나라를 내쫓고 뒤이어 동학농민군을 진압했다. 이런 과정에서 일본은 조선을 상당 정도로 장악하는 데 성공한다.

아관파천 아닌 미관파천

조·미수호통상조약 이래 미국은 조선 문제의 변방에 있었다. 그런 미국이 조선 문제의 중심부로 들어올 뻔했던 사건이 있었다. 이른바 춘생문 사건이 그것이다.

청·일전쟁에서 승리한 일본은 1895년 마관조약(시모노세키조약)을 통해 청나라로부터 많은 전리품을 챙겨냈다. 일본은 조선에서 청나라를 축출하는 한편, 청나라로부터 대만과 요동반도를 할양받았다. 그런데 신의주 왼쪽에 있는 요동반도를 빼앗은 것이 상황을 반전시키는 계기로 작용했다.

일본이 요동반도를 할양받자 땅을 빼앗긴 청나라 못지않게 발끈한 나라가 있다. 바로 러시아였다. 요동반도는 서해를 북쪽에서 내려다보는 거점이다. 일본이 요동반도를 차지한다는 것은 러시아가 서해에서 부동항을 찾을 가능성이 사라지는 것을 의미했다. 그래서 러시아는 일본의 요동반도 확보를 방해하기로 결심했다. 그래서 나온 것이 그 유명한 삼국간섭이다. 이것은 국제사회의 간섭 하에 일본의 요동반도 확보를 철회시키는 것이었다. 러시아 재무대신이자 실세인 세르게이 비테가 이 발상의 주인공이었다. 비테의 주도 하에 러시아는 독일과 프랑스를 끌어들여 요동반도 할양을 반대하는 3국의 캠페인을 벌였다. 일본은 결국 굴복했다. 그래서 요동반도를 청나라에 돌려주고 만다. 이때 청나라로 되돌아간 요동반도는 1897년에 러시아에 의해 점령됐다가 1905년 러일전쟁의 결과로 일본에 다시 넘어간다.

청·일전쟁 승리로 일본이 조선을 장악했지만, 삼국간섭을 계기로 일본의 영향력은 다시 약화되었다. 고종은 이를 틈타 일본의 영향력에서 탈피하고자 했다. 그러자 이에 대한 대응으로 일본이 벌인 일이 1895년 을미사변이다. 일본은 을미사변을 일으켜 고종의 정치적 파트너였던 명성황후를 제거했다. 고종에게 경고성 메시지를 보낸 것이다.

을미사변을 계기로 일본의 영향력이 재차 강화되자 고종은 여기서 벗어날 목적으로 또 다른 외세를 끌어들이는 작전에 착수한다. 고종의 머릿속에서 떠오른 나라는 미국이었다. 임오군란 이후에 조선을 배신한 미국을 다시 찾은 것은 고종이 그만큼 절박했기 때문이다. 고종은 친러파·친미파와 손잡고 미국공사관으로 피신해서 반일정책을 펼 계획을 세웠다. 경복궁에서는 일본군의 눈치를 보느라 제대로 된 일을 할 수 없었기 때문이다. 을미사변으로 성립한 친일 정부인 제4차 김홍집 내각이 궁궐 수비대를 장악하고 있었던 것이다. 그래서 고종이 미국공사관으로 피신할 계획을 세운 것이다. 이것이 이른바 '춘생문 사건'이다.

임진왜란 때 파괴된 이래 경복궁은 오랫동안 폐허 상태로 남아 있었다. 그러다가 고종 즉위 후에 흥선대원군에 의해 중건되었다. 이때 경복궁이 중건되면서 새롭게 추가된 곳이 경복궁 후원이다. 북문인 신무문 밖에 별도의 후원을 설치한 것이다. 그곳이 바로 지금의 청와대다. 이곳에서 고종은 농사 시범도 보이고, 연회도 열고, 군사훈련도 참관했다. 바로 이 경복궁 후원의 동쪽 협문이 춘생문이었다.

고종은 지금의 청와대 수석비서관에 해당하는 시종원경 이재순 등과 머리를 맞댔다. 이재순 등이 궁궐 밖의 군대와 의병을 동원해서 고종을 춘생문 밖으로 구출하는 작전을 구상한 것이다. 그런 다음에 미국공사관으로 몸을 옮기는 것이 고종의 작전이었다. 이때 미국변리공사 존 실과 사전 협의를 담당한 인물이 일본·중국·미국에서 유학한 뒤 학부협판(지금의 교육부 차관)으로 근무하고 있던 서른 살의 윤치호였다. 조선의 독립을 위해 노력하다가 일제강점기 때 친일파로 변신하게 되는 바로 그 윤치호였다. 미국 입장에서 볼 때 고종의 요청은 싫지 않는 요청이었다. 고종의 피신은 미국의 영향력을 강화시켜주는 것이므로 굳이 거절할 이유가 없었던 것이다.

조선 문제에 대해 소극적이었던 미국이 협조적 태도로 돌아선 데는 또 다른 이유가 있다. 이 시기에 미국은 조선 최고의 금광이라는 평안북도 운산금광의 채굴권을 얻기 위한 작업을 진행하고 있었다. 청·일전쟁을 계기로 조선에 대한 청나라의 영향력이 무너진 틈을 타서 미국도 조선에 대한 경제 침탈을 본격화했던 것이다. 조선 정부로부터 금광 채굴권을 얻어내야 하는 처지였기 때문에 미국이 춘생문 사건에 대해 한층 더 협력적이 되었던 것이다.

춘생문 작전은 1895년 11월 28일로 예정되어 있었다. 일본의 영향력을 약화시키기 위한 이 작전에는 훗날 친일파의 대명사가 될 이완용도 포함되어 있었다. 그는 기본적으로 친러파였지만 이때는 진미파도 겸하고 있었다.

그런데 춘생문 작전은 성공하지 못했다. 비밀 계획이 사전에 누설

됐기 때문이다. 고종은 김홍집 내각이 장악한 궁궐 수비대의 감시망을 벗어나지 못했다. 그래서 경복궁을 벗어날 수 없었다. 이 사건은 실패작이었다. 만약 일이 성사됐다면 고종이 좀더 빨리 일본의 영향으로부터 벗어나는 것은 물론이고, 조·미관계도 상당히 다른 양상으로 바뀌었을 것이다. 그렇게 됐다면 한반도의 운명도 어느 정도는 바뀌었을 것이다. 미국의 영향력이 강화됐다면 미국과 일본이 한반도 문제에서 라이벌이 되었을 것이고, 그렇게 됐다면 1905년 이후에 미국이 일본의 조선 강점을 지원하는 일도 벌어지기 힘들었을 것이다.

당시 조선 안에서 미국의 힘은 러시아나 일본보다 약했다. 하지만 이런 측면이 오히려 미국에게 유리하게 작용할 수도 있었다. 미국은 기본적으로 영국 편이었지만 그래도 비교적 중립적인 입장을 취하고 있었다. 그렇기 때문에 고종이 '미관파천'에 성공했다면, 일본이 미국에 맞서기는 힘들었을 것이다. 일본은 1853년에 페리 제독의 함포외교에 놀란 적이 있는 나라다. 그래서 일본인들의 마음속에는 미국에 대한 부담감이 있었다. 무엇보다 미국에 맞설 정치적 명분을 쉽게 찾아내기 힘들었을 것이다. 그렇기 때문에 고종이 미국공사관으로 피신하는 데 성공했다면 러시아와 일본이 조선 문제에 간섭하는 데도 한계가 있었을 것이고, 그랬다면 일본의 조선 침략도 어느 정도는 지연되거나 저지되었을 가능성이 있다. 미국의 글로버 클리블랜드 행정부는 일부러 조선을 장악할 계획은 없었지만, 춘생문 사건이 성공했다면 일본 못지않게 조선을 자국의 동아시아 기지로 활용하려 했을 것이다.

하지만 고종의 탈출 실패로 미관파천은 수포로 끝나고 말았다. 미관파천의 실패와 함께 고종은 다시 경복궁 안에서 일본과 친일내각의 압박에 시달려야 했다.

미국, 다시 소외되다

고종은 미관파천을 성사시키지 못했지만 그렇다고 포기하지는 않았다. 그는 집념의 군주였다. 외세를 이용해서 독립을 수호하겠다는 그의 의지는 대단했다.

결국 고종은 경복궁을 빠져나가는 데 성공했다. 춘생문 사건 3개월 뒤인 1896년 2월 11일이었다. 그는 세자 이척(훗날의 순종)과 행동을 함께했다. 두 부자는 경복궁을 빠져나와 지금의 서울 정동에 있는 러시아공사관으로 몸을 옮기는 데 성공했다. 유명한 아관파천에 성공한 것이다. 경복궁은 흥선대원군이 왕권 강화를 목적으로 재건한 궁이다. 반면 그의 아들인 고종은 동일한 목적으로 경복궁을 빠져나갔다.

주상과 왕세자가 러시아공사관으로 옮겨감에 따라 이곳이 자연스레 궁궐의 기능을 대신하게 되었다. 또 러시아 군인들이 고종을 호위함에 따라 고종에 대한 일본의 영향력은 자연스럽게 차단될 수밖에 없었다.

이 대목에서 당시 조선의 국권을 생각해볼 필요가 있다. 당시 외국 열강은 조선 자체를 송두리째 장악할 여력은 없었다. 전 세계가 조선을 주목하고 있었기 때문에 특별한 명분이 없는 한 그 어느 외세도 조선에 대규모 군대를 보낼 수 없었다. 그래서 청나라·일본·서양열강이 조선 전체를 완전히 장악할 가능성은 거의 없었다. 외세의 각축전은 제한전 양상을 띠고 있었던 것이다. 이런 상태에서 특정 국가가 조선을 장악하는 길은 조선 주상의 신변을 확보하는 것뿐이었다. 그런 뒤에 주상의 왕명을 빌려 국정을 장악하는 수밖에 없었다.

1884년 갑신정변 때에 일본군이 김옥균과 함께 상황을 장악할 수 있었던 것은 고종이 일본군의 군사행동에 합법성을 부여했기 때문이다. 갑신정변이 결국 청나라 군대의 승리로 끝난 것도 고종이 청나라군의 군사행동에 합법성을 부여했기 때문이다. 이런 상황은 청·일전쟁 이후에도 마찬가지였다. 이때도 역시 조선왕을 잡는 나라가 곧 조선을 잡는 나라였다. 그래서 아관파천이 조선에 대한 국제 경쟁에 영향을 끼칠 수 있었던 것이다.

또 한 가지 짚고 넘어갈 게 있다. 그것은 동아시아 패권구도의 변화다. 청·일전쟁 이전만 해도 러시아와 영국이 동아시아 국제질서의 최상위에 있었다. 그리고 그 아래에 청나라·일본·독일·미국·

프랑스 등이 있었다. 러시아와 영국이 묵인하는 가운데 청나라와 일본이 조선 문제의 주도권을 다툰 것은 이런 구도 하에서 가능한 일이었다.

그런데 청·일전쟁이 끝나자 상황이 바뀌게 되었다. 승전국 일본이 동아시아 질서의 최상위에 성큼 올라서게 된 것이다. 러시아와 영국은 청·일 중에서 한쪽이 조선을 장악하더라도 자국의 영향력에 지장을 주지 않을 것이라고 믿었지만, 청·일전쟁 이후 일본의 위상은 두 최강국의 영향력을 손상시킬 수 있을 정도로 급격히 팽창했다. 이런 상태에서 일본이 러시아가 탐내던 요동반도를 차지하려 하자 러시아는 태도를 바꿔 일본에 대한 적극 견제로 돌아섰다. 아관파천 때 러시아가 적극 개입한 것은 이런 배경 때문이다. 러시아는 1884년 조러수호통상조약 이래로 국제사회의 눈치를 보느라 조선문제에 과감하게 개입하지 못했다. 그러나 청·일전쟁 이후에 일본이 자국의 이익을 침해할 가능성이 높아지자 조선문제에 적극 개입하기 시작했던 것이다.

일본은 청·일전쟁 승리를 계기로 조선에 대한 영향력을 확보했다. 러시아도 아관파천을 계기로 조선에 대한 영향력을 획득했다. 이로 인해 조선에서는 개항 이래 초유의 현상이 나타나게 됐다. 1882년 이래 조선을 좌지우지한 것은 청나라였다. 1894년 이후에 조선을 좌지우지한 것은 일본이었다. 매 시기마다 조선을 장악한 것은 언제나 하나의 국가였다. 그런데 아관파천이 단행된 뒤인 1896년부터는 새로운 상황이 떠올랐다. 러시아와 일본이 공동으로 조선 문제에 대한 발언권을 갖게 된 것이다. 한 나라가 아닌 두 나라가 공동으로 조선을 장악하게 된 것이다. 이것을 법적으로 확인한 것은 1896년 러·일 사이에 체결된 베베르-고무라 각서 및 로바노프-야마가타 의정서다. 두 협정의 공통점은 조선 문제에 대한 러·일의 공동 권리를 인정했다는 점이다.

두 개의 외세가 조선에서 상호 경쟁하는 구도. 이런 구도를 누구보다 환영한 이는 고종이었다. 이것은 개항 이래 그가 꿈꿨던 것이었다. 고종은 여러 외세를 끌어들여 외세 상호 간의 경쟁을 유도하려 했었다. 그런 속에서 독립을 유지하는 게 그의 전략이었다. 그러나 개항 이래 그의 꿈은 항상 요원했다. 처음에는 청나라가 단독으로, 나중에는 잠깐이나마 일본이 단독으로 조선을 장악했다. 그래서 조선이 여러 외세를 이용할 기회가 여간해서 생기지 않았다. 그러던 차에 삼국간섭과 아관파천을 계기로 러·일이 공동으로 영향력을 행사할 수 있게 되자, 고종의 입장에서는 여러 개의 외세를 이용할 수 있는 가능성이 생기게 되었다. 한마디로 조선이 이이제이를 할 수 있는 가능성이 생긴 것이다. 조선의 입지가 그만큼 넓어진 것이다.

이이제이의 가능성을 잡게 되자 고종은 이 기회를 놓치지 않았다. 러시아공사관에 들어간 지 1년 뒤인 1897년 2월 2일, 그는 이곳을 나와 바로 옆에 있는 덕수궁으로 들어갔다. 그런 뒤 같은 해 10월 대한제국을 선포하고 황제를 칭했다. 이른바 칭제건원을 단행한 것이다. 조선에서 형성된 러·일의 세력균형 속에서 고종의 칭제건원이라는 정치적 작품이 탄생한 것이다. 러·일을 상호 경쟁시키면서 독립을 유지하겠다는 고종의 전략이 만들어낸 성과였다.

대한제국은 러·일의 세력균형을 전제로 성립됐다. 그렇기 때문에 이 세력균형이 유지될 때만 대한제국도 안정적으로 유지될 수 있었다. 균형이 깨질 때는 대한제국도 불안정해질 수밖에 없는 상황이었다.

그런 일이 실제로 발생했다. 좀 전에 언급했듯이 러·일 양국은 1896년 두 건의 협정을 통해 조선 문제에 대한 공동 개입에 합의했다. 이로부터 1년 뒤였다. 조선 정세를 깨뜨리는 결정적 사건이 1897년 11월 14일 서해에서 발생했다. 독일이 러시아의 남하를 저지할 목적으로 산동반도 남부의 교주만과 교주만 입구인 청도(칭다오)를 전격 점령한 것이다. 명분은 독일인 선교사 피살에 대한 응징이었지만, 실제로는 중국을 침탈하는 동시에 러시아의 서해 진출을 견제하는 것이 독일의 의도였다. 흥미롭게도 이 사건을 계기로 칭다오 맥주라는 중국 최고의 맥주가 탄생했다. 그 뒤 청도 즉 칭다오를 점령한 독일이 자국의 선진적 공법을 이용해서 칭다오에서 맥주를 생산했던 것이다. 이 맥주는 제국주의의 아시아 침략을 상징하는 상품이었다. 그래서 칭다오 맥주가 유명해진 것은 사실 서글픈 일이 아닐 수 없다.

독일이 산동반도에 거점을 마련하자, 러시아는 자국이 서해로 남하할 수 있는 가능성이 사라지지 않을까 염려했다. 그래서 러시아도 맞대응에 나섰다. 1897년 11월 26일의 각료회의에서 러시아는 동아시아에 대한 정책을 180도로 바꿨다. 그간의 소극적이고 온건했던 정책을 폐기하고 적극적이고 강경한 모드로 돌아선 것이다. 이에 따라 러시아 태평양함대가 12월에 요동반도의 여순(뤼순)을 점령했으며, 이듬해인 1898년 3월에 러시아의 여순·대련(다롄) 점령이 중국의 인정을 받게 되었다. 이로써 서해의 서쪽에서는 독일이 거점을 마련하고, 서해의 북쪽에서는 러시아가 거점을 마련하게 되었다.

청나라 사람들은 본래 러시아를 싫어했다. 동유럽 국가였던 러시아가 17세기 중반 이후로 대규모로 동진해오면서 가장 직접적으로 위협을 느낀 나라는 청나라였다. 중국인들은 기원 전후의 흉노족에 대해 느꼈던 공포심 못지않은 감정을 러시아에 대해 느꼈다. 러시아가 질풍 같은 속도로 동진해오다가 중국을 향한 남진으로 돌아섰으니, 그런 공포심을 품는 것은 당연했다.

그런데 아이러니하게도 청·일전쟁 패배 뒤 일본에게 빼앗길 뻔했던 요동반도를 찾아준 나라가 바로 러시아였다. 러시아는 프랑스·독일과 함께 삼국간섭을 단행하여 요동반도를 청나라에 돌려주었다. 그러자 청나라 사람들은 러시아를 다시 보게 되었다. 우호적인 감정을 갖게 된 것이다. 그러나 일본으로부터 요동반도를 찾아준 러시아가 불과 2년 만에 요동반도를 가로채자, 청나라에서는 러시아에 대한 여론이 극도로 악화되었다. "그럼 그렇지!" 식의 반응이 나온 것이다.

러시아의 요동반도 점령을 우려한 것은 청나라뿐만이 아니었다. 청나라는 물론이고 영국·일본 등도 마찬가지였다. 이 국가들도 러시아를 비판하면서 반러시아 연대를 결성했다. 이로 인해 동아시아에서 고립되자 러시아는 탈출 방안을 생각해냈다. 그것은 반러시아 연대에서 일본을 빼내는 것이었다. 다른 나라는 몰라도 일본만큼은 반러시아에서 빼낼 방법이 있었던 것이다. 일본과 거래할 만한 무언가가 있었기 때문인데, 그것이 바로 조선 문제였다.

러시아는 일본과 공동으로 조선 문제에 간섭하던 상황에서 요동반도를 점령했다. 한반도에 영향력을 행사하던 상태에서 만주 땅 일부를 점령했으니 안 그래도 동아시아에 대해 제한된 국력만 사용하던 러시아로서는 부담을 느끼지 않을 수 없었다. 만주와 한반도에 대해 동시에 영향력을 행사하는 것은 무리라는 판단이 든 것이다. 그래서 러시아가 내린 결론은 조선을 포기하고 요동반도에만 집중하는 것이었다. 러시아가 조선을 포기하는 것은 누구보다 일본이 환영할 일이었다. 이런 판단 하에 러시아는 자국이 조선 문제에서 발을 빼겠다는 조건으로 일본을 반러시아 연대에서 빼냈다. 이를 위해 러시아는 1898년에 일본과 협정을 체결하고 조선에서 손을 뗐다. 이로써 러시아는 만주에 집중하고 일본은 조선을 차지할 수 있게 되었다. 러시아와 일본 간에 이른바 만한(滿韓) 교환원칙에 입각한 거래가 성립한 것이다. 물론 그렇다고 해서 러시아가 조선에서 완전히 발을 뺀 것은 아니지만 1896년 이래 유지된 조선에서의 러·일 세력균형은 만한 교환원칙으로 인해 와해되고 말았다. 이제 조선에서는 일본의 파워가 단연 압도하게 되었다.

이렇게 독일의 교주만 점령과 러시아의 여순·대련 점령을 계기로 조선에서 일본의 우위가 확립되던 시기에 미국은 조선 문제의 외곽에 있었다. 춘생문 사건 때 조선 문제의 핵심 이해관계국이 될 뻔했던 미국은 춘생문 사건 뒤로는 방관자적 입장을 취했다. 이러는 사이에 조선은 점차로 일본의 수중에 들어가고 있었다. 그런데 조선의 멸망이 점점 더 가시화되자 미국은 더 이상 방관자에 머물지 않았다.

일본을 돕다
돌아서는 미국

조선의 멸망을 부채질한 미국

1897년 협정에서 러·일 양국은 조선과 만주에서 각각의 세력을 분할하는 데 합의했다. 하지만 일본은 약속을 지키지 않았다. 청나라를 꺾고 동아시아 최강이 된 일본은 러시아를 동아시아에서 몰아내기 위한 작업에 착수했다. 그러나 아직은 일본이 단독으로 러시아를 상대하는 것은 무모한 일이었다. 해서 일본은 서양열강의 힘을 빌려 이 작전에 돌입한다. 일본은 지구상에서 러시아를 가장 싫어하는 나라이자 러시아와 더불어 세계 최강을 이루는 영국과 동맹을 체결했다. 이것이 1902년 제1차 영·일동맹이다. 동맹의 내용은 일본이 조선·중국에 관한 문제로 제3국과 전쟁을 할 때 영국이 중립 혹은 참전으로 도와주고, 영국이 중국에 관한 문제로 제3국과 전쟁을 할 때 일본이 중립 혹은 참전으로 도와준다는 것이다. 1870년대부터 서양열강의 동아시아 전략에 편승해온 일본이 이때부터는 서양열강과 대등한 동맹을 체결한 것이다.

이렇게 영국을 끌어들인 일본은 1904년에 러시아와 전쟁을 벌여 승리를 거둔다. 이로써 일본은 조선에 대한 지배력을 공고히 하는 한편, 전쟁의 결과로 요동반도를 빼앗음으로써 만주를 지배할 수 있는 토대를 구축하게 되었다. 일본이 세계 정상급 국가의 반열에 올라서는 순간이었다.

일본이 러·일전쟁에 승리한 순간부터 미국의 동아시아 전략에도 변화가 생겼다. 미국은 러·일전쟁의 전후처리 과정을 식민지 확장의 기회로 파악했다. 이를 위해 제26대 미국 대통령 시어도어 루스벨트(재임 1901~1909년)가 신속하게 행동에 나섰다.

시어도어 루스벨트는 훗날 뉴딜정책으로 유명하게 될 제32대 미국 대통령 프랭클린 루스벨트(재임 1933~1945년)의 처삼촌이다. 처삼촌이지만 항렬은 같다. 1650년경에 네덜란드에서 뉴욕으로 이주한 클라에스 판 로센벨트의 두 아들은 미국에서 두 개의 루스벨트 가문을 형성했다. 첫째아들인 요하네스 루스벨트의 후손들은 19세기에 공화당을 지지했다. 요하네스의 5대손이 바로 시어도어다. 클라에스의 둘째아들인 야코부스의 후손들은 19세기에 민주당을 지지했다. 야코부스의 5대손이 프랭클린이다. 시어도어와 프랭클린은 항렬 상으로는 같았지만, 프랭클린이 시어도어의 조카와 결혼했으니 족보상으로는 시어도어가 한 단계 위였다.

시어도어 루스벨트는 대통령 특사인 윌리엄 하워드 태프트 육군 장관을 동경(도쿄)에 파견해서 일본 총리 가쓰라 다로와 비밀 동맹을 맺도록 했다. 이때가 1905년 7월 29일이다. 우리에게 가쓰라-태프트 밀약으로 잘 알려져 있는 이 동맹의 핵심 내용은, 미국은 필리핀을 확보하고 일본은 조선을 확보하는 데에 양국이 협력한다는 것이었다.

당시 필리핀은 형식상으로는 미국의 식민지였다. 미국은 1898년에 필리핀의 식민 본국인 스페인과 전쟁을 벌여 필리핀을 빼앗았다. 하지만 필리핀 민중의 저항 때문에 필리핀을 확실히 장악하지는 못했다. 그래서 필리핀 지배에 대한 일본의 지원을 요청하고자 조선에 대한 일본의 지배를 응원한 것이다.

가쓰라-태프트 밀약이 체결된 뒤인 1905년 8월 12일, 일본은 제2차 영·일동맹을 체결했다. 이 동맹의 핵심은, 영국은 일본의 조선 지배를 지원하고 일본은 영국의 인도 지배를 지원한다는 것이었다. 1858년부터 영국은 인도를 직접 통치했다. 이런 상태에서 19세기 후반에 인도 민중의 저항이 거세지자 영국은 인도를 좀더 확실히 장악하기 위한 방안을 강구했다. 그런데 그 방안이 결국 화근이 됐다. 영국은 인도인들의 민족운동을 조종할 목적으로 1885년에 인도 국민회의 창설을 지원했다. 그러나 이로 인해 인도의 반(反)영국 투쟁은 영국의 의도와 달리 전국적 범위로 훨씬 더 강도 높게 확대되었다. 이로 인해 인도 지배가 불안정해졌기 때문에 영국이 일본의 조선 지배를 지원하는 대가로 자국의 인도 지배에 대한 일본의 지원을 얻으려 했던 것이다. 이 같은 제2차 영·일동맹으로 일본은 조선 지배에 대한 영국·미국의 승인 내지는 지원을 확보하게 되었다.

이런 상태에서 미국이 일본의 조선 지배를 지원하는 결정타를 한 방 날린다. 이로 인해 조선은 고꾸라지고 만다. 그 결정타는 시어도어 루스벨트 대통령한테서 나왔다. 루스벨트 대통령이 일본의 조선 지배에 대한 러시아의 동의를 확보하는 데에 힘을 보탠 것이다.

유럽인이 독차지했던 노벨평화상을 아메리카인 최초로 수상한 경력으로도 유명한 루스벨트는 미국의 영향력을 확장할 목적으로 러·일전쟁의 전후 처리 조약에 중재자로 나섰다. 그는 1905년 9월 5일 체결된 포츠머스강화조약을 중재하는 성과를 이루어냈다. 이 과정에서 그는 러시아가 일본의 조선 지배에 동의하는 중재안을 관철시켰다. 영국이 일본의 조선 지배에 이미 찬성한 상태에서 미국이 러시아로 하여금 일본의 조선 지배에 동의하도록 만들었으니, 일본의 조선 지배에 찬성하는 나라는 영국·미국·러시아로 늘어났다. 동아시아에 대해 이해관계를 갖는 주요 서양열강이 일본의 조선 지배에 모두 찬동한 것이다. 여기에 결정적 역할을 한 인물이 미국 대통령 루스벨트였다. 이것이 공로 중 하나로 인정되어 이듬해인 1906년에 루스벨트는 아메리카인 최초의 노벨평화상 수상자가 되었다.

이렇게 미국·영국·러시아의 지원에 힘입어 일본은 그 해 11월 조선을 상대로 을사늑약(이른바 을사보호조약)을 강요했다. 이로써 조선은 외교권을 상실한 보호국으로 전락하고 말았다.

1905년에 미국이 돌변한 이유

처음에 미국은 조선 시장에 대한 진출을 염원했었다. 그래서 민간이나 정부의 선박을 보내 통상을 요청했다. 하지만 번번이 실패했다. 그러다가 청나라의 도움으로 1882년에 조·미수호통상조약을 체결했다. 이때 미국은 유사시에 조선을 원조하겠다는 약속을 했다. 하지만 수교 뒤에 미국의 태도가 바뀌었다. 그 이후로는 조선의 중요성을 낮게 평가했기 때문이다. 이때부터는 조선과의 관계를 격하시키고 조선 문제에 대해 방관자적 태도를 취했다.

조선이 여러 번에 걸쳐 조약 제1조를 근거로 원조를 요청했지만 미국은 번번이 등을 돌렸다. 미국은 청나라가 조선의 내정을 유린하는 것도 묵인했고, 일본이 조선 땅에서 청·일전쟁을 일으키는 것도 묵인했다. 청·일전쟁 이후의 춘생문 사건 때 조선에 대한 영향력 확상을 시도했다가 실패한 뒤로는 원래의 방관자적 태도로 돌아갔다. 그랬던 미국이었다. 그런 미국이 1905년에는 일본 편에 서서 조선의 멸망을 부채질했다. 미국이 이렇게까지 하게 된 이유는 무엇일까?

아시아에 대한 서양열강의 침략이 한창이던 19세기에 미국은 아시아 지역에서 좋은 이미지를 유지했다. 19세기에 미국은 인디언과의 전쟁 및 남북 갈등 때문에 외부 세계를 침략할 겨를이 없었다. 그래서 아시아에 좋은 이미지를 남길 수밖에 없었다. 조선을 침공하기는 했지만 승산이 없어 보이자 얼른 돌아갔기 때문에 침략자의 이미지가 남지도 않았다.

그런데 19세기가 저물어가면서 미국의 사정에 변화가 생기기 시작했다. 미국은 1865년에 4년간의 '남북전쟁'을 종결함으로써 국민 통합에 박차를 가할 수 있게 되었다. 이에 힘입어 1886년에는 인디언과의 전쟁도 끝맺게 되었다. 이때는 미국을 선량한 나라라고 소개한《조선책략》이 조선에 알려진 지 6년 뒤의 일이었다. 이 해에 미국은 애리조나주(서남부) 및 멕시코에 기반을 둔 아파치족을 약화시키고 추장인 제로니모로부터 항복을 받아냈다. 이로써 인디언과의 전쟁이 공식적으로 종결되었다. 콜럼버스가 이 대륙에 처음 도착할 당시 150만 명으로 추정되던 아메리카 원주민들은, 자신들에게 인도인이란 뜻의 인디언이란 이름을 붙인 미국인들과의 투쟁에서 밀려 1886년으로부터 얼마 뒤인 1920년에는 35만 명 정도로까지 줄어들게 되었다.

내부 문제를 정리한 자는 외부 팽창으로 눈을 돌린다. 이때부터 미국은 기존의 이미지를 내버렸다. '착한 미국'의 이미지를 버리고 적극적 침략주의 정책으로 급선회한 것이다. 미국이 일차적인 공략 대상으로 삼은 지역은 태평양이었다. 미국은 이미 1867년에 러시아로부터 알래스카를 사들여 태평양 북쪽에 거점을 마련한 바 있다. 그 해에 미국은 미드웨이섬도 점령하여 태평양 중앙에도 거점을 마련하게 되었다. 이렇게 태평양 북쪽과 중앙에 기반을 마련해 둔 상태에서 1886년에 인디언과의 전쟁을 종결했다. 그러자 미국은 1890년대부터 대대적인 태평양 공략에 나섰다. 1898년에는 하와이 왕국·필리핀·괌을 점령하고 1899년에는 사모아(태평양 남부)·웨이크섬(괌 동북쪽)을 점령했다. 이로써 미국은 태평양 곳곳에 주요 거점을 확보하게 되었다.

태평양 동쪽 연안에 근거지를 둔 미국은 1890년대에 태평양의 주요 섬들을 장악한 데 이어 1900년대에는 태평양 서쪽 연안의 문제에 개입하기 시작했다. 1900년에 중국에서 반외세 운동인 의화단 운동(북청사변)이 발생한 것을 빌미로 미국은 중국 문제에도 개입했다. 영국·러시아·독일·프랑스·이탈리아·오스트리아·일본과 더불어 8개국 연합군을 구성하여 중국인들의 민족주의 운동을 진압했다. 뒤늦게나마 미국도 중국에 대한 침탈에 본격적으로 나선 것이다.《조선책략》을 통해 조선인들에게 착한 미국의 이미지를 전달한 중국 외교관들을 무색케 하는 것이었다.

뒤이어 미국은 필리핀 점령을 보다 더 확실히 하기 위한 방안을 강구했다. 그것은 태평양 국가인 일본의 협력을 받는 동시에 일본의 태평양 진출을 견제하는 것이었다. 이를 위해 미국이 선택한 것은 일본의 조선 지배를 돕는 조건으로 미국의 필리핀 지배에 대한 일본의 후원을 얻어내는 것이었다. 1905년에 미국이 가쓰라-태프트 밀약 체결이나 포츠머스 강화조약 중재를 통해 일본의 조선 지배를 도운 데는 이 같은 미국의 대외전략 변화가 깔려 있었다.

감정적으로 틀어지는 조·미관계

미국이 일본의 조선 침략을 돕고 이것이 을사늑약으로 연결되었다는 사실이 알려지자 미국에 대해 적대감과 실망감을 표시하는 조선인들이 적지 않았다. 서양 문명을 공부한 지식인들 중에는 미국을 여전히 동경하는 이들이 많았지만, 그렇지 않은 조선인들 가운데는 미국에 대해 악감정을 품는 이들이 많았다. 서민 출신인 장인환·전명운이 바로 그들이었다.

장인환(1876년 생)과 전명운(1884년 생)은 각각 1904년 및 1905년에 하와이로 이민한 뒤 캘리포니아주로 이주한 교민들이다. 이들은 미국 본토에서 육체노동을 하면서 독립운동에 뛰어들었다. 두 사람은 조선의 독립을 위해서는 미국인 방해자를 처단해야 한다고 판단했다. 그 방해자는 더럼 화이트 스티븐스. 이 스티븐스가 두 의사의 손에 죽게 되는 과정은 19세기 말과 20세기 초에 미국이 조선에 대해 취한 입장을 압축적으로 보여준다.

1851년 미국 오하이오주에서 출생한 스티븐스는 컬럼비안대학(지금의 조지워싱턴대학)의 법리과와 외교학과를 졸업했다. 국무부에서 공무원 생활을 시작한 그는 조선에서 임오군란이 벌어진 1882년에 주일미국공사관에 파견되었다. 조선에 대한 일본의 침략 활동이 초기 단계였을 때 일본에서 근무했던 것이다. 이것이 인연이 돼 미국으로 돌아간 뒤에도 일본 외무성의 고문으로 일하게 되었다. 이런 과정에서 그는 일본의 조선 침략에 음으로 양으로 기여했다.

스티븐스가 서른네 살이 된 1884년에 조선에서는 김옥균이 일본군을 이용해 갑신정변을 일으켰다가 3일 만에 실패했다. 그러자 일본은 외무상 이노우에를 비롯한 항의 사절단을 조선에 파견했다. 일본은 조선 정부를 압박해서 일본인의 인적·물적 피해를 배상하고 일본공사관 신축 부지 및 공사비를 지급하도록 만드는 데 성공했다. 이때 일본 사절단에 포함된 인물이 바로 스티븐스였다. 그는 일본의 협상 전략을 자문하는 역할을 했다.

조선 문제에 대한 스티븐스의 활약은 1904년부터 훨씬 더 활발해졌다. 일본의 입김 하에 그는 1904년 12월 대한제국 외부 고문관에 위촉되었다. 일본의 외교 활동을 자문하던 그가 이제는 대한제국의 외교에 간여하게 된 것이다. 그는 이듬해에 체결된 제2차 영·일동맹 및 포츠머스 강화조약에 개입했고, 두 조약의 결과물로 성사된 을사늑약에도 개입했다. 또 1907년 고종 퇴위 같은 굵직한 사건 때도 일본을 위해 일했다. 1904년부터는 대한제국 공무원 신분으로 일본의 침략에 앞장섰던 것이다.

1908년에 스티븐스는 일본 특사 자격으로 자기 나라인 미국을 방문했다. 이때 그는 〈샌프란시스코 크로니클〉지와 기자회견을 가졌다. 이 자리에서 그는 일본의 조선 지배를 찬양했다. 이에 격분한 한국 교민들이 발언을 취소할 것을 요구하자, 스티븐스는 "한국에 이완용 같은 충신이 있고 이토 히로부미 같은 통감이 있으니, 한국의 커다란 행운이요 동양의 행운이다."라는 발언까지 함으로써 한국인들을 더 격분시켰다. 여기에 분노해서 스티븐스를 저격한 사람들이 바로 장인환·전명운이다. 저격당한 지 이틀 뒤에 사망한 스티븐스의 장례식에는 루스벨트 미국 대통령과 메이지 일왕의 조화가 도착했다. 또 스티븐스에게는 일본 정부의 1등 훈장이 추서되었다.

이 사건은 미국에 대해 한국인들이 갖고 있던 그간의 악감정이 분출한 사건이었다. 일본의 조선 침략에서 최고의 조력자 역할을 한 미국과 미국인들에 대한 분노의 표출이었다. 한편, 이 사건은 미국에서 조선에 대한 여론이 악화되는 계기가 되었다. 일본과의 협력 하에 태평양 정책을 추진하는 미국의 입장에서는 장인환·전명운으로 대표되는 조선인들은 그저 장애물에 불과할 뿐이었다.

장인환·전명운 의거로 악화된 조·미 간의 악감정은 그 뒤 약 사반세기가 흐른 뒤에야 해소되기 시작했다. 1930년대에 미국과 일본의 관계가 틀어지면서 미국에 대한 조선인들의 감정이 우호적으로 변하기 시작했다. 그 점은 잠시 뒤에 설명하기로 한다.

이렇게 미국이 일본을 응원하는 가운데 조선은 1910년에 멸망했다. 이로써 청나라를 둘러싼 U자 라인은 완전히 해체되었다. 1860년대 이래 서양열강과 일본이 공격했던 라인이 근 50년 만에 해체된 것이다. 이것은 청나라를 둘러싼 보호막이 사라지는 것을 의미했다. 결국 청나라는 조선이 망한 지 2년 뒤인 1912년에 멸망했다. 청나라 만주족의 자리를 대신한 것은 268년 전에 명나라를 잃은 한족이었다. 청나라가 망한 자리에 한족은 중화민국을 세웠다.

일본과 함께 태평양의 지배자가 된 미국

제1차 세계대전(1914~1918년)은 미국 역사에 중대한 전환점이 되었다. 그 이전만 해도 미국은 경제적으로나 정치적으로나 세계의 2류 국가였다. 그랬던 미국이 제1차 대전을 계기로 경제 측면에서 세계의 1류 국가로 등장하게 되었다.

제1차 대전의 본질에 대해 여러 가지 관점이 존재하지만, 국제 정치라는 관점에서 보면 이 전쟁은 영국의 세계 패권에 대해 독일이 도전장을 내민 사건이었다. 선발 자본주의국가 대 후발 자본주의 국가의 대결로 보는 관점도 있지만, 이런 관점으로는 후발국인 일본이 선발국인 영국·프랑스에 가세한 점을 설명할 수 없게 된다. 가장 무난한 관점은 독일이 영국의 세계 패권에 도전하는 가운데 세계 각국이 양쪽 진영으로 갈림에 따라 발발한 전쟁이라고 보는 관점이다.

미국은 처음에는 이 전쟁에 가담하지 않았다. 그러나 미국이 중립을 지킬 수 없는 상황이 생겼다. 무역문제 때문에 영국 진영을 마냥 외면할 수 없었던 것이다. 이런 상태에서 독일이 미국과 영국 진영의 무역을 훼방했다. 그래서 미국은 전쟁에 나설 수밖에 없게 되었다. 미국이 가세한 시점은 전쟁 막바지인 1917년이다.

전쟁 막바지에 참전한 덕분에 미국은 다른 참전국들에 비해 강한 국력을 유지할 수 있었다. '어깨가 싱싱한' 미국이 영국 진영에 가세하면서 전쟁은 영국 진영의 승리로 종결되었다. 이렇게 미국이 결정적 역할을 했기 때문에 우드로우 윌슨 대통령은 제1차 대전의 종전 협정인 '베르사유평화조약'의 체결을 주도할 수 있었다. 흥미로운 것은 이 결과로 미국이 세계적 경제대국으로 올랐지만, 윌슨 대통령을 싫어하는 미국 의회가 '베르사유평화조약'에 대한 동의를 거부함에 따라 미국이 정치 강국이 될 기회를 놓치고 말았다는 점이다.

제1차 대전을 계기로 동아시아 및 태평양의 정치질서에 중대한 변화가 나타났다. 아편전쟁 이래 동아시아 침탈에 나선 러시아·영국·프랑스·독일이 상호 투쟁 때문에 동아시아에 대한 영향력을 놓친 것이다. 또 유럽이 제1차 대전으로 지친 틈을 타서 미국이 태평양에 대한 지배권을 공고히 한 것이다. 이런 변화를 국제적으로 승인한 것이 1922년에 성립한 워싱턴 체제다. 베르사유 회담에서 정리되지 못한 동아시아 및 군비확장 문제를 마무리하고자 1921년 11월부터 1922년 2월까지 열린 워싱턴 회담의 결과로 성립한 이 체제 하에서 미국은 일본·영국·프랑스와 함께 태평양 지배자의 지위를 공고히 하게 되었다. 네 나라 중에서 미국과 영국은 태평양 상에서 다른 두 나라보다 우월한 지위를 갖게 되었다.

동아시아와 태평양에 나타난 이 같은 변화를 기초로 일본은 동아시아에서 우월적 지위를 행사하고 미국은 태평양에서 우월적 지위를 행사하게 되었다. 1905년에 체결된 가쓰라-태프트 밀약의 연장선상에서 미국과 일본이 태평양과 동아시아의 강자 지위를 각각 나누어 갖게 된 것이다. 이처럼 미국은 일본이 조선을 강점하고 동아시아에서의 우월적 지위를 행사하는 것을 인정하는 가운데 태평양에 대한 지배권을 공고히 하게 되었다.

이때까지만 해도 미국 입장에서는 조선이 일본의 식민지로 사는 것이 자국한테 유리했다. 이승만을 비롯한 일부 독립운동가들은 그때까지도 미국의 지원을 통한 독립을 꿈꾸었지만, 미국은 조선이 아닌 일본을 확고한 파트너로 삼으면서 국력을 신장시켜 나가고 있었다.

틈이 벌어지는 미·일관계

미·일동맹의 위력 밑에서, 동시에 서양과 일본의 협력체제 밑에서 조선은 식민지가 되었다. 이런 관계가 살아 있는 한 조선의 독립은 요원할 수밖에 없었다. 그런데 이런 관계를 깨뜨리는 자충수를 일본이 두게 된다. 이로 인해 미·일관계에는 금이 가고 말았다.

일본이 벌인 자충수는 1931년 만주사변이다. 이 해 9월에 일본은 자신들이 관할하던 만주철도 선로를 스스로 파괴하고 만주 군벌인 장학량(장쉐량)의 행위로 몰아붙인 뒤 만주 침략을 단행했다. 이 여세를 몰아 일본은 1932년 3월 1일 괴뢰국인 만주국을 세웠다. 그 이전까지 일본은 대마도·오키나와·대만·요동반도에 이어 조선을 장악한 상태였다. 이런 상태에서 일본이 만주까지 확보했으니, 조만간 중국대륙마저 통째로 일본에 넘어갈 가능성이 농후했다.

서기 10세기 이래로 동아시아에서는 만주를 차지하고 한반도를 제압한 나라가 얼마 안 있어 중국을 정복하는 경향이 있었다. 몽골과 청나라는 이런 순서로 중국을 정복했다. 이제 일본이 몽골·청나라의 후계자가 될 가능성이 생긴 것이다.

"닭 쫓던 개, 지붕 쳐다본다."는 속담이 있다. 19세기 초반부터 서양열강이 집중 공략한 곳은 중국 땅이었다. 그런데 후발주자인 일본이 만주 정복을 계기로 중국 땅을 차지할 가능성이 높아졌다. 이 시기에 일본은 실제로 중국 내륙에 대한 침공도 개시했다. 만주사

변 와중인 1932년 1월 상해를 공격한 일이 그것이다. 이처럼 일본
이 중국을 정복할 가능성이 높아졌으니 서양열강은 그야말로 닭 좇
다가 지붕 쳐다보는 개가 된 셈이다. 그간 일본의 동아시아 침략을
돕던 서양열강은 일본한테 뒤통수를 얻어맞았다는 점을 깨닫게 되
었다.

이때부터 일본과 서양열강의 협조체제에는 금이 가기 시작했다.
1922년에 성립된 워싱턴 체제도 물론이다. 서양열강은 일본의 만주
침략을 성토했다. 이 같은 서양의 정서를 대변하는 것이 국제연맹
이었다. 국제연맹 상임이사국은 영국·프랑스·일본·이탈리아였다.
지금의 국제연합 같았으면 일본의 만주 침략을 비판하기 힘들었을
것이다. 5개 상임이사국 중에서 한 나라가 거부권을 행사하면 국제
연합은 힘을 발휘할 수 없다. 그러나 국제연맹에서는 이사회가 아
닌 총회가 최고 의사결정권을 쥐고 있었다. 그래서 일본이 상임이
사국이라고 해서 자국에 대한 연맹의 비판을 막을 수는 없었다. 국
제연맹은 일본군의 만주 철수를 요구했다. 당시 미국은 연맹의 일
원은 아니었지만 연맹과 함께 일본을 성토했다. 하지만 세계 비판
하지는 못했다. 1929년부터 대공황을 겪고 있었던지라 일본에 대해
강경 대응을 취하기 힘들었던 것이다. 하지만 이때부터 미·일관계
에 금이 생기기 시작한 것은 사실이다.

일본은 국제연맹과 미국의 비난을 무시했다. 일본은 만주국을 세
운 이듬해인 1933년 국제연맹을 탈퇴함으로써 국제사회의 비난에

대한 답변을 대신했다. 이로써 미·일 협조체제는 깨지고 말았다. 이것은 조선을 식민지로 만든 핵심적인 국제체제에 금이 생겼음을 의미했다. 조선의 독립에 서광이 비치기 시작한 것이다.

미·일의 분열과 조·미의 협력관계

1931년에 만주사변을 일으키고 1932년에 만주국을 세운 일본은 본격적인 중국 정복에 나섰다. 중국 정복을 향한 일본의 도전은 1937년 중·일전쟁으로 이어졌다. 미국 등 서양과의 협력체제를 내던진 일본은 '나홀로' 중국을 정복하고 나아가 세계를 정복하기 위한 프로젝트에 도전했다.

일본이 세계 정복까지 염두에 두었다는 점은 1927년 다나카 상주문에서 상징적으로 드러난다. 일본이 만주사변으로 나아가는 데에 내부적 추진력을 제공한 다나카 기이치 총리의 상주문에서 핵심적인 내용은 '만주와 몽골을 지배해야 중국을 정복할 수 있고, 중국을 정복해야 세계를 정복할 수 있다.'는 것이었다. 이것은 일본이 본격적인 군국주의의 길로 나아가는 계기가 되었다. 이런 목표 하에 일본은 1937년 중·일전쟁을 도발한 것이다.

하지만 일본 홀로 꿈을 성취하는 것은 힘들었다. 조력자가 필요했다. 조력자는 히틀러의 독일이었다. 히틀러가 제1차 대전의 패배를 설욕하고 독일민족의 세계 패권 장악을 위한 행동을 개시하자, 일본은 독일을 지지함으로써 중국 정복에 대한 지원을 이끌어내려 했다. 세계를 정복하려는 독일을 자국의 세계 정복을 위한 조력자로 끌어들이려 했던 것이다. 독일과 더불어 동상이몽을 꾸었던 것이다.

이런 점을 보면 이 시기의 일본 역시 단독으로 세계를 정복하려 하기보다는 예전처럼 서양의 힘을 빌려 그렇게 하려고 했다고 볼 수 있다. 차이점이 있다면 1870년대 이후의 일본은 동아시아에 근거지를 갖고 있는 서양 출신 해양세력과 연대한 데 반해, 1930년대 후반 이후의 일본은 동아시아에 근거지가 없는 서양 국가와 연대했다는 점이다. 독일은 1897년에 산동반도를 점령했지만 제1차 세계대전 때 일본에 빼앗겼다. 그래서 1930년대의 독일은 동아시아에 근거지가 없는 나라였다. 그렇기 때문에 역학적으로 보면 1930년대 이후의 일본은 그 이전에 비해 상대적으로 취약한 상태였다고 볼 수 있다. 1870년대 이후에는 동아시아에 근거지를 가진 조력자의 도움을 받은 데 반해, 1930년 후반 이후에는 근거지가 없는 조력자의 도움을 받았기 때문이다.

미국과 일본의 관계 변화에 따라 조선과 미국의 관계에도 변화가 생기기 시작했다. 엄밀히 말하면 이 관계는 조선독립운동세력과 미국의 관계였다. 조·미수호통상조약 이래 미국은 조선과의 파트너십을 소홀히 나뒀다. 조선과의 수교통상을 그토록 열렬히 희망했던 미국은 막상 통상조약이 체결된 뒤에는 조선에 대해 냉랭한 태도로 일관했다. 이 과정에서 미국은 일본과 동맹을 맺고 일본의 조선 침략을 지원했다. 이런 관계는 일본과 미국 간은 물론이고 일본과 서양열강 간에도 존재했다. 이 같은 협조관계를 바탕으로 일본이 세계 정상급의 반열에 오를 수 있었던 것이다. 그런데 만주 침략을 계기로 일본과 서양, 특히 일본과 미국의 관계에 금이 가고 말았다. 이것은 조선·중국과 서양의 관계를 우호적으로 만드는 데 결정적으로 기여했다. 일본과 서양의 관계가 악화되면서 조선·중국과 서양의 관계가 좋아졌던 것이다. 이때부터 조선독립운동은 서양의 협조 속에 진행되었다. 조선독립운동 진영과 미국의 관계도 당연히 좋아졌다.

그런데 조선독립운동 진영과 서양의 관계에 대해서는 엄밀한 검토가 필요하다. 중·일전쟁 및 제2차 대전 시기에 무장독립운동을 전개한 대표적 단체인 조선의용군·한국광복군·동북항일연군과 서양의 관계를 냉정하게 살펴볼 필요가 있다.

1938년에 김원봉의 주도 하에 설립된 조선의용군은 1942년에 대한민국임시정부가 이끄는 한국광복군에 편입되었다. 그런데 한국광복군은 국민당이 영도하는 중국정부의 통제를 받았다. 광복군이 미국·영국군과 협력한 것은 사실이지만 이것은 중국군의 일원으로 그렇게 한 것이었다. 광복군은 내부적으로는 임시정부의 지휘를 받았지만, 제2차 대전 당시 연합군이 볼 때는 중국 정부의 지휘를 받는 군대였다. 김일성·김책 같은 북한 건국의 주역들을 대거 배출한 동북항일연군은 중국공산당의 지휘를 받는 부대였다. 이 부대 중 일부가 연해주에서 소련 극동군사령부 제88특별여단에 편입되었다.

이처럼 한국(조선)독립운동세력은 독자적인 자격으로 서양열강과의 협조관계를 획득하지 못했다. 이른바 민족주의 계열은 중국군의 일원으로 연합군과 협조하고, 공산주의 계열은 중국·소련군의 일원으로 연합군과 협조했다. 그렇기 때문에 독립운동세력과 연합군의 협조관계는 제한성을 띨 수밖에 없었다. 미국·영국 등과 직접적으로 협력한 게 아니었던 것이다. 하지만 일본과 동맹하던 미국·영국이 간접적으로나마 한국(조선)독립운동세력과 손을 잡았다는 점은 매우 중요한 일이었다. 이것은 일본의 영향력에 제동을 걸고 한국(조선) 독립을 위한 여건을 만드는 일이었다.

당시의 상황을 동아시아 국제정치의 관점에서 다시 조명할 필요가 있다. 아편전쟁 이전에 동아시아에서는 대륙세력이 해양세력에 비해 우위를 차지하고 있었다. 그런데 아편전쟁과 함께 서양 출신 해양세력이 동아시아에서 패권을 장악했고, 이런 분위기에 편승해서 1870년대부터는 동아시아 출신 해양세력인 일본까지 동아시아 침탈에 나섰다. 1870년대 이후로는 서양 출신 해양세력과 동아시아 출신 해양세력이 합세해서 동아시아 대륙세력을 압박하는 양상이 나타났다. 그러다가 1905년에 일본이 러시아를 제압함에 따라, 동아시아 해양세력이 적어도 동아시아에서만큼은 서양 출신 해양세력을 능가하게 되었다. 이런 가운데서도 두 해양세력의 협조관계는 계속 유지되었다. 그런데 1931년 만주사변이 이런 상황을 바꾸어놓았다. 만주사변을 계기로 서양열강이 일본을 비판하면서 두 해양세력 사이에 균열이 생긴 것이다. 이로 인해 동아시아 대륙세력인 한국·중국과 서양 출신 해양세력이 연합해서 동아시아 출신 해양세력을 견제하는 양상이 출현했다. 이것이 바로 일본제국주의 패망의 본질적 원인이었다.

일제의 패망과 동아시아 질서의 재편

1937년에 중·일전쟁을 일으킨 일본은 중국 지배를 공고히 할 목적으로 1940년 9월 독일·이탈리아와 동맹을 맺었다. 과거에 조선을 점령하고자 미국·영국과 동맹을 맺은 것과 본질적으로 똑같은 길을 걸은 것이다. 일본은 독일·이탈리아와의 동맹을 통해 중국 점령을 위한 국제적 여건을 구축하고자 했다.

그러자 미국이 경제제재 카드를 들고 나왔다. 프랭클린 루스벨트 대통령은 항공유 및 고철의 대일 수출을 금지했다. 이 조치는 일본에 상처를 주기는 했지만 결정적 타격을 주지는 못했다. 이런 상태에서 일본은 1941년 여름 프랑스령 인도차이나반도를 점령했다. 그러자 미국은 미국 내에 있는 일본 자산을 동결하는 방법으로 대응했다. 하지만 이 조치는 일본의 미국산 석유 수입을 불가능하게 만드는 결과를 초래했다. 이것은 미국이 얼마나 중요한 존재인가를 일본이 절감하는 계기가 되었다.

미국이 강경조치로 나오자 일본은 최고위급 회담을 제안했다. 미국은 일본이 중국에서 물러나면 회담에 나가겠다고 응수했다. 일본의 회담 제안을 사실상 거부한 것이다. 이런 분위기 속에서 일본에서 정권교체가 발생했다. 온건파인 고노에 후미마로 내각이 물러나고 강경파인 도조 히데키 내각이 출범한 것이다. 이때가 1941년 10월 18일이다. 고노에 내각에서 육군대신을 지낸 도조 히데키는 중국과의 전쟁 확대를 주장한 인물이다. 훗날 A급 전범이 되는 도조 히데키는 총리에 취임한 지 2개월도 채 안 되는 12월 8일 하와이 진주만 기습을 감행했다. 이것으로 미국에 대한 적대감을 표출한 것이다. 그는 이런 강경 카드로 미국을 굴복시키고자 했다.

일본은 미국을 압박할 목적으로 진주만을 기습했지만 이것은 도리어 일본의 족쇄가 되었다. 이것은 미국에게 대일 전쟁의 명분을 제공했다. 미국까지 일본과의 전쟁에 나서는 결과를 초래한 것이다. 이로 인해 일본은 서쪽의 대륙에서 중국과 싸우는 동시에 동쪽의 태평양에서 미국과 싸워야 하는 이중 부담을 안게 되었다. 일본의 패전 가능성은 그만큼 높아질 수밖에 없었다. 이 전쟁에서 일본은 중국·영국·소련·미국 등은 물론이고 한국(조선) 독립운동세력과도 싸웠다. 일본 홀로 동아시아 대륙세력과 해양세력 전부를 상대하게 된 것이다. 애초에 승산이 없는 싸움이었다.

결국 1943년 9월 이탈리아가 항복하고 1945년 5월 독일이 항복한 데 이어, 일본도 같은 해 8월에 백기를 들었다. 일본군 105만 명이 중국 땅에서 발이 묶인 가운데 히로시마·나가사키에 떨어진 두 방의 미제 핵폭탄이 일본의 결단을 이끌어냈다. 이로써 한국은 식민지배에서 35년 만에 벗어나게 되었다.

일본을 상대로 한 전쟁에서 한국과 미국은 사상 처음으로 같은 편에 섰다. 제너럴셔먼호 사건 이후로 적대적 관계였지만 1882년 수교 이래로 미적지근한 관계를 유지하다가 러·일전쟁 이후로 다시 적대적 관계로 돌아선 한국(조선)과 미국은 만주사변을 계기로 항일 전선에서 보조를 맞추었다. 이 결과로 한국(조선)은 해방을 얻고 미국은 일본을 꺾게 되었다.

하지만 여기에는 처음부터 분란의 씨앗이 숨어 있었다. 동아시아에서는 대륙세력과 해양세력이 한 번도 평화를 유지한 적이 없었다. 그런데 일본제국주의와 대결하는 과정에서 동아시아에서는 두 세력이 제휴하는 기현상이 출현했다. 동아시아 대륙세력과 서양 출신 해양세력이 연대한 것이다. 이것은 일본이라는 공동의 적 앞에서 벌어진 일시적인 현상에 불과했다. 그렇기 때문에 일본에 승리한 뒤에는 두 세력 간의 연대가 얼마든지 와해될 수 있었다.

불공평한 전리품 배분

일본이 패망한 본질적 요인은 105만의 일본 대군이 중국대륙에 묶인 데 있었다. 일본군의 발이 묶인 것은 일차적으로는 한·중 두 민족의 투쟁 때문이었다. 따라서 일본 패망의 실질적인 수훈자는 한국(조선)과 중국이었어야 했다. 그러나 전공을 사실상 독식한 것은 미국이었다. 미국은 히로시마·나가사키에 두 방의 핵무기를 투하함으로써 일본이 두 손을 들도록 만들었다. 그런 뒤에 미국은 핵무기를 사용한 것 이상의 전리품을 거두어갔다. 이에 따라 한국과 중국은 제대로 된 전리품을 챙기기는커녕 나라가 분단되는 상처를 입어야 했다.

사실 상황에 따라서는 독일과 일본이 핵무기를 만들어 연합군의 항복을 받을 수도 있었다. 독일이 천재물리학자 베르너 칼 하이젠베르크(1932년 노벨물리학상 수상자)를 앞세워 핵무기 개발을 추진했다는 것은 잘 알려진 이야기다. 독일뿐만 아니라 일본도 얼마든지 핵무기를 만들 수 있는 나라였다. 일본의 경우에는 1949년 노벨물리학상 수상자인 유카와 히데키라는 '병기'가 있었다.

두 나라가 하이젠베르크와 유카와를 앞세워 핵무기 개발을 성사시킬 수 있었다는 점은 미국에 망명한 두 물리학자의 대화에서도 드러난다. 그 두 사람은 히틀러의 유대인 박해를 피해 1933년에 미국으로 건너간 알버트 아인슈타인(1921년 노벨물리학상 수상자)과 이탈리아 파시스트 정권의 박해를 예견하고 1938년에 망명한 엔리코 파르미(1938년 노벨물리학상 수상자)다. 망명 뒤에 미국에서 처음 만난 두 사람 간의 대화에서 페르미는 "독일에는 하이젠베르크가 있고 일본에는 유카와 히데키가 있습니다. 이들은 우라늄과 플루토늄을 이용해서 가공할 만한 무기를 만들고도 남는 실력을 갖고 있습니다."라며 경각심을 불러일으켰고, 아인슈타인은 "알겠소."라고 짤막하게 대답했다. 뒤이어 아인슈타인은 프랭클린 루스벨트 대통령에게 신속한 핵개발의 필요성을 건의했고, 루스벨트 대통령은 핵물리학자 존 로버트 오펜하이머에게 핵개발을 맡겼다. 이것이 유명한 맨해튼 계획이다.

맨해튼 계획의 성공으로 미국은 독일·일본보다 앞서 핵개발에 성공했고, 이것이 미국이 세계 최강으로 올라서는 데 결정적 역할을 했다. 미국의 핵개발을 주도한 오펜하이머가 프린스턴 고등연구소장으로 재직할 당시, 미국 물리학계의 주목을 받으며 이 연구소에 들어간 한국인이 이휘소다. 이휘소는 박정희와 더불어 한국 핵개발의 핵심이었다는 의혹을 받은 인물이다. 이휘소에 대한 이야기는 뒤에서 다시 꺼내기로 한다.

미국의 핵무기가 일본의 패망을 앞당긴 것은 사실이지만 일본이 핵무기 앞에서 손을 든 것은 그로 인해 전투력이 와해되었기 때문은 아니다. 일본은 이미 전쟁 수행 능력을 사실상 상실한 뒤였다. 일본이 그렇게 된 것은 한국·중국 때문이었다. 이런 상태에서 미국의 핵무기는 일본의 결심을 촉구하는 역할을 했을 뿐이다. 미국의 역할을 무시할 수도 없었지만 과도하게 평가할 수도 없는 상황이었다. 그런데 1945년 이후의 세계질서는 미국의 역할을 과대평가하는 전제 위에서 구축되었다. 이것은 한국·중국의 공로를 과소평가하는 결과를 초래했다.

이와 더불어 1945년 이후의 동아시아에서는 기현상이 나타났다. 승전국인 한국과 중국이 분단된 것이다. 한국은 38도선을 기준으로 남과 북으로 갈렸다. 중국에서는 공산당과 국민당이 내전에 돌입하여 중국 본토와 대만으로 갈렸다. 반면에 패전국인 일본은 미국의 지원 하에 기존의 국가를 유지하게 되었다. 군국주의 일본을 이끌었던 천황제도 타격을 받지 않았다. 일본은 나라를 유지한 데 반해 승전국은 민족분단 혹은 내전을 겪었다. 이것은 패전국 일본이 부활할 수 있도록 만든 요인 중 하나였다. 일본의 부활을 도운 보다 더 결정적 요인은 미국의 동아시아 정책이었다. 이 점은 잠시 뒤 다시 설명한다.

한국의 내분과 중국의 내분은 또 다른 승전국인 미국의 입지를 상대적으로 공고화시켰다. 핵무기 두 방으로 일본을 제압한 미국은 한국·중국의 내분에 힘입어 동아시아에서 상대적 우위를 차지했고, 이것은 미국이 패권국이 되어 동아시아 질서를 좌지우지하도록 만들었다. 이것은 미국의 동아시아 진출 역사에서 획기적인 일이었다. 19세기 초반부터 동아시아 진출을 모색한 미국은 영국·러시아·프랑스 등에 밀려 이 지역에서 제대로 자리를 잡지 못했다. 여기에는 인디언과의 전쟁이나 남북문제 같은 미국 내부의 사정도 중요한 요인으로 작용했다. 이러저러한 이유로 동아시아에서 별다른 성과를 얻지 못했던 미국이 일제의 패망을 계기로 동아시아에서 최강국의 지위를 얻어냈다. 이는 동아시아 진출 백여 년 만에 미국이 얻어낸 수확이다.

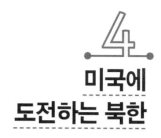

미국에 도전하는 북한

다시 일본을 선택한 미국

제2차 대전 종전과 함께 미국은 동아시아에서 가장 강력한 국가가 되었다. 1945년 이후에 미국이 이 지역에서 추구한 목표는 이곳을 교두보로 소련의 남진을 견제하는 것이었다. 이것은 19세기 이래 서유럽이 견지한 세계 정책 중 하나였다. 이 세계 정책을 새로운 강자인 미국이 계승한 것이다.

19세기 중반 이후 동아시아에서 영향력을 행사한 서양열강은 이 지역에 영토를 갖고 있었다. 러시아는 연해주를 갖고 있었고, 영국은 홍콩을 갖고 있었고, 프랑스는 베트남을 갖고 있었다. 반면에 미국은 이 지역에서 아무런 영토도 갖지 못했다. 1945년에 핵무기를 떨어뜨린 뒤에도 미국은 이곳에서 새로운 영토를 확보하지 못했다. 동아시아 영토를 갖지 못했다는 점에서 1945년 이전이나 이후나 미국의 처지는 달라진 게 없었다. 이런 전제 하에서 미국은 1945년 이후의 동아시아 패권을 행사해야 했다. 현지 영토를 두지 않고도 동아시아를 원격 지배할 수 있는 방안을 마련해야 했다.

미국은 두 가지 방법으로 원격 지배의 목표를 달성하고자 했다. 하나는, 동아시아 각국에 미군과 핵무기를 배치하는 것이다. 이 문제는 뒤에서 다시 설명한다. 또 하나는, 동아시아 국가를 자국의 대리인으로 만드는 것이다. 애초에 미국이 대리자로 삼고자 했던 나라는 중국이다. 중국 같은 거대한 나라를 대리인으로 만들어 소련을 견제한다면 그보다 더 나은 것이 없었다.

미국과 중국의 관계는 제2차 대전 과정에서 공고해졌다. 일본의 중국 침략은 중국에 이권을 갖고 있던 서양열강의 이익을 침해했다. 이것은 미국과 중국의 관계를 강화시키는 결과를 초래했다. 미국은 일본이 세운 왕정위의 중국정부를 무시하고 장개석(장제스)의 국민당 정부를 승인했다. 그리고 국민당 정부에 차관을 제공하는 등의 방법으로 중국에 힘을 실어주었다. 이 같은 대전 중의 협력관계가 연장되어 중국이 미국의 전초기지 역할을 해준다면 미국 입장에서는 이보다 더 다행스러운 일이 없었다.

대전이 종결되고 공산당과 국민당 간에 내전의 조짐이 나타났을 때만 해도 미국은 국민당의 승리에 기대를 걸었다. 이때만 해도 미국의 꿈은 실현 불가능한 것이 아니었다. 이 점은 1945년 10월 10일의 '쌍십협정' 때까지만 해도 국민당이 우세했던 사실에서도 드러난다. 40여 일간에 걸쳐 진행된 모택동과 장개석 간의 중경회담(충칭회담)의 결과로 합의된 쌍십협정에서 양측은 국민당의 우위를 인정하는 선에서 제한적이나마 화해를 모색했다. 이렇게 대전 종전 직후만 해도 국민당이 우위에 있었기 때문에 미국의 꿈은 결코 실현 불가능한 게 아니었다.

하지만 시간이 흐르면서 미국은 희망을 접지 않을 수 없었다. 1946년에 점화된 국공내전의 전개과정에서 공산당은 만주에서부터 북중국으로, 다시 남중국으로 지배권을 넓혀나갔다. 장개석이 모택동을 꺾을 가능성은 점차 희박해져갔다. 무엇보다 중국인들의 민심이 국민당으로부터 등을 돌렸다. 국민당의 부패와 무능 때문이었다. 이로써 중국을 이용해 소련을 견제한다는 것은 실현 불가능하다는 쪽으로 미국 정부는 기울었다.

중국을 이용해서 소련을 견제하는 것이 불가능할 경우의 차선책은 한반도를 이용하는 것이었다. 한반도는 소련뿐만 아니라 중국까지도 동시에 견제할 수 있는 곳이다. 만약 한반도가 친미정권에 의해 통일된 상태였다면 미국은 한반도를 동아시아판 이스라엘로 삼으려 했을 수도 있다. 하지만 중국공산당과 연계된 북한 정권이 한반노 북부를 점령하고 있는 상태에서 한국만으로는 전진기지를 만들 수 없었다.

미국이 한반도를 전진기지로 만들 수 없었던 이유 중 하나는 미국이 한반도에 대해 아는 게 별로 없었다는 점도 있었다. 그간 미국은 한민족과 피상적으로만 접촉했을 뿐, 깊이 있게 교류한 적이 없었다. 그래서 한반도는 미국이 믿을 수 있는 곳이 아니었다.

그래서 미국은 대안을 모색하지 않을 수 없었다. 그 대안이 바로 일본이었다. 일본은 이미 1853년에 페리제독을 통해 굴복을 받아낸 적이 있는 나라다. 그리고 그간의 교류를 통해 일본에 대한 지식을 어느 정도 축적할 수 있었다. 거기에다가 미국은 일본이 패망하기 직전에 일본 점령을 위한 실무 작업의 일환으로 일본인의 심리 분석을 벌인 적이 있었다.

이 작업의 결과물이 유명한《국화와 칼》이란 책이다. 이 책은 미국 정부가 조사한 일본인의 심리를 정리한 책이다. 이 작업을 맡은 사람 중 하나가《국화와 칼》의 저자인 루스 베네딕트다. 이 작업에서 미국 정부가 도출한 결론 중 하나는, 일본인은 새로운 주인에 대해 금방 충성을 결의한다는 점이다.

일본인들 사이에서 두고두고 회자되는 유명한 이야기가 있다. 1701년에 벌어진 유명한 사건이다. 이 해에 에도성에서 칼부림이 벌어졌다. 에도성에 와 있던 아코번(번은 제후가 다스리는 광역 행정구역) 번주인 아사노 나가노리가 칼을 휘둘러 막부 고관인 기라 요시나카에게 상처를 입혔다. 언쟁 끝에 칼부림이 벌어진 것이다. 성 안에서 칼을 뽑는 것은 금지된 행위였다. 막부 쇼군인 도쿠가와 쓰나

요시는 먼저 칼을 휘두른 아사노에게 할복을 명령했다. 이 때문에 주인을 잃은 아사노의 가신 47인은 이듬해에 기라 요시나카를 죽이는 복수극을 벌였다. 그 뒤 47인은 막부의 명령에 의해 전원 할복을 했다.

47인의 무사들을 두고두고 칭송하는 데서 나타나듯이 일본인들은 기존의 주인을 위해 목숨을 희생하는 것을 높게 평가한다. 이런 정서는 일본인의 국가주의·집단주의로도 연결된다. 그런데 그런 일본인들도 막상 주인이 죽고 새로운 주인이 들어서면 쉽게 태도를 바꾼다는 게 루스 베네딕트를 포함한 분석팀의 결론이었다. 일본인들은 현재 가장 강력한 쪽의 힘을 인정하고 여기에 절대 충성을 바치는 경향이 있다고 판단한 것이다. 새로운 주인을 받들 경우에는 내면적 갈등을 느낄 법도 하지만, 일본인들은 그런 심리적 갈등도 별로 느끼지 않는다는 게 미국 정부의 판단이었다. 이것은 일본인들이 새로운 주인에 대한 충성을 내면적으로 합리화하는 기술을 갖고 있음을 의미한다. 일본을 점령하기 직전에 미국은 일본인들이 이런 사람들이라고 결론을 내렸다. 이런 상태에서 1945년에 일본으로부터 무조건 항복을 받아냈다. 그래서 일본을 이용하는 것에 대해서는 상당한 자신감을 가질 수 있었다.

미국은 1945년 이후로 70년 가까이 한국을 통제하고 있기 때문에 한국에 대해서는 어느 정도 잘 알고 있다. 하지만 여전히 한민족 전체에 대해서는 아는 게 별로 없다. 미국이 아는 한국의 특성은 강자 앞에서 일단은 허리를 숙이고 생존을 모색하는 특성뿐이다. 그렇기 때문에 한민족의 또 다른 특성들이 나타나면 당황할 수밖에 없다. 미국이 북한 앞에서 쩔쩔매는 것만 봐도 그렇다.

미국은 지금도 한민족을 잘 모르지만, 해방 직후에는 더욱 더 몰랐다. 해방 직후의 미국은 일본을 점령할 계획이었기 때문에 일본을 집중적으로 연구했다. 그래서 일본에 대해서는 많은 지식을 갖고 있었다. 또 중국에 대해서는 이미 19세기 중반부터 지식을 갖고 있었다. 미국은 중국으로부터 경제적 이익을 얻을 목적으로 19세기 중반부터 중국을 집중적으로 관찰했다. 반면에 조선에 대해서는 그렇지 않았다. 조·미수호통상조약 직후에 조선과의 외교관계를 격하시키고 양국관계를 등한시한 탓에 미국은 조선을 제대로 공부할 기회가 없었다. 그렇기 때문에 중국에서 장개석 군대가 밀리고 중국 이외의 대안을 급히 찾아야 하는 상황에서 미국은 조선보다는 일본을 선택할 수밖에 없었다. 잘 아는 일본을 대리인으로 삼는 게 가장 현실적인 대안이었다.

한민족을 잘 모른다는 요인 외에 미국이 한반도 대신 일본을 택할 수밖에 없는 또 다른 요인도 있었다. 일본은 미국의 손아귀에 완전히 장악된 데 반해 한반도는 절반밖에 장악되지 않은 상태였다. 이 때문에 한반도를 이용해서 소련을 견제하는 데는 많은 제약이 따를 수밖에 없었다. 이런 요인들로 인해 미국은 중국공산당이 승세를 타는 상황 속에서 중국 대신 일본을 택하게 되었다.

1945년은 1842년의 연장

많은 한국인들은 현존 동아시아 국제질서의 시작을 1945년으로 잡는다. 1945년 이전과 이후를 질적으로 전혀 다른 시대로 구분하는 것이다. 하지만 1945년이 현존 국제질서의 기점이 되는 게 타당한가에 대해 한번쯤 생각해 볼 필요가 있다. 그 해 일본이 물러나고 한민족이 해방되었으니 그냥 그렇게 생각해야 하는 것인가? 미국이 그때부터 동아시아의 새로운 패권국이 되었으니 그렇게 생각해야 하는 것인가? 동아시아 역사를 냉정하게 통찰해보면 현대 동아시아 질서를 올바로 이해하려면 1945년이 아니라 1842년을 중심으로 생각할 필요가 있다는 결론에 도달하게 될 것이다.

1842년에 제1차 아편전쟁이 종결된 이래 동아시아에서는 서양 출신 해양세력인 영국이 패권을 장악했다. 메이지유신으로 일본의 정치체제가 바뀐 뒤인 1870년대에는 일본이 서양 출신 해양세력과 보조를 맞췄다. 이로써 서양 출신 해양세력과 동아시아 해양세력이 연대해서 동아시아 대륙세력을 압박하는 구도가 등장했다. 그 뒤 일본이 서양 출신 해양세력과 연대해 1894년 청·일전쟁과 1904년 러일전쟁에서 연거푸 승리함에 따라 1905년 이후에는 동아시아 출신 해양세력인 일본이 동아시아 패권을 잡게 되었다. 이 과정에서 일본에 힘을 실어순 것은 영·일동맹과 미·일동맹이었다. 일본이 러시아를 꺾음에 따라 두 해양세력 간의 역학구도가 바뀌게 되었다. 적어도 동아시아에서만큼은 동아시아 해양세력이 서양 출신 해양세력보다 우위에 서게 된 것이다. 두 해양세력의 협력관계는 여전히 유지되면서 둘 사이의 역학관계만 바뀐 것이다.

그러다가 1931년 만주사변을 계기로 일본과 영국·미국의 관계가 악화되면서 동아시아 대륙세력과 서양 출신 해양세력이 연대하게 되고 이로 인해 일본은 패전을 당했다. 이 과정에서 미제 핵무기가 일본의 항복을 재촉하는 기능을 하면서 서양 출신 해양세력인 미국이 동아시아 패권을 장악하게 되었다. 그런 뒤에 미국은 해양세력인 일본·한국과 다시 손잡고 동아시아 대륙을 견제했다.

이를 통해서 알 수 있듯이 1945년 이후의 동아시아 질서는 서양 출신 해양세력과 동아시아 출신 해양세력이 연대해서 동아시아 대륙세력을 압박하는 구도다. 이것은 1842~1905년에 존재한 동아시아 질서와 본질적으로 똑같다. 다른 게 있다면 1842~1905년에는 질서의 최상층에 영국·러시아가 있었던 데 비해 1945년 이후에는 미국이 있다는 점뿐이다. 따라서 1945년 이후의 상황은 1842~1905년의 상황과 똑같다고 말할 수 있다. 그러므로 1945년에 발생한 일은 동아시아 질서가 1905년 이전으로 회귀한 일이었다.

이렇게 미·일 두 해양국가가 상하 위계질서를 이루면서 동아시아 대륙세력을 견제하는 구도가 1945년 이후 동아시아 질서의 본질이다. 이 구도는 제1차 아편전쟁 이후의 구도와 본질적으로 다를 게 없다고 말해도 과언이 아니다. 제1차 아편전쟁 이후에도 서양 출신 해양국가와 일본의 연합 하에 동아시아 대륙세력을 압박하는 구도가 존재했기 때문이다.

물론 1945년 이후의 질서와 1842~1905년의 질서가 완전히 똑같은 것은 아니다. 세부적인 측면에서는 당연히 차이점들이 있다.

먼저 한반도의 역할이다. 한반도는 전통적으로 대륙세력이었다. 1842년 이후로도 한동안은 그랬다. 그랬던 한반도가 1910년에 일본에 강점되면서 해양세력에 강제로 편입되었다. 그런데 1945년 해방을 계기로 한반도의 북부는 대륙세력으로 돌아가고 남부는 해양세력에 그대로 남았다. 이로 인해 한반도는 사상 처음으로 대륙세력과 해양세력에 의해 분할되는 처지에 놓이게 되었다.

또 다른 차이점은 최첨단 무기다. 1840년 이후에 서양은 우수한 대포를 앞세워 동아시아를 지배했다. 청나라가 아편전쟁 때 영국·프랑스에 무릎을 꿇은 원인은 대포의 성능으로 대표되는 무기의 열세에 있었다. 반면에 1945년 이후에는 핵무기의 장악 여부가 동아시아 패권의 열쇠가 되었다. 핵무기가 국제질서에 결정적 영향을 미치게 되었다는 점에서 1945년과 1842년은 다르다.

역설적인 이야기이기는 하지만 1842년 이후의 대포에 비해 1945년 이후의 핵무기는 상대적으로 성능이 약하다. 물론 무기 자체만 놓고 보면 핵무기가 대포보다 월등하다. 하지만 두 무기를 둘러싼 징지상황을 놓고 보면 대포가 핵무기보다 훨씬 더 우월했다.

1842년 이후에는 서양열강의 대포가 동아시아 대륙세력의 대포를 압도했다. 그래서 서양 대포는 핵무기 이상의 위력을 발휘했다. 서양은 대포를 앞세워 청나라·일본의 무릎을 꿇렸다. 그런데 1945년 이후의 핵무기는 그런 위력을 발휘하지 못하였다. 왜냐하면 얼마 안 가서 동아시아 대륙세력도 핵무기를 보유하게 되었기 때문이다. 동아시아 대륙세력에서는 소련과 중국이 일찌감치 핵무기 보유에 성공한 데 이어 한국전쟁 이후 핵무기 개발에 착수한 북한도 이제 핵무기를 보유하게 됐다. 이렇게 양쪽 모두 핵무기를 보유하고 있기 때문에 미국이 핵무기를 앞세워 동아시아 대륙세력을 침략할 가능성은 사실상 사라지게 되었다. 그런 점에서 핵무기가 대포보다 못하다고 한 것이다.

이 같은 세부적인 차이점들이 있기는 하지만 1945년 이후 동아시아와 1842~1905년 동아시아는 본질적으로 같다고 할 수 있다. 그렇기 때문에 현존 동아시아 질서는 1945년에 시작된 게 아니라 1842년에 시작됐다고 말할 수 있다. 1945년에 세계 최강이 된 미국인들이 만들어내는 이론과 관점으로는 쉽게 납득할 수 없을지 모르지만 동아시아에 존재하는 힘의 관계를 근거로 하면 우리는 1842년 이후의 질서에 살고 있는 게 분명하다.

그렇기 때문에 1945년을 기준으로 동아시아를 구분하는 것은 옳지 않다. 1842년 이후의 본질이 여전히 계속되고 있는 마당에 핵폭탄 두 방이 1945년에 투하됐다는 점을 근거로 1945년 이전과 이후를 가르는 것은 옳지 않다. 물론 1945년도 중요한 분기점이지만, 그보다는 1842년이 더 중요한 분기점이었다.

1945년이 1842년을 넘을 수 없는데도 1842년보다 1945년이 더 강한 인상을 주는 것은 1945년 이후에 본격화된 이념 대결이 너무나 강한 인상을 남겼기 때문이다. 치열한 이념대결이 아주 강한 이미지를 남겼기 때문에 대륙세력 대 해양세력의 대결구도가 제대로 주목을 받지 못한 것이다. 이전에 동아시아에 존재한 적 없는 이념대결이 세상의 눈과 귀를 장악하다 보니 1945년이 뭔가 획기적인 전환점처럼 여겨질 수밖에 없었던 것이다.

대륙 대 해양의 대결구도가 노출되는 것을 누구보다도 꺼리는 나라는 미국이다. 1842년 이후는 물론이고 1945년 이후에도 서양 출신 해양세력이 동아시아 대륙세력을 억압하는 구도가 계속된다는 이 진실이 부각되면 동아시아에서 미국의 패권은 정당성을 잃을 수밖에 없다. 왜냐하면 서양 출신 해양세력이 동아시아 대륙세력을 억압하는 구도는 서양이 동양을 침략하는 서세동점의 흐름 속에서 형성된 것이라는 인식이 널리 퍼져 있기 때문이다. 서세동점의 부도덕성에 대해서는 동아시아인들의 인식 공유가 상당히 널리 확산되어 있다. 그렇기 때문에 이런 본질이 부각되면 될수록 미국의 패권은 정당성을 상실할 수밖에 없다.

우리가 1842년 이후의 질서에 사는 게 분명하다면 동아시아는 여전히 대륙세력과 해양세력(서양열강+일본)의 구도 속에서 작동하고 있음을 알 수 있다. 이것은 북한과 중국이 궁극적으로 의도하는 바가 무엇인지를 시사하는 것이다. 1842년 이후의 질서에 살고 있기 때문에 이들은 여전히 미·일과의 경쟁에 열정을 쏟고 있는 것이다. 그렇기 때문에 이들이 궁극적으로 바라는 것도 미·일의 축출 또는 약화에 있을 수밖에 없는 것이다.

1945년 이후와 1842년 이후가 본질적으로 같기 때문에 1945년 이후의 동아시아는 아편전쟁 이후의 상태로부터 결코 벗어날 수 없다. 아편전쟁 이후의 상태라는 것은 서양 출신 해양세력과 일본이 연대해서 동아시아 대륙세력과 투쟁하는 것이다. 두 시기가 본질적으로 같다는 점은 항일투쟁 과정에서 기운을 회복한 북한과 중국이 궁극적으로 무엇을 추구할 것인지도 시사한다. 두 나라가 지향할 수밖에 없는 과제는 동아시아에서 서양의 침탈 흔적을 완전히 지우는 것이다. 북한과 중국이 미국에 맞서는 저변에는 아편전쟁 이래 상실한 동아시아 대륙세력의 주도권을 탈환하기 위한 의도가 담겨 있는 것이다. 특히 북한이 핵 카드를 들고 세계를 놀라게 하는 근본 동기도 거기에 있을 수밖에 없는 것이다.

1842년 체제와 한국전쟁

현대 국제질서는 1945년이 아니라 1842년 이후로부터 자유롭지 못하다. 동아시아는 아직도 1842년에 서양열강이 만들어놓은 국제질서를 탈피하지 못하고 있다. 중국은 물론 북한도 다르지 않다. 그래서 1945년 이후의 북한을 이해하고자 할 때는 1842년 이래 동아시아가 무엇을 추구했는지를 고려하지 않으면 안 된다. 북한이 무엇을 추구했는지는 1950년 전쟁에서 잘 드러난다.

해방 뒤에 북한 권력자로 뛰어오른 김일성도 1842년 이후의 과제를 당연히 의식할 수밖에 없었다. 그는 미국의 영향력을 한반도에서 배제하기 위한 움직임을 전개했다. 그가 할 수 있는 것은 한반도 전역을 통일하는 것이었다. 1842년 체제를 의식했든 안 했든 간에 한국에서 미군정의 대리인으로 떠오른 이승만 역시 한국보다는 한반도 전역의 지도자가 되고 싶었을 것이다. 이승만이든 김일성이든 간에 한반도 전역의 독립을 추구해온 입장에서 절반의 지도자로 남고 싶지는 않았을 것이다. 그래서 두 지도자의 잠재적 욕구는 1945년에 형성된 한반도의 현상을 위협할 수밖에 없었고 그것은 자연히 미국의 전략에 위험 요인이 될 수밖에 없었다.

그런데 내면에 숨은 정치적 욕망을 추구하는 데 있어서 이승만보다는 김일성이 훨씬 더 유리한 입장에 있었다. 왜냐하면 이승만의 파트너는 동아시아에 대해 고도로 집착한 데 반해 김일성의 파트너는 상대적으로 덜 집착하고 있었기 때문이다. 미국에 비해 소련은 동아시아에 대해 크게 집착하지 않았다는 의미이다. 그래서 이승만보다는 김일성이 한반도 통일을 위한 승부수를 띄우기에 상대적으로 유리했다.

동아시아에 대한 소련의 집착이 미국에 비해 덜했다는 점은 소련이 먼저 한반도에서 군대를 철수시킨 사실에서도 단적으로 드러난다. 1949년에 있었던 주한미군 철수는 소련군의 북한 철수로부터 시작되었다. 소련군의 철수는 북한 정권은 물론이고 남북의 좌파 및 중도파의 요구에 의한 것이었다. 남북의 좌파와 중도파는 미·소 양국 군대의 철군을 요구했다. 이에 대해 미국은 미지근한 입장을 보였지만 소련 측으로서는 거부할 수 없는 이유가 있었다. 소련은 사회주의 종주국으로서 약소민족의 보호를 명분으로 패권을 추구했다. 그래서 그들의 입장에서는 한민족 사이에서 나오는 외국군 철수 요구를 외면할 수 없었다.

이 점은 1948년 4월 23일 북조선노동당 중앙위원회 사업총화보고에서 나온 김일성 부위원장의 발언에서도 드러난다. 당시 북조선노동당에서 김일성의 상급자는 한글학자 주시경의 제자로도 유명한 김두봉이었다. 이 날의 보고에서 김일성은 "위대한 레닌당이 지도하는 소련의 대외정책은 약소민족의 독립과 자유를 존중하며 전후(戰後)의 국제평화와 안정을 보장하는 전통적 정책입니다."라고 하면서 "소련은 이미 1946년에 노르웨이·덴마크·이란·중국 같은 동맹국들의 영토에서 자기 군대를 철수했습니다."라고 밝혔다.

김일성의 발언에서도 드러나듯이, 한민족이 철군을 요구하는 상황에서 소련이 군대를 계속 주둔시키는 것은 소련의 기본 입장은 물론 전력(前歷)과도 배치되는 것이었다. 소련이 군대를 철군할 수밖에 없었던 것은 북한의 정치상황 때문이기도 했다. 한국과 달리 북한에서는 소련·중국과 함께 항일전쟁에 참가했던 군사 세력이 정권 구성에 참여했다. 그래서 소련은 그들의 철수 요구를 외면할 수 없었다.

하지만 소련 단독으로 철수할 수는 없었다. 소련은 미국이 동시에 철군하면 철수할 수 있다는 입장을 피력했다. 그러나 동시 철군은 이루어지지 않았다. 하지만 소련군은 1948년 크리스마스에 철군을 완료했다. 이것은 미군이 한국에 주둔할 명분을 약화시켰다. 철군 압력을 한층 더 강하게 받은 미국은 다음 해인 1949년 6월에 주한미군을 빼고 말았다.

미군이 군대를 뺄 수밖에 없었던 가장 큰 이유는 소련군의 철수였다. 소련군이 철군하겠다고 나서는 마당에 한반도에 남아 있을 명분이 없었다. 다른 이유들도 있다. 그중 하나는 동아시아 전략의 중점을 한반도가 아닌 일본열도에 두었다는 점에 있다. 일본이 최선이고 한반도는 차선이었기 때문에 부득이할 경우에는 한반도에서 군대를 뺄 수도 있었던 것이다.

또 다른 이유는 한국 대중의 반(反)미국·이승만 정서에서 찾을 수 있다. 정부 수립 이전에 한국에서는 제주도는 물론 전국 각지에서 민간인과 군인들의 저항운동이 발생했다. 육군 장교인 박정희도 저항운동에 가담했다는 점은 널리 알려져 있다. 한국전쟁이 끝난 뒤에도 약 10년간이나 한국에서는 빨치산 투쟁이 계속 벌어졌다.

지리산 빨치산의 최후 생존자 중 하나인 정순덕은 1963년 11월 12일에야 경찰에 체포됐다. 한국 정부에 대항했다가 전향한 박정희가 정권을 잡은 후에까지 빨치산 투쟁이 끝나지 않은 데서 알 수 있듯이 미국과 이승만에 대한 한국 사회의 반감은 상상을 초월하는 것이었다. 이런 반미감정을 감당할 수 없었던 것도 미군이 철수한 요인 중 하나였다.

물론 미군이 철수를 감행한 밑바탕에는 나름의 자신감도 깔려 있었다. 당시까지만 해도 유일한 핵보유국이었으니 한반도에서 군대를 빼내도 우위를 유지할 수 있다고 생각할 만했다. 공군력에 대한 자신감도 빼놓을 수 없다. 한국전쟁을 소재로 한 대부분의 영화에도 반영되듯이 동아시아의 제공권을 장악한 쪽은 미군이었다. 한국전쟁 중인 1950년 10월 1일 김일성이 외무장관 박헌영과의 공동 명의로 중국 국가주석 모택동에게 보내기 위해 작성한 친서에도 "적은 약 천 대의 각종 항공기로 매일 주야를 구분하지 않고 전방과 후방 할 것 없이 마음대로 폭격을 부단히 감행하고 있습니다."라는 표현이 나온다. 제공권에 대한 자신감으로 오키나와나 일본에 주둔한 미군이 언제라도 한반도로 출격할 수 있다는 자신감을 갖고 있었다고 볼 수 있다. 이렇게 해서 미군은 자신들 외에는 기댈 데라고는 없는 이승만 정권을 놔두고 군사고문단만 남긴 채 38도선 이남에서 철수했다.

이런 배경 속에서 북한이 1950년 6월 한국을 침공하고 미국의 영향력을 배제하고자 했지만 상황은 김일성이 의도한 대로 흘러가지 않았다. 초반 2개월도 안 되어 북한은 낙동강 유역을 제외한 한국 전역을 장악했지만 미군과 유엔군이 개입하면서 38도선 이북도 유지하기 힘든 상황에 직면했다. 김일성은 미군이 철수한 틈을 타서 한국에 대한 공격을 전개했지만 미군의 신속한 개입으로 한국전쟁은 한국과 북한의 전쟁이 아니라 북한과 미국의 전쟁이라는 성격 전환을 이루게 되었다. 이로써 상황은 1842년 체제를 깨고자 하는 북한과 이를 지키고자 하는 미국의 정면 대결로 발전하게 되었다.

북한과 미국의 최초 전면전

38선 이남의 한국은 1945년 9월 7일부터 미군정의 지배를 받으면서 미국을 대등하게 바라볼 기회를 상당부분 상실했지만 38선 이북의 북한 입장에서 볼 때는 미국과의 관계에서 해결해야 할 것이 많았다. 국지전 성격의 신미양요에서 조선은 전투에서는 졌지만 전쟁에서는 이겼다. 또 1882년 이후로 수교를 했지만 양국은 친한 것도 아니고 안 친한 것도 아니었다. 그러다가 미국은 일본이 조선을 강점하는 데 결정적 기여를 했고, 수십 년 뒤에는 조선이 일본으로부터 벗어나는 데도 결정적 기여를 했다.

1945년 8월 15일에 벌어진 일만 기준으로 하면 북한으로서는 미국에게 감사할 만했다. 그런데 9월 7일부터 미국이 한국에 대한 군정을 선포하고 한반도를 분단시킴에 따라 북한으로서는 미국에 원한을 품지 않을 수 없었다. 이렇게 북한과 미국은 어떻게 규정해야 좋을지 모르는 상호관계를 갖고 있었다. 이런 두 나라가 그간의 모호한 관계를 벗어나 전면적으로 충돌한 것이 바로 한국전쟁이다. 북한은 미군이 철수한 틈을 타서 전쟁을 개시했지만 미군의 신속한 개입으로 인해 북한과 미국이 정면충돌하는 상황으로 발전했다. 신미양요가 최초의 국지전이었다면 한국전쟁은 최초의 전면전이었다.

미군의 개입은 그야말로 전광석화처럼 이루어졌다. 국제연합이 유엔군 파병을 결의한 것은 7월 7일이지만 미군이 부산에 상륙한 날짜는 전쟁 발발 불과 6일 뒤인 7월 1일이다. 미군 지도부가 전쟁터를 순시한 것은 그보다 며칠 전이었다. 게다가 도쿄에 본부를 둔 미국 극동군사령부의 맥아더 사령관이 한강 방어선을 직접 시찰한 날은 6월 29일이다.

맥아더가 돌아간 다음날 미군은 사실상의 전쟁을 개시했다. 6월 30일에 미 공군이 평양을 폭격하고 돌아간 것이다. 유엔의 파병 결의가 나오기도 전에 미 공군이 이미 평양을 다녀갔던 것이다. 그러므로 북한이 한국을 상대로 일으킨 한국전쟁은 불과 5일 만에 북한과 미국의 전쟁으로 변질된 것이다.

미 지상군이 상륙한 7월 1일은 한국군이 한강방어선을 지키고 있을 때였다. 미군이 신속히 개입할 수 있었던 것은 부산 밑의 규슈에 극동사령부 예하의 제8군이 지휘하는 제24군단이 주둔하고 있었기 때문이다. 미군은 한반도에서만 철수했을 뿐이지 한반도에서 멀리 떠나 있었던 것은 아니다. 5년 전에 세계를 제패한 세계 최강의 군대가 한반도 바로 옆에 있었으니 북한의 승리는 처음부터 쉽지 않았다고 봐야 할 것이다.

미군이 개입하여 인천상륙작전을 성사시키고 38선 이북까지 넘는 상황은 북한도 북한이지만 중국에게도 큰 위협이 되었다. 북한은 중국 수도 북경에서 가장 가까운 외국이다. 중국에 적대적인 군대가 대동강에 이어 압록강까지 건너게 되면 만주 평원을 지나 북경까지 들어가는 것은 어렵지 않은 일이다. 기차를 타고 중국을 여행해보면 쉽게 알 수 있지만 만주에서 중국 내륙으로 가는 길에는 장애물이 될 만한 커다란 산이 별로 없다. 그래서 군대가 신속히 진격할 수 있다. 그렇기 때문에 중국 입장에서는 자국에 적대적인 세력을 대동강 이남에 묶어둘 필요가 있다. 적대 세력이 압록강까지 접근하게 되면 중국으로서는 압록강 쪽에 군사력을 집중하지 않을 수 없다. 이렇게 군사력이 동북방에 집중되면 여타 방면에서 발생하는 외침이나 내란에 취약해지기 쉽다.

이런 부담을 완화시키려면 적대 세력을 대동강 이남에 묶어두어야 한다. 그래야만 적대 세력이 침공을 개시하더라도 중국이 여유를 갖고 대응할 수 있다. 적어도 1950년 한반도에서 전쟁이 벌어졌

163

을 당시 중국 지도부의 판단은 그랬다.

북한군이 대동강 이북으로 밀릴 조짐이 보이자 중국 국가주석 모택동은 1950년 10월 인민해방군(정확하게는 '인민해방지원군')을 한반도에 투입하기로 결정했다. 앞에서 소개한 모택동에 대한 김일성의 친서에는 "적군이 38도선 이북을 침공하게 될 때에는 약속한 바와 같이 중국 인민군의 직접 출동이 절대로 필요하게 됩니다."라는 문장이 있다. 이것은 북한군이 한국을 공격했다가 도리어 38선 이북으로 밀릴 경우에는 중국이 개입하기로 사전에 약속되어 있었음을 의미한다. 이렇게 중국군까지 이 전쟁에 참가하게 되었다.

중국군의 참전으로 한국전쟁은 동아시아 대륙세력과 해양세력의 대전(大戰)으로 발전했다. 대륙세력인 북한과 중국이 해양세력인 미국과 한국을 상대로 벌이는 전쟁이 되었다. 이것은 동아시아가 1842년 체제에서 여전히 자유롭지 못함을 보여주는 것이었다.

중국군의 가세로 전쟁은 고착 상태에 빠졌다. 북한 인민군과 한국 국군의 대결에서는 인민군이 압도적으로 우세했지만, 미군과 유엔군의 가세로 인민군이 밀리다가 인민해방군지원군의 가세로 양쪽의 전력은 다시 균형을 갖게 되었다. 이 같은 균형은 양측이 1951년 7월부터 휴전협상을 벌이도록 만들었다. 이 시기가 되면 지금의 휴전선이 대체로 형성되는 상황에 도달했다. 그래서 한국전쟁은 처음 1년간은 한반도 전역을 무대로 전개되고 다음 2년간은 중부 전선을 무대로 전개되는 양상을 보이게 되었다.

전쟁의 전개 범위라는 측면에서는 처음 1년간이 훨씬 더 광범했지만, 전쟁의 참혹함이라는 측면에서는 다음 2년간이 훨씬 더 심각했다. 한국전쟁 기간에 목숨을 잃거나 다치거나 행방불명되거나 포로로 붙들린 한국군은 62만 명 정도다. 1951년에 국방부에 발행한 《한국 전란 1년지》에 따르면, 1951년 3월까지 이 같은 피해를 당한 한국군은 약 17만 명이다. 이것은 전선이 고착되어 휴전협상이 시작된 시점을 전후한 때부터 대략 45만 명 정도의 한국군 인명 피해가 발생했다는 이야기가 된다. 한국군 피해자 열의 일곱은 휴전협상이 진행되는 동안에 인명피해를 겪었던 것이다. 이것은 휴전협상이 진행되는 동안에 백마고지를 비롯한 중부전선에서 전개된 고지쟁탈전이 그만큼 치열했음을 의미한다.

전쟁뿐만 아니라 휴전협상까지 장기화되자 참다못한 미국은 1952년 12월 아이젠하워 대통령 당선자의 입을 빌려 "조기 휴전을 위해서는 핵무기 사용도 불사하겠다."는 입장을 천명했다. 이에 따라 1953년 봄에 핵탄두 장착 미사일을 오키나와에 배치했지만 그해 여름 휴전협상이 타결되는 바람에 핵전쟁은 무산되었다. 미국은 한국전쟁 초기에 북한이 부산을 포위했을 때와 1950년 11월 청천강 전투에서 북한군이 대승을 거두었을 때에도 핵무기 사용을 고려했다가 포기한 적이 있다. 핵무기 두 방으로 일본을 항복시킨 것처럼 핵무기로 북한을 굴복시키려 했지만 국제사회의 반발과 전쟁 확대에 대한 두려움 때문에 핵전쟁을 벌이지 못한 것이다.

한국전쟁은 1953년 7월 휴전협정으로 중단되었다. 전쟁을 통해 북한우 한국에 대한 미국의 영향력을 도리어 강화시켜놓는 결과를 초래했다. 개전 1년 전인 1949년 6월 한국에서 철수한 주한미군은 한국전쟁을 계기로 항구적으로 주둔하게 되었다. 또 1953년에는 한·미상호방위조약의 체결로 한·미관계가 한층 더 단단해졌다. 북한이 1842년 이후의 과제를 해결하고자 이 전쟁을 벌였다는 점을 감안하면 이 같은 결과는 북한이 이 전쟁의 패배자임을 보여주는 것이다.

전쟁의 승패는 누가 전쟁의 목표를 달성했는가에 따라 결정된다. 신미양요 때 미국은 전투에서는 승리했지만 전쟁에서는 패배했다. 미국은 개전 목표인 조선의 개항을 성사시키지 못하고 철수했다. 그래서 흥선대원군이 승리의 기념으로 척화비를 세운 것이다. 마찬가지로 북한 역시 개전의 목표를 달성하지 못했다. 그런 면에서 한국전쟁은 전투는 무승부로 끝났지만 전쟁은 북한의 패배로 끝난 전쟁이었다.

하지만 북한은 중국의 지원을 받기는 했지만 미국과의 대결을 무승부로 끝내는 성과를 거두었다. 미국이 그로부터 불과 5년 전에 세계 최강에 등극한 '싱싱한 챔피언'이었다는 점을 감안한다면 북한을 단순히 패전국으로만 볼 수도 없다. 또 이 전쟁에서 북한은 한국을 한반도 문제의 당사자 지위에서 몰아내는 부수적 효과도 거두었다. 휴전협정의 당사자를 북한·미국·중국 세 나라로 국한시킨 것이다. 이것은 대외관계의 효율성이라는 측면에서 북한에게 유리한 조건을 안겨주었다. 북한은 미국 하나를 상대하는 것만으로도 미국·한국을 동시에 상대하는 효과를 거둘 수 있게 되었다. 그러나 이런 효과는 2000년대 들어 한·미관계에서 한국의 목소리가 높아지면서 상당부분 감소되었다. 또 북한은 휴전협정을 계기로 불완전하나마 미국과의 대화 창구도 확보했다. 정전협정의 이행을 감시한다는 명분 하에 군사정전위원회를 설치하고 이를 통해 미국과 대화할 수 있는 틀을 만들어놓은 것이다.

대륙세력과 해양세력의 대결구도라는 관점에서 한국전쟁의 결과를 평가하면 이 전쟁을 통해 양대 세력의 역학 구도에 명확한 변화가 생겼다는 점에서 의의를 찾을 수 있다. 1842년 이래 대륙세력은 해양세력에게 일방적으로 밀렸다. 그러다가 제2차 대전과 궤를 같이한 항일투쟁을 통해 대륙세력이 기운을 추스르다가 한국전쟁을 계기로 양대 세력이 상호 엇비슷한 전력을 보이게 된 것이다. 이 전쟁에서 어느 한쪽도 제대로 승리를 거두지 못한 점을 볼 때 그렇게 평가할 수 있다는 것이다. 이렇게 한국전쟁을 통해 양대 세력이 엇비슷한 역량을 보유하고 있다는 게 드러났는데도 미국이 동아시아 패권을 보유하고 있다고 말할 수 있는 것은 왜일까? 이는 해양세력이 미국의 핵우산을 중심으로 단결한 데 비해 대륙세력은 각각의 핵무장을 추구하는 바람에 미국이 상대적으로 우위에 설 수 있었기 때문이다.

대륙세력에게 희망을 준 한국전쟁

한국전쟁을 계기로 부각된 또 다른 측면이 있다. 그것은 동아시아 대륙에게 희망적인 소식이었다. 다름이 아니라 미국이 감당하기 어려운 판도가 확대되었다는 점이다.

1945년 당시만 해도 미국은 동아시아에서 소련을 상대할 준비를 하고 있었다. 중국을 전초기지로 삼아 소련을 막자는 생각을 하고 있었던 것이다. 그러나 1946년에 개시된 국공내전에서 국민당은 공산당에 밀렸다. 그래서 중국은 미국의 적대 국가가 되었다. 이로 인해 미국은 소련에 이어 중국까지 상대하지 않으면 안 되었다. 이에 따라 미국은 일본을 전초기지로 삼아 소련·중국을 막자는 생각을 하게 되었다.

국공내전 과정을 지켜보던 미국은 1947년 1월부터 국민당에 대한 희망을 거두었다. 다음해인 1948년 1월, 미국은 로이얄 육군장관이 발표한 이른바 '로이얄 성명'을 통해 "미국이 극동 지역에서 전체주의 전쟁의 위험에 대한 방어력을 키우려면 자주적인 일본을 건설해야 한다."입장을 천명했다. 중국 대신 일본을 동아시아 정책의 파트너로 선정한 것이다. 같은 해 10월, 미국 국가안전보장회의는 〈미국의 대일정책에 대한 권고〉라는 문서를 통해 일본을 미국의 동맹국으로 격상시켰다. 1951년 9월에 제2차 대전 강화조약인 샌프란시스코 강화조약이 체결되기 3년 전에 미국은 이처럼 일본에게 사실상의 면죄부를 부여하고 미·일동맹에 기초한 동아시아 전략을 수립했다.

1945년 당시만 해도 미국은 소련 견제를 동아시아 전략의 주요 목표로 삼았다. 그런데 국공내전을 계기로 3년 만인 1948년에는 소련에 이어 중국까지 견제의 대상으로 삼아 동아시아 전략을 수정했다. 그런데 이 같은 전략은 1950년에 발발한 전쟁을 통해 다시 한번 수정되지 않을 수 없었다. 소련·중국에 이어 북한까지 견제의 대상에 넣지 않을 수 없었던 것이다. 자신들의 입장에서는 반쪽짜리 신생독립국이나 다름없는 북한과의 대결에서 승리를 거두지 못함에 따라 미국은 소련·중국에 이어 북한과도 힘겨루기를 하지 않으면 안 되는 상황에 놓이게 되었다.

미국이 1953년에 한국과 상호방위조약을 체결한 것은 이승만 대통령의 강력한 요구 때문이기도 했지만, 북한을 현실적인 라이벌로 인정하지 않을 수 없는 상황 때문이기도 했다고 볼 수 있다. 그 이전까지 미국이 상호방위조약을 체결한 대상은 필리핀뿐이었다. 그때도 그렇고 지금도 그렇고 미국은 특정국과의 상호방위조약을 선호하지 않는다. 필리핀에 이어 한국과 상호방위조약을 체결한 후에 미국이 이런 동맹을 체결한 대상은 영국과 일본 정도다. 세계적 규모로 힘의 팽창을 추구하는 미국이지만 상호방위조약에 있어서만큼은 이렇듯 소극적이다.

미국 공화당의 대통령 후보 경선에서 도널드 트럼프 후보는 2015

년 11월 출간한 《불능의 미국: 어떻게 미국을 다시 위대하게 만들 것인가》에서 "독일과 일본, 한국은 모두 힘이 있고 부유한 국가들"이라고 전제한 다음, "우리가 이들 국가를 보호하면서 얻는 것이 아무것도 없다."면서 주한미군의 효용성에 의문을 제기했다. 주한미군 문제에 대한 트럼프의 발언이 현재로서는 뚜렷한 반향을 얻고 있지 않지만, 그가 이런 발언을 내놓은 것은 미국인들 사이에 특정국과의 상호방위조약에 대한 거부감이 분명히 존재하기 때문이다. 미국이 이런 태도를 갖게 된 것은 잘 알려져 있듯이 제5대 대통령인 제임스 먼로(재임 1817~1825년)가 주창한 고립주의 외교 방침에 기원을 두고 있다.

이렇듯 이미 19세기 초반부터 먼로 독트린을 추구해온 미국이 한·미상호방위조약을 체결한 것은 한국전쟁을 통해 미국이 북한의 위력을 실감했기 때문이라고 볼 수 있다. 또 북한을 제대로 견제하지 못하면 동아시아 전략이 흐트러질 수 있음을 인식했기 때문이라고 볼 수 있다.

미국이 이런 입장에 놓이게 된 것은 동아시아 상황이 해양세력 쪽에 좀더 불리해졌음을 의미한다. 이것은 1950년을 계기로 대륙세력의 열세가 상당부분 만회되었음을 의미한다. 또 이것은 1842년 체제가 1950년을 계기로 한층 더 약화되었음을 의미하는 것이었다. 1842년 체제의 종말이 그리 멀지 않았음을 알리는 신호다.

핵무기에 관심을 갖는 북한

북한은 한국전쟁 중에 세 차례나 미국의 핵공격 위협을 받았다. 만약, 그것이 현실화됐다면 미국의 도덕적 위신은 추락했겠지만 북한은 재기 불능의 상태에 빠졌을 수도 있다. 그래서 북한은 핵무기의 위력을 느끼지 않을 수 없었다. 그 전에 북한은 미국이 핵무기 두 방으로 세계 패권을 장악하는 모습도 지켜보았다. 그 핵무기로 인해 일본이 무너지는 모습도 목격했다. 이런 상황은 북한 지도부가 핵 개발의 필요성을 절감하도록 만드는 데 일정한 기여를 했을 것이다.

북한의 핵 개발을 재촉하는 조건은 더 있었다. 동아시아 대륙세력의 내부 사정이 그것이다. 1945년 이후에 미국은 동아시아 해양권을 하나의 핵우산으로 묶었다. 한국·일본·오키나와·필리핀·대만 등에 자국의 핵무기를 배치한 것이다. 2006년 9월 미국 국립문서보관소가 공개한 바에 따르면, 미국이 이 국가들을 포함해 세계 전역에 배치한 핵 관련 무기는 1만 3천여 기에 달했다. 이렇게 미국의 핵무기에 의해 보호 내지는 통제를 받는 가운데 동아시아 해양세력은 미국의 핵우산 밑에서 뭉치게 되었다. 물론 해양세력이 뭉쳤다는 것이 한국·일본·필리핀·대만 등이 고도의 단결력을 보였다는 뜻은 아니다. 다만 이들이 미국의 말을 잘 듣게 되었다는 뜻일 뿐이다. 같은 미국 핵우산 하에 있으면서도 한국과 일본이 끊임없이 갈

등을 빚는 것에서 그 점을 알 수 있다.

반면에 대륙세력에서는 그 같은 단결이 나타나지 않았다. 동아시아 대륙세력에서 핵으로 인한 분열이 발생한 것이다. 이것은 최초의 핵보유국인 미국이 핵의 확산을 막지 못한 데에 일차적으로 기인하는 것이다.

미국은 히로시마·나가사키에 핵폭탄을 떨어뜨린 직후부터 핵무기를 국제적으로 관리하는 운동에 착수했다. 의회 차원에서 이를 제안한 인물이 버나드 바루크라고 해서 이것은 '바루크 플랜'이라고 불린다. 이 같은 미국의 움직임은 핵무기의 확산을 금지하는 데에 본질적 목적이 있었다.

하지만 상황은 미국의 바람대로 흘러가지 않았다. 소련은 '바루크 플랜'을 비웃으며 1949년 핵실험에 성공하여 핵보유국이 되었다. 소련의 스탈린은 제2차 대전 중에 미국이 '맨해튼 프로젝트'라 일컬은 핵무기 개발 작업을 추진하고 있다는 사실을 알아내고 그때부터 독자적인 핵무기 개발에 착수했었다. 미국은 소련의 핵 보유를 막고자 1947년 7월 태평양의 비키니섬에서 핵폭탄 투하 실험을 하고 그 인근 해저에서 핵실험을 강행했다. 비키니섬은 필리핀과 하와이의 중간에서 약간 오른쪽에 있다. 비키니 핵실험은 미국의 위력을 과시해서 소련의 핵개발을 저지하는 데 목적이 있었지만 이에 아랑곳없이 소련은 1949년에 두 번째 핵보유국의 반열에 올랐다. 이로써 세계적으로는 두 번째, 동아시아 대륙세력에서는 최초의 핵보유국이 등장했다.

미국이 자국의 핵무기로 동아시아 해양세력을 장악한 데 반해 소련은 그런 영향력을 발휘하지 못했다. 그래서 동아시아 대륙세력에서는 소련 핵우산이란 게 등장하지 못했다. 그래서 대륙세력에서는 저마다 핵 개발을 추진하는 양상이 나타났다. 소련에 이어 중국까지 핵개발에 나선 것이다. 결국 중국은 1965년과 1967년에 각각 원자폭탄 및 수소폭탄 실험에 성공하여 핵보유국의 반열에 올라섰다. 1950년대부터 중국과 소련의 이념분쟁이 심각했을 뿐만 아니라 제2차 대전 이전부터 양국 공산당의 사이가 껄끄러웠기 때문에 먼저 핵무기를 개발한 소련이 중국을 자국 핵우산으로 덮는 것은 무리였다. 이래서 대륙세력에서는 복수의 핵보유국이 등장했다. 이런 상황에서 북한 역시 핵무기에 관심을 갖지 않을 수 없었다. 중국이나 소련이 북한에 핵우산을 씌워줄 수도 없고, 북한도 그것을 원하지 않는 상황에서 북한이 독자적 핵 무장에 관심을 갖는 것은 당연한 일이었다.

여기에다가 1960년대 국제정세는 북한이 핵무기의 필요성을 한층 더 절감하도록 만들었다. 1960년대 초반에 동아시아에서는 대륙세력은 한층 더 분열되고 해양세력은 한층 더 단결되는 양상이 나타났다. 1960년에 아이젠하워 미국 대통령과 기시 노부스케 일본 총리는 1951년의 '미·일안선보상조약'을 '미·일상호협력안보조약'으로 업그레이드시켰다. 1951년 조약은 미군이 일본에 주둔하는 권리를 인정하는 데 의의가 있었다면, 1960년 조약은 일본 자위대가 개별적·집단적 자위권의 행사를 통해 동아시아 미군과 공동보조를 맞출 수 있게 되었다는 데 의의가 있었다.

뒤이어 1965년에는 그간 관계가 소원했던 한국과 일본이 '한·일기본조약'을 체결했다. 앙숙 관계인 양국이 조약을 체결한 배후에는 미국이 있었다. 미국이 '한·일기본조약' 체결을 조종했다는 점은 조약 체결 전년도인 1964년 10월 미국 국무성이 윌리엄 번디 동아시아·태평양 차관보를 서울에 보내 조약 체결에 대한 지지를 공개 천명함으로써 한국의 조약 반대 여론을 잠재우려 한 사실에서도 드러난다. '한·일기본조약'은 한·일상호방위조약 수준까지는 가지 못했지만, 양국이 미국의 전략 수행을 돕기 위해 약한 수준이나마 공동 보조를 맞출 수 있도록 만드는 데 기여했다. 이것은 한·미·일 삼국이 양자동맹 혹은 양자조약의 형식으로 공동의 동맹을 형성하도록 만들었다. 이렇게 1960년대 전반에 동아시아 해양세력은 한층 더 공고해졌다. 세계적 차원에서 미국의 영향력이 퇴조하고 있었던 점을 감안하면 미국을 중심으로 한 이 같은 단결의 강화는 좀 특이한 것이었다.

이에 비해 대륙세력에서는 분열이 좀더 심화되었다. 처음에는 대륙세력의 단결이 훨씬 더 공고해질 것처럼 보였었다. 1960년에 미·일동맹이 업그레이드되고 1961년 5월 한국에서 친일장교 출신인 박정희가 쿠데타로 권력을 잡자 위기의식을 느낀 김일성은 소련을 방문해서 군사동맹을 체결했다. 이때가 1961년 7월이다. 박정희의 등장이 김일성의 위기의식을 촉발시킨 측면이 있었던 것이다.

사실, 5·16 쿠데타 직후에 김일성은 박정희에게 모종의 기대감을 걸었다. 쿠데타가 발발하자 미국이 처음에는 장면 정권을 지지했기 때문이다. 그러자 북한은 박정희가 미국과 관계없는 인물이라고 판단했다. 손을 잡을 만한 대상이라고 판단한 것이다. 이런 분위기는 5월 16일과 17일의 북한 방송에서 드러난다. 5월 16일 오후 7시 평양방송에서는 "장면 정권을 타도한 군사정권이 남조선 인민의 지지를 받고 있다."면서 박정희에 대한 미국의 간섭을 비판했다. 5월 17일자 조선중앙통신에서는 박정희에 대한 기대감마저 표출했다. "군사정변을 일으킨 남조선 장병들은 반동적인 친미노선을 배격하고 민족·자주·통일의 길로 가야 한다."고 격려까지 했다. 이때 북한 정부가 지지 성명을 준비했다는 말도 있다. 이렇게 5·16 직후에는 박정희 의장이 누구 편인지 불분명했다. 하지만 북한이 박정희의 본질을 파악하는 데는 그리 오랜 시간이 걸리지 않았다. 그래서 김일성은 모스크바로 달려가지 않을 수 없었다.

7월 6일에 모스크바에서 군사동맹을 체결한 김일성은 5일 뒤인 11일에는 베이징에서도 군사동맹을 체결했다. 이로 인해 해양세력보다도 대륙세력의 단결이 훨씬 더 공고해질 듯했다. 왜냐하면 당시까지만 해도 해양세력인 한국과 일본이 국교도 체결하지 못한 상태였던 반면 대륙세력 3국은 군사동맹 체결로 상호 협력관계가 공고해졌기 때문이었다.

하지만 북한 입장에서 소련과 중국을 믿을 수 없다는 점이 드러나는 데는 오랜 시간이 걸리지 않았다. 이듬해인 1962년에 벌어진 쿠바 위기 당시 소련이 보여준 태도는 북한이 소련을 믿을 수 없도록 만들었다. 쿠바 위기 직전에 소련은 쿠바에 핵미사일 기지를 설치하면서 "미국과의 군사대결에서 쿠바를 사수하겠다."는 입장을 천명했다. 하지만 미국이 대서양 함대를 투입해 쿠바를 해상봉쇄하며 압박을 가하자 소련은 미련 없이 핵미사일을 철수해버렸다. 케네디 대통령은 해상봉쇄를 단행하는 한편, 핵무기를 탑재한 B-52 폭격기를 발진시켰다. 핵공격을 가능케 하는 대통령 명령을 내린 것이다. 이 명령은 그로부터 6년 뒤에 북한을 상대로 다시 발해진다. 이 점은 뒤에서 다시 설명한다.

미국이 핵공격을 가능케 하는 대통령 명령을 내리는 동시에 전 세계 미군에 대해 경계태세 돌입을 명령하고 세계를 제3차 세계대전의 공포에 몰아넣자, 소련은 체면이 구기는 것을 감수하면서 뒤로 물러섰다. 이렇게 소련의 권위가 추락하는 장면을 보면서 북한은 소련을 더 이상 믿을 수 없게 되었다.

그렇다고 해서 중국을 신뢰할 수 있었던 것도 아니다. 한국과 일본이 기본조약 체결을 논의하던 1964년경부터 중국에서는 문화대혁명이 일어났다. 중국 지식인들뿐만 아니라 북한 지도부도 문화대혁명을 충격적으로 받아들였다. 이로 인해 1966년부터는 북한과 중국 사이에도 험악한 분위기가 조성되었다. 이 때문에 북한은 소련에 이어 중국도 믿을 수 없게 되었다.

해양세력간에는 한·미·일 삼각동맹이 공고화되는 상황에서 대륙세력은 이렇게 분열되었으니 북한 입장에서는 더욱 더 자구책을 모색하지 않을 수 없었다. 북한의 선택은 핵무기였다. 믿을 수 있는 것은 핵무기뿐이었다. 북한이 정확히 언제부터 핵무기에 관심을 가졌는지는 명확히 알 수 없지만 적어도 한국전쟁 이후부터 관심을 가진 것은 확실해 보인다. 북한은 한국전쟁 3년 뒤인 1956년에 30명의 핵물리학자들을 소련에 파견하여 유학을 시켰다. 동시에 그해에 평안북도 영변군에 방사과학연구소를 설립했다. 이 같은 1950년대 중반부터의 노력이 1990년대 제1차 핵위기로 점차적으로 연결된 것으로 보인다.

북한이 과거의 동맹국이었던 소련·중국과 군사·외교적으로 서서히 척을 지면서 핵무기에 관심을 갖는 시기에 북한에서는 주체사상이 새로운 지도이념으로 형성되고 있었다. 1950년대 중반부터 김일성은 조선혁명의 주인은 조선인민이어야 한다는 주체사상을 공개적으로 표방하기 시작했고, 이는 1960년대 북한이 자주적 사회주의 노선을 걷는 데에 정신적 밑거름이 되었다.

북한을 봉쇄하는 미국

미국이 세계에서 가장 강한 나라임을 보여주는 징표가 있다. 그
중 하나는 군사적 우위다. 미국은 이것을 바탕으로 한국전쟁 이후
에 대북 압박을 시작했다. 휴전협정 직후인 1954년부터 포커스 렌
즈라는 한·미연합군사훈련을 시작한 것이다. 이 훈련의 목적은 유
사시에 한·미 양군이 유기적 협조관계를 발휘할 수 있도록 하기 위
한 것이었다. 이 훈련이 훗날 을지연습과 결합되어 을지 포커스 훈
련으로 발전하고 2008년부터 을지 프리덤 가디언 훈련으로 바뀐다.
그런데 '한·미상호방위조약'에 근거를 둔 이 훈련은 주일미군의 지
휘 하에 진행됐다. 따라서 이것은 사실상 한·미·일 3국 공동으로
대북 압박 훈련을 하는 것이나 마찬가지였다.

미국이 최강국임을 보여주는 징표는 꼭 군사적 우위만은 아니다.
그것은 미국이 마음에 안 드는 국가들을 상대로 경제제재를 가할
수 있다는 사실에서도 드러난다. 세계의 돈줄을 쥐고 있다는 점이
미국의 위력을 증명하는 징표 중 하나인 것이다.

미국은 이런 무기를 북한과의 관계에서도 활용했다. 북한이 미국
의 영향권 하에 있는 한국을 상대로 전쟁을 개시함으로써 미국에
정면으로 도전한 직후부터 미국은 북한에 대한 경제제재를 가했다.
그 시작은 한국전쟁 발발 3일 뒤인 1950년 6월 28일, 미국은 북한
에 대해 수출통제법을 적용했다. 이에 따라 미국인과 미국 기업이

북한에 대해 상품을 수출할 수 있는 길이 전면적으로 막히게 되었다. 지금도 툭 하면 거론되는 미국의 대북 경제제재가 이때부터 시작된 것이다.

이 같은 미국의 경제제재를 계기로 몰락한 나라가 바로 일본제국주의였다. 앞서 설명한 바와 같이 일본은 제2차 대전 중에 미국의 경제제재를 받은 뒤로 전쟁 수행능력이 현저히 약화되었다. 이런 성과를 거둔 바 있는 미국이 약 10년 뒤 북한을 상대로도 경제제재라는 칼날을 들이댔다. 미국이 북한에 대해 얼마나 심리적 부담을 느꼈는지를 보여주는 대목이다.

미국의 경제적 압박은 그것으로 끝나지 않았다. 수출통제법을 적용한 지 6개월 뒤인 1950년 1월 17일에는 추가 제재를 발동했다. 이 날 미국은 북한을 적성국 교역법 적용 대상에 포함시켰다. 동시에 해외자산통제규정으로도 북한을 압박했다. 이것은 미국 내의 북한 자산을 동결하고 북한과의 무역 및 금융 거래를 사실상 전면적으로 금지하는 것이었다. 이 같은 미국의 대북 제재는 미국 동맹권의 대북 압박 참여로 이어졌다. 그래서 미국은 자국과 보조를 맞추는 국가들을 동원해서 북한을 경제적으로 압박하는 국제적 연대를 형성할 수 있었다.

이 같은 경제적 압박은 김현희의 대한항공 여객기 폭파 사건이 있은 직후인 1988년에는 한층 더 심해졌다. 미국은 북한을 테러지원국 명단에 넣음으로써 북한에 대한 경제제재를 한층 더 업그레

179

이드시켰다. 이 같은 제재는 1990년대 중반에 다소 완화되었다가 2002년 제2차 북·미 핵대결을 계기로 다시 강화되었고, 2006년 북한 핵실험 이후로는 강해졌다 약해졌다를 반복하고 있다.

물론 북한은 중국 및 소련과의 경제협력을 통해 미국의 경제제재를 어느 정도는 약화시키는데 성공했다. 또 미국의 경제제재를 받는 가운데서도 1970년대 초반까지는 한국보다 경제적 우위를 유지했다. 미국의 압박을 받으면서도 미국의 경제원조를 받는 한국을 능가했던 것이다. 하지만 1842년 체제가 작동하는 상황에서는 북한이 미국의 경제제재를 아무렇지도 않게 넘기기 힘든 이유가 있다. 그것은 미국이 세계의 돈줄을 쥐락펴락할 수 있는 큰손이기 때문만은 아니다. 거기에는 바닷길과 관련된 세계의 역학구도도 관련되어 있다.

지금까지 유라시아대륙에서 등장한 최대 무역로는 크게 세 가지였다. 가장 먼저 등장한 것은 초원길이다. 기원전 2세기까지 유라시아 최대의 무역로였던 초원길은 동유럽에서 중앙아시아 및 몽골초원을 거쳐 동아시아 북부까지 연결된 길이다. 이 길을 장악한 세력은 유목민들이었다. 어느 시대건 간에 길을 장악한 세력이 권력도 장악하기 마련이다. 초원길을 통해 인간·물자·정보가 이동했고, 이런 이동을 장악한 세력은 유목민이었다. 그래서 초원길이 유라시아 최대 무역로였던 초원길 시대에는 유목민이 세계를 지배했다. 이 시대에는 초원길을 장악했거나 초원길을 이용할 수 있는 세력이 영향력을 확보했다. 그래서 이 시대에는 유목민이 권력구도의 최상위에 서고 농경민이 그 다음, 해양민이 맨 꼴찌에 있었다. 여기서 말하는 해양민이라는 것은 최대 산업이 농경이든 유목이든 간에 육로가 아닌 해로를 통한 무역에 의존하는 민족을 지칭한다.

초원길을 배경으로 한 유목민의 시대는 기원전 2세기부터 농경민인 중국이 비단길을 개척하면서 흔들리기 시작했다. 유목민이 아니라서 초원길을 이용할 수 없었던 중국은 세계 문명의 중심인 오리엔트(중동과 북아프리카)와 동아시아 농경지대를 잇는 비단길을 개척했고, 이것을 바탕으로 유목민에 대한 우위를 확보했다. 비단길이 초원길보다 더 많이 이용되면서 권력의 중심은 유목민에서 농경민으로 이동했다. 그래서 비단길 시대에는 농경민이 우위에 서고 유목민이 그 다음에 서게 되었다.

물론 그렇다고 해서 이 시대에 농경민이 언제나 그런 우위를 차지한 것은 아니다. 농경민은 경제적으로만 유목민을 앞서고 군사적으로는 그렇지 못했다. 그래서 유목민이 열악한 경제력을 우수한 군사력으로 극복할 수 있는 상황에서는 유목민이 우위를 차지하기도 했다. 기원전 2세기 이후로 중국이 동아시아 패권을 장악하면서도 이따금씩 유목민족들에게 중원을 내준 것은 그런 이유 때문이다. 농경민과 유목민의 위상이 역전된 비단길 시대에도 해양민의 위상은 여전했다. 해양을 통한 무역에 의존할 수밖에 없었던 영국 및 서유럽이나 동아시아 해양권의 입장에서는 초원길과 비단길 모두 자신들의 영역에서 너무 멀리 떨어져 있었기 때문이다.

중국인들이 비단길을 개척한 것은 초원길을 이용할 수 없었기 때문이다. 초원길 시대를 극복하는 방법은 농경민이 접근하기 힘든 초원길을 정복하는 것이 아니라 농경민이 이용할 수 있는 새로운 길을 만드는 것이었다. 그래서 중국인들은 미친 척 하고 비단길을 개척했다. 초원으로 말 타고 달리는 것이 상식이던 시대에 모래로 된 사막에서 비단길을 개척하는 것은 미친 사람들이나 할 수 있는 일이었다.

중국인들이 그랬던 것처럼 15세기 후반의 서유럽 사람들도 미친 척 하고 바닷길을 개척했다. 대서양 횡단은 꿈도 꾸지 못하던 시대에 그들은 대서양을 횡단했고, 아프리카를 돌아 아시아로 가는 것을 꿈도 꾸지 못하던 시대에 그들은 아프리카를 횡단했다. 그들이 해양권에서 새로운 길을 개척하고 그 길을 통한 인간·물자·정보의 이동이 훨씬 더 많아짐에 따라 세계는 바닷길 시대로 접어들게 되었다. 바닷길 시대에 나타난 변화는 유목민도 농경민도 아닌 해양민들이 세계사의 주역으로 등장했다는 점이다. 16세기 이후 바닷길로 부를 축적한 서유럽은 19세기 중반에 아편전쟁을 통해 중국을 꺾고 세계 지배자의 지위에 올랐다. 일본 역시 이런 분위기에 편승해서 19세기 후반부터 세계적 강대국의 지위에 올랐다.

지금도 여전히 바닷길 시대다. 미국이 세계를 지배하는 근본적인 힘에는 핵무기도 있지만 이 같은 해양 지배력도 포함된다. 미국이 동아시아 해양세력을 핵우산으로 통제할 수 있는 것도 미국이 바닷길을 지배하고 있기 때문이다.

이 같은 구도는 미국의 대북 경제제재에 한층 더 힘을 실어주는 요인으로 작용하고 있다. 오늘날 북한이 해양으로 나가는 길은 기본적으로 미국에 의해 차단되어 있다. 물론 중국 해안을 따라 이동하는 길은 열려 있지만, 동북아시아에서 태평양이나 동남아로 가려면 타이완-오키나와-일본의 세 섬을 어떻게든 지나지 않으면 안 된다. 이들 지역은 모두 미국의 영향권 하에 있다. 바닷길이 세계 교류를 주도하는 상황에서 미국이 동아시아 바닷길을 장악하고 있기 때문에 미국의 대북 경제제재는 실효성을 발휘할 수밖에 없다. 물론 중국과 소련의 협력을 전제로 한 육로 교역의 가능성이 있기는 하지만, 바닷길이 국가의 흥망성쇠를 지배하는 시대에 바닷길을 이용할 수 없으므로 미국의 경제제재가 작동하는 한 북한이 경제 강국으로 성장할 수 없다. 이처럼 북한은 미국의 패권에 도전한 대가로 경제제재에 발목이 걸려 있다.

미국이 북한의 수출입을 견제하는 이 같은 구도는 19세기 중반 상황과는 너무나 대조적이다. 조선에 처음 접근할 당시 미국은 조선과의 무역을 간절히 원했다. 이때는 조선이 미국과의 교역을 거부했다. 그러나 미국이 패권을 장악한 오늘날에는 미국이 북한의 수출입 루트를 막고 있으니 격세지감을 느끼지 않을 수 없다.

그러나 세계 최강 미국이 1950년부터 경제제재를 가했는데도 북한이 아직까지 붕괴하지 않았다는 사실은 주목할 만하다. 오랫동안 공격을 가하고도 상대를 쓰러뜨리지 못한 자는 상대의 역공에 쉽게 허물어질 수도 있다. 미국이 세계 최강의 경제·군사력을 갖고 60년 넘게 제재를 가했으면서도 북한을 붕괴시키지 못했다는 것은 북한이 가할 의외의 역공에 미국이 취약한 입장에 처했음을 의미하는 것이다.

1960년대의 호기를 놓친 미국

하나의 핵우산으로 해양세력을 묶고 있다는 점은 미국이 동아시아에서 우위를 차지할 수 있었던 결정적 요인이다. 이에 더해 1960년대에는 미국을 한층 더 유리하게 만드는 또 다른 요인이 추가되었다. 그것은 한·미·일 삼각동맹이 형성된 데 반해 북한·소련·중국의 연대는 약화되었다는 점이다. 그래서 1960년대에는 북한이 미국과의 대결 구도에서 훨씬 더 불리한 위치에 놓이게 되었다.

그래서 정상적인 경우였다면 1960년대나 그 직후에 미국이 북한을 상대로 전면전을 벌일 만도 했다. 미국이 세계 최강이 된 지 불과 5년 만에 북한은 한국전쟁을 일으켜 미국의 체면을 상당 부분 떨어뜨렸다. 그리고 그 후로도 계속 미국의 권위에 도전했다. 그랬기 때문에 미국 입장에서는 북한에 대한 보복을 생각할 만도 했다.

특히 1960년대는 그런 시도를 할 만한 호기였다. 이념분쟁 및 국경분쟁으로 중국과 소련이 분열되고, 문화대혁명으로 북한과 중국이 분열되고, 쿠바 위기를 계기로 북한과 소련이 소원해진 때였다. 이런 상황에서 미국이 전쟁을 벌였다면 북한이 한국전쟁 때처럼 활약하기는 힘들었을 것이다. 중국이 없었다면 북한은 한국전쟁에서 살아남을 수 없었다. 이런 점을 고려하면 미국 입장에서는 북한의 동맹관계가 약화된 1960년대야말로 북한을 칠 수 있는 절호의 기회였다.

하지만 미국은 전면전을 벌이지 않았다. 아니, 벌일 수 없었다. 1960년대에 미국은 전선의 확대를 경험해야 했다. 그래서 북한을 압박할 기회를 놓칠 수밖에 없다. 미국의 국제전략에 과부하를 초래한 전선의 확대는 중동·쿠바·베트남에서 있었다.

1950년대만 해도 미국은 중동에서 라이벌 소련을 의식할 필요가 별로 없었다. 왜냐하면 중동에서 미국의 지위가 우월적이었기 때문이다. 미국의 방해로 소련은 중동에 대한 영향력을 확대하지 못했던 것이다. 그런데 중동과 북아프리카 지역에서 민족주의가 고조되면서 상황에 변화가 생기기 시작했다. 이 지역의 신생국들은 미국이든 소련이든 자국에 이익만 되면 손을 잡을 수 있다는 실용주의적 입장을 견지했다. 그래서 사정에 따라서는 소련이 틈을 비집고 영향력을 행사할 수도 있게 되었다.

이런 상태에서 35세의 민족주의 장교인 가말 압달 나세르가

1952년에 이집트에서 쿠데타를 일으키고 이듬해에 부총리 겸 내무장관으로 정권을 장악했다. 그는 1954년에는 총리가 되고, 1956년에는 대통령이 되었다. 그는 미국이 이끄는 1세계와 소련이 이끄는 2세계 사이에서 중립을 선언한 뒤 2세계 진영에서 무기를 수입했다. 그러자 1953년에 제34대 미국 대통령으로 취임한 드와이트 아이젠하워 밑에서 외교적 실권을 장악한 존 포스터 덜레스는 나세르에 대한 압박 정책을 실시했다. 압박의 수단은 아스완하이댐이었다. 이 댐은 나일강의 홍수를 조절하고 관개용수를 확보하고자 나세르가 계획한 것이었다. 댐의 건설 자금은 미국이 대기로 했었다. 덜레스는 그 자금의 제공을 철회했다. 그러자 나세르는 건설비용을 충당할 목적으로 영국인 소유의 수에즈운하를 국유함으로써 영국·프랑스·이스라엘과의 군사적 충돌을 초래했다.

상황이 생각 밖으로 확대되자 아이젠하워 대통령은 세계대전이 발발할지도 모른다는 우려 하에 삼국 군대의 철수를 종용했다. 결국 이집트는 운하 국유화에 대한 대가로 8100만 달러를 영국에 지불했다. 이로 인해 아스완하이댐의 건설비용을 어떻게 충당할 것인가가 문제되었지만 소련이 지원을 해주기로 함에 따라 이 문제는 해결되었다. 결국 이집트에 대한 덜레스의 압박은 중동과 북아프리카에 대한 소련의 영향력을 확대시키는 결과를 초래하고 말았다. 중동에서 소련과 경쟁하지 않으면 안 되게 된 것이다.

쿠바에서는 1959년에 피델 카스트로와 체 게바라가 주도한 사회주의 혁명이 발생했다. 이로 인해 미국은 코앞에 적을 두어야 하는 곤란에 처하게 되었다. 이것은 미국이 자신의 앞마당에서 군사적 긴장을 고조시키도록 만드는 결과를 초래했다.

미국이 카스트로 정권에 대해 얼마나 큰 부담을 느꼈는가는 아이젠하워 대통령이 퇴임한 1961년 1월 이전에 미국이 쿠바 침공 계획을 수립한 사실에서 잘 드러난다. 이 계획은 후임자인 케네디 대통령에게 이어지고, 케네디 정권 하인 1961년 4월 17일 미국의 지원을 받는 쿠바인 망명자 2천 명이 쿠바 서부 해안인 피그스만에 침투하는 사건으로 이어졌다. 미국은 망명자 부대를 통해 쿠바 정세를 교란하면 쿠바 국민들이 자발적으로 카스트로에 대항할 것이라고 계산했지만 망명자 부대는 쿠바 정부군에 의해 궤멸되고 말았다.

이듬해인 1962년에 쿠바는 소련의 핵미사일 기지를 유치하려고 시도함으로써 미국의 간담을 또 한 번 서늘하게 만들었다. 물론 이런 시도는 소련의 후퇴로 물거품이 되었지만, 이것은 중남미 지역에 대한 미국의 전략적 부담을 가중시키는 결과를 초래했다. 미국은 중남미 지역의 동요를 막을 목적으로 쿠바 위기 전에 중남미판 마셜계획을 채택했다. 1961년 8월 채택된 이 계획은 미국이 중남미 지역에 200억 달러의 원조를 제공하는 것이었다.

미국이 새로이 신경 써야 할 곳은 중동이나 중남미뿐만이 아니었다. 베트남에 대해서도 신경을 써야 했다. 미국의 위신이 베트남 전쟁을 계기로 추락했다는 점은 널리 알려져 있다. 그런데 원래 베트남은 미국이 그렇게까지 신경을 써야 할 필요가 없는 곳이었다. 이곳은 본래 프랑스의 식민지였다. 앞에서 1860년대에 서양열강이 청나라에 대한 직접침략 전략을 포기하고 청나라를 둘러싼 U자 라인에 대한 간접침략 전략으로 선회했다는 언급을 한 바 있다. 이때 프랑스가 침략한 곳이 베트남이다. 그런 베트남에 미국이 주목하게 된 것은 제2차 대전 때 일본과 전쟁을 하면서부터다. 인도차이나반도에서 일본군을 몰아내는 데 주의를 기울이는 과정에 베트남 문제에 관심을 갖게 된 것이다.

제2차 대전 뒤에 프랑스가 베트남 식민지를 되찾으려 하자 호치민은 이에 맞선 전쟁에서 승리를 거둬 북위 17도 이북을 해방시키는 성과를 거두었다. 베트남의 분단은 민족상잔의 비극으로 연결되었다. 1959년에 서방 편에 선 남부의 베트남공화국이 공격을 개시하고, 1960년에는 북부의 베트남민주공화국이 베트남판 빨치산인 베트콩이 남부에서 게릴라전을 수행하도록 지원함으로써 베트남전쟁은 시작되었다. 미국은 세계 패권국이므로 동남아든 어디든 문제가 발생하면 달려갈 수밖에 없다. 결국 미국은 1965년에 북위 17도 이북에 대한 폭격을 단행함으로써 전쟁의 성격을 베트남 대 미국의 대결로 바꾸어버렸다. 이로써 이 전쟁은 베트남의 문제가 아니라 미국의 문제가 되고 말았다. 그래서 훗날 패전으로 인한 미국의 부담도 훨씬 더 배가될 수밖에 없었다. 이 전쟁으로 인한 미국의 부담이 얼마나 컸는가는 미군이 베트남에 투하한 폭탄의 양으로도 확인된다. 미국은 이 전쟁에서 총 320만 톤의 폭탄을 투하했다. 이것은 제2차 대전과 한국전쟁 때 투하한 것보다도 훨씬 더 많은 양이었다. 미국의 위신 추락만큼이나 폭탄도 많이 투하됐던 것이다.

미국이 남의 전쟁에 과도하게 개입하게 된 데는 도미노 이론의 영향이 적지 않았다. 이 이론을 제시한 사람은 앞서 언급한 덜레스 국무장관이었다. 그는 중국·북한·북베트남에 이어 남베트남까지 공산화되면 주변 지역이 연쇄적으로 공산화될 것이므로 남베트남을 지원해야 한다는 논리를 만들었다. 이 논리에 따라 과도한 역량을 투입했지만 그 결과는 참혹했다.

이렇게 1960년대 들어 미국은 중동·중남미·동남아에서 새로운 싸움판을 벌여야 했다. 그래서 동북아에서 조성된 유리한 국면을 제대로 활용할 수 없었다. 이로 인해 미국은 국제적으로 수세에 몰린 북한을 상대로 승부를 걸 수 없었다. 그래서 미국은 1960년대의 호기를 놓치고 말았다. 이런 상태로 시간이 흘러 탈냉전 시대가 도래하고, 북한과 미국은 탈냉전이라는 새로운 상황에서 다시 맞대결을 펼치게 된다.

탈냉전이라는
새로운 무대

새로운 환경에 놓인 북한과 미국

1960년대에 미국은 동북아에서는 상대적 우위를 증대시켰지만 세계적 범위에서는 점차 힘이 부치기 시작했다. 북아프리카 및 중동과 중남미, 베트남 등지에서 새로운 판을 벌여야 했기 때문이다. 새로운 판을 벌린 것보다도 그 판을 제대로 통제할 수 없었다는 것이 더 큰 문제였다. 이런 상황에서 미국은 스스로 힘이 부족하다는 것을 인정하지 않을 수 없었다. 그래서 나온 것이 유명한 닉슨 독트린이다.

1969년 7월, 제37대 대통령으로 취임한 지 6개월 밖에 안 되는 닉슨은 자치정부가 통치하는 미국령인 괌을 방문했다. 미국 영토 중에서 가장 서쪽에 있어서 미국의 하루가 시작되는 곳인 동시에 미국 영토 중에서 아시아와 가장 가까운 곳인 이곳에서 닉슨은 아시아에 대한 원칙적 불개입 주의를 천명했다. 미국은 향후 베트남전쟁과 같은 군사적 개입을 피하며 특별한 경우가 아니면 아시아 문제에 개입하지 않겠다는 것이 닉슨 독트린의 주요 내용이었다.

닉슨 독트린은 주한미군에 대한 미국의 정책에도 영향을 미쳤다. 주한미군을 감축함으로써 미국의 부담을 줄이는 방안이 모색된 것이다. 일본의 무조건 항복 이후 한국에 들어온 미군은 7만 7천 명 정도였다. 한국전쟁 때문에 32만 5천 명까지 늘어난 이 숫자는 1955년에 8만5천 명으로 떨어지고 1960년대에는 6만 명 선을 유지했다. 그러다가 닉슨 행정부가 주한미군 철수를 단행함에 따라 1971년에는 4만3천 명으로 줄어들었다.

주한미군 철수 계획은 박정희 정권과 미국의 관계를 악화시키는 요인으로 작용하다가 나중에는 박정희가 핵개발을 추진하는 상황을 초래하게 되었다. 만약 박정희가 핵개발에 성공했다면 이것은 미국의 동아시아 핵우산에 파열구를 낼 수밖에 없었다. 해양세력 안에서 미국 핵우산의 보호를 받지 않고 독자적인 핵우산을 갖는 국가가 출현하는 것은 미국의 동아시아 패권을 훼손하는 일이 될 수밖에 없었다. 박정희의 계획이 성공했다면 동아시아 세력 판도는 훨씬 더 복잡해졌을 것이다.

그런데 한국의 핵 보유는 장기적으로 보면 미국보다는 북한에 더 불리하게 작용했을 것이다. 미국은 언젠가는 동아시아에서 떠날 수밖에 없는 국가이지만 북한은 이곳을 떠날 수 없는 국가다. 그렇기 때문에 북한 입장에서는 한민족 내에서 핵을 독점하는 것이 필수적이다. 만약 박정희가 핵개발에 성공했다면 북한으로서는 대미 대결 구도에서 혼선에 직면했을 것이다. 그래서 10·26은 미국뿐 아니라 북한에도 다행스러운 일이었다. 이 정도로 닉슨 독트린에 기초한 주한미군 철수는 동아시아에 연쇄적인 대혼란을 초래할 뻔했다.

민주당 출신인 린든 존슨 대통령이 베트남전쟁에서 저지른 과오를 공화당 출신 대통령으로서 시정하겠다는 의지를 보인 측면도 있는 이 독트린은 미국의 힘이 한계에 봉착했음을 인정한 것으로서, 데탕트 혹은 탈냉전을 가속화시켰다는 점에서 의의가 크다고 할 수 있다. 이것은 비단 아시아에 대해서만이 아니라 전 세계에 대해 화해의 제스처를 보낸 것이라고 평가할 수 있다. 이렇게 미국은 자국의 하루가 시작되는 서태평양 섬에서 자국의 하루가 저물어가고 있다는 것을 스스로 인정하지 않을 수 없었다.

소련 역시 미국과 비슷한 처지에 봉착했다. 미국은 1960년대에 새로운 판을 벌리느라 힘들었지만 소련은 동유럽 공산권에서의 지도력을 유지하느라 힘들었기 때문이다. 소련은 공산주의 종주권을 놓고 중국과 경쟁을 벌여야 했을 뿐만 아니라 유고·폴란드·루마니아·알바니아·체코를 적극적으로 통제하지 않으면 안 되었다. 미국은 제1세계를 이끌면서도 자국이 세계 패권국이라는 것을 명확히 드러내지 않았다. 반면에 소련은 인접한 동유럽 위성국들을 상대로 자국이 지도국가라는 것을 명확히 드러내고자 했다. 레닌이 1917년 혁명에 성공한 이후로 소련은 외국 공산당의 독자성을 인정하지 않았다. '프롤레타리아국제주의'라는 논리 하에 외국 공산당을 소련 공산당의 지부 정도로 인식했을 따름이다. 소련이 힘이 있었을 때는 이런 논리가 통했다. 그래서 각국 공산당에서 행사를 열 때에도 스탈린 만세를 먼저 외친 뒤 자기 나라 지도자 만세를 외쳤을 정도다. 하지만 제2차 대전 이후로 소련의 영향력은 현저한 도전을 받았다.

소련의 실패는 미국의 실패보다 훨씬 더 현저했다. 1956년 헝가리의 반정부 투쟁이나 1968년 체코 프라하의 봄에서 드러나는 것처럼 공산권에서는 소련에 대한 저항이 명확한 군사적 저항으로 나타났다. 여기에다가 1961년에는 알바니아가 소련의 종주권을 거부하고 중국 편에 서기까지 했다. 이런 상황이었기 때문에 소련은 자국이 주도하는 제2세계에 대해서는 강경한 입장을 취하고 미국이 주도하는 제1세계에 대해서는 유화적 입장을 취할 수밖에 없었다. 그렇기 때문에 소련 입장에서는 닉슨 독트린으로 탈냉전이 본격화되는 것을 반대할 이유가 없었던 것이다.

미·소 냉전 구도 하에서 최초로 출현했으므로 제1차 탈냉전이라 할 수 있는 이런 흐름은 기본적으로 미·소 양국의 역량 부족에 기인하는 것이다. 제2차 대전 후 어수선한 상황 속에서 잠시 위력을 발휘했던 양국의 주도권은 세계 각 지역이 안정을 찾아감에 따라

빛을 잃어갔다.

위에서 언급한 것 외에 제1차 탈냉전을 가져온 또 다른 요인은 비동맹주의를 천명한 제3세계의 결집이다. 1955년 4월 이른바 반둥회의라 불린 아시아·아프리카 회의 이후 성립된 제3세계는 미국 주도의 제1세계와 소련 주도의 제2세계에 맞서 자주독립을 천명한 나라들을 포함했다. 아시아·아프리카를 거점으로 등장한 제3세계는 미·소 주도의 세계체제를 해체하는 요인으로 작용했고, 이것은 1960년대 후반부터 세계질서가 제1차 탈냉전으로 빨려가도록 만드는 데 기여했다.

북한이 미국보다 불리한 처지에 놓인 1960년대의 후반에 본격화된 탈냉전은 얼핏 보면 북한 쪽에 숨통을 틔어주는 것처럼 보일 수도 있었다. 하지만 이 상황은 북한에게 불리한 방향으로 작용했다. 환경은 새로워졌지만 북한의 처지는 개선되지 않았던 것이다. 그렇다면 이런 상황에서 북한은 어떻게 대처법을 찾아나갔을까.

제1차 탈냉전과 북한의 처지

제1차 탈냉전이 시작되면서 세계 정치지형에 변화가 생겨났다. 종전에 대립했던 국가들 사이에서 교류 움직임이 나타나면서 냉전구도가 흔들리기 시작한 것이다. 동아시아도 예외가 아니었다. 동아시아 대륙세력과 해양세력 사이에서도 상호 접근이 나타났다.

그 중에서 가장 의미가 큰 사건은 중국과 미국의 접근이었다. 미국과 중국은 1971년부터 이른바 핑퐁외교를 시작하여 1972년에는 정상회담까지 가졌다. 한편, 중국과 일본은 1972년 9월 공동코뮈니케를 발표하여 국교정상화를 선언했다. 제1차 탈냉전에서 최대의 이익을 얻은 것은 중국이었다. 중국은 동아시아 해양세력의 양대 축인 미국·일본과 관계를 개선함으로써 외교적 운신의 폭을 넓히는 데 성공했다. 또 중국은 미국의 협력 하에 국제연합에서의 중국 대표권을 얻어 1971년 10월 국제연합에 가입하고 안보리 상임이사국 지위를 획득했다.

탈냉전의 훈풍은 한반도에도 불어왔다. 남과 북은 1972년 '7·4남북공동성명'을 통해 자주·평화·민족대단결의 원칙에 합의했다. 물론 이 과정이 남북 양측의 의사만으로 이루어진 것은 아니다. 여기에는 이보다 먼저 이루어진 중·미 간의 데탕트가 영향을 미쳤다. 동아시아에서 냉전을 완화하려면 중국과 미국의 뜻만으로는 부족했다. 남북의 냉전을 완화해야만 중국과 미국의 냉전 완화도 가능했다. 그래서 미국이 중국과 남과 북에 대화를 권유하는 역할을 한 것으로 보인다.

미국이 한국에 대화를 제안했다는 것은 명확한 사실이다. 1964년부터 1967년까지 주한미국대사를 지낸 윌리엄 포터는 "남북 대화가 이루어질 수 있는 영역을 찾아본다는 견지에서 북한 측에 눈을 돌려보는 것이 좋지 않겠느냐는 미국의 견해를 한국 측에 이야기했다."면서 "미국은 이 같은 가능성에 대해서 한국 측과 조용한 토의를 계속해왔다."고 밝혔다. 이렇게 미국이 한국에 남북대화를 제안한 뒤에 대한적십자사 최두선 총재가 북한에 이산가족찾기운동을 제의하면서 남북대화의 물꼬가 트이기 시작했다.

미국이 한국에 한 것처럼 중국이 북한에 했을 가능성은 상당히 높다. 북한이 한국의 이산가족찾기운동 제안을 받아들인 것은 백악관 안보담당 보좌관인 헨리 키신저가 1971년 8월 베이징을 비밀 방문한 뒤로부터 한 달 뒤의 일이다. 키신저가 베이징에 있을 때 김일성 역시 베이징을 방문 중이었다. 이때 주은래(저우언라이) 총리는 "한반도 문제 해결을 위해서는 남북 쌍방 간의 화해가 이루어지도록 방법이 모색되어야 한다."고 말했다. 이것은 이 시기의 중국이 북한을 상대로 남북대화에 나서도록 권고했을 가능성을 보여준다. 이처럼 남북 간의 화해 무드는 중국과 미국의 화해로부터 영향을 받는 가운데 진행되었다.

자주·평화·민족대단결의 통일 원칙을 천명한 남북공동성명 발표로 인해 한국에서는 금방이라도 통일이 이루어질 것 같은 분위기가 조성되기도 했지만, 이런 분위기는 더 이상 발전하지 못했다. 공동성명의 주역 중 하나인 박정희는 이런 분위기를 유신체제를 선포하는 데 활용했고, 또 다른 주역인 김일성도 이런 분위기 속에서 1972년 헌법 개정을 계기로 자신의 유일체제를 확립하는 데 성공했다. 박정희가 이른바 영도적 대통령제를 통해 집권 기반을 공고히 했듯이, 김일성도 그에 못지않은 주석제를 통해 정권 기반을 강화했다. 남과 북의 정부는 7·4공동성명을 계기로 한 일시적 긴장완화를 대내적 기반을 굳히는 데에 활용했을 뿐, 이것을 통일을 위한 발판으로 활용하지는 못했다. 그래서 제1차 탈냉전은 남북 간 경계를 허무는 계기로는 작용하지 못했다.

설령, 남북이 통일을 위한 발걸음을 내디뎠다 해도 미국과 중국이 이를 방관하지는 않았을 것이다. 미국과 중국이 7·4공동성명을 위한 분위기를 조성해준 것은 한반도의 긴장 국면이 자신들의 데탕트에 지장을 주지 않도록 하기 위한 것에 불과했다. 한반도 통일을 돕고자하는 진정한 의도에서 그렇게 한 것은 아니었다. 그렇기 때문에 미·중이 만들어준 그런 분위기가 한반도 통일에 기여하기는 처음부터 쉽지 않았다.

결국 동아시아에서 제1차 탈냉전을 통해 이익을 얻은 것은 중국·미국·일본의 순이었다. 남북은 실질적인 성과를 얻지 못한 채 통일의 원칙만 확인하는 수준에 머물렀다. 이런 가운데 최대의 손실을 입은 나라는 이른바 자유중국 혹은 대만인 중화민국이었다. 1972년에는 일본이, 1979년에는 미국이 대만과 국교를 단절했다. 대신 양국과 대만의 관계는 비(非)정부 간 관계로 격하되었다. 거기다가 대만은 안보리 상임이사국 자리를 중국에 빼앗겼다.

제1차 탈냉전에서 중국·미국·일본은 흑자이고 대만은 적자인 데 비해, 남북은 적자인지 흑자인지 명확하지 않다는 것은, 1960년대 후반부터 북·미관계에서 북한의 위력이 상대적으로 떨어지고 미국의 위력은 상대적으로 높아졌음을 의미한다. 1960년대부터 북한에 대한 우위를 높이던 미국이 탈냉전의 분위기 속에서 대북 우위를 한층 더 제고했던 것이다.

미국은 북한의 최대 동맹국인 중국에 접근하는 데 성공했다. 그래서 어느 정도는 중국과 손을 잡았다. 이것은 한국전쟁 때처럼 중국이 북한의 동맹국이 되어주지 않을 것임을 한층 더 명확히 하는 것이었다. 물론 북한은 중·미 접근을 미국의 영향력 약화로 해석했지만, 그것이 미국보다는 북한에 불리한 것이었다는 점은 객관적으로 명확한 일이었다.

미국의 묵인 속에 중국과 일본이 화해한 것도 북한에게는 불리한 요인이었다. 북한은 해방 이래 일본에 대해 적대적 태도를 견지했다. 1948년 9월 10일 최고인민회의 제1차 회의에서 김일성이 내각수상 명의로 발표한 〈정부 징강〉에 언급된 것처럼, 일본뿐만 아니라 일본과 연합하는 국가에 대해서도 북한은 "우리 민족의 원쑤로 인정할 것"이라고 경고했다.

이런 가운데서도 북한은 일본 정부와 일본 국민을 분리하는 접근법을 취하면서 대일 접근을 계속 시도했다. 한국전쟁 2년 뒤인 1955년 2월에는 남일 외무상 명의로 북·일관계 정상화를 위한 교섭도 제안했다. 북한 입장에서는 미국의 아시아 대리인인 일본과의 관계개선을 통해 미국의 동아시아 전략을 교란시킬 수 있을 뿐만 아니라 미국의 대북 경제봉쇄를 약화시킬 수 있었다. 또 일본이 북한을 국가로 인정하도록 함으로써 대한민국의 정통성에도 상처를 입힐 수 있었다. 하지만 미국이 북·일수교를 승인할 리 없었으므로 북한의 노력은 번번이 실패로 돌아가고 말았다. 미국의 압력 하에서 북한의 수교 요청을 외면하던 일본이 1972년에 중국과는 국교를 체결했다. 이것은 미국이 중·일관계를 통해서도 북한을 압박할 가능성을 얻게 되는 것이었다. 그래서 북한으로서는 더욱 더 고립될 수밖에 없었다. 이 때문에 1960년대 후반부터는 미국과의 대결에서 북한이 한층 더 불리해졌다. 이런 상황에서 미국은 마침내 북한에 대한 공격 카드를 꺼내들었다.

미국의 대북 공세 강화 – 푸에블로호 사건

한국전쟁 이래 북한은 미국과의 대결에서 결정적인 장애를 안고 있었다. 그것은 먹고 사는 길이 기본적으로 미국에 의해 봉쇄되어 있다는 점이다. 물론 미국의 경제봉쇄가 100% 철저한 것은 아니었지만 세계 최강이 먹고 살 길을 막고 있다는 사실은 북한처럼 땅덩어리가 크지 않은 나라로서는 이만저만한 부담이 아닐 수 없다. 이런 상태에서 제1차 탈냉전으로 북한의 입장은 한층 더 불리해졌다.

객관적으로는 동아시아에 훈풍이 불었지만, 자세히 살펴보면 대만 다음으로 손해를 본 나라는 북한이었다.

하지만 제1차 탈냉전으로 북한이 약화되었다고는 해도 미국이 북한을 상대로 전면전을 일으킬 수는 없었다. 미국은 여전히 동아시아 밖에서 고전하고 있었다. 또 미국이 1960년대 후반부터 북한의 입지를 한층 더 약화시킬 수 있었던 것은 중국과의 관계 개선 덕분이었는데, 중국과의 관계를 개선한다고 하면서 북·미관계를 전쟁 국면으로까지 몰고 갈 수는 없었다. 이것은 결국 중국을 전쟁터로 불러내는 것과 마찬가지였다. 그래서 미국은 북한을 한층 더 불리하게 만들기는 했지만 북한을 상대로 전쟁을 벌일 수는 없었다. 하지만 이런 호기를 놓칠 수만은 없었다. 그래서 미국은 전쟁까지는 가지 않는 선에서 북한에 대한 압박의 강도를 높였다. 이 같은 미국의 의도를 반영한 것이 푸에블로호 사건이다.

세계가 탈냉전을 향해 달려가던 시기인 1968년 1월 23일, 미국 정보수집함 푸에블로호가 북한 원산항에 바짝 접근했다. 정보 수집을 목적으로 북한 영해를 침범했던 것이다. 이 배는 북한군에 나포되었다. 이 과정에서 미군 병사 하나가 저항하다가 목숨을 잃었다.

미국은 이것을 선전포고로 간주했다. 베트남 전쟁 때문에 골머리를 앓고 있던 린든 존슨 대통령은 핵공격을 가능케 하는 대통령 명령을 발포했다. 1962년 쿠바 미사일 위기 이후 6년 만에 미국이 공식적으로 핵전쟁까지 각오했던 것이다. 물론 엄밀히 말하면 각오가 아니라 위협이었다고 해야 할 것이다. 이 정도로 당시 미국은 자존심에 커다란 상처를 입었다.

만약 푸에블로호가 한 주일만 늦게 침범했다면 미국이 그 같은 반응을 보일 수 없었을지도 모른다. 1964년에 미국이 북베트남을 상대로 폭격을 개시한 후로 미국과 연합군의 전력이 증강되는 것을 지켜보던 북베트남과 베트콩은 1968년 1월 30일을 기해 남베트남 전역에서 일제 봉기를 개시했다. 결국 이것은 존슨 행정부를 움츠리게 만드는 결과를 초래했다. 그렇기 때문에 푸에블로호가 한 주일만 늦게 침범했다면 미국이 그렇게 보복에 집착하지 않았을 수도 있었고, 그렇게 됐다면 푸에블로호 사건은 아주 조용히 끝났을 수도 있었다.

북한의 자국 선박 나포에 대해 백악관이 핵전쟁도 불사하겠다는 태도를 보임에 따라 공군 예비역 1만5천 명에게 전쟁 동원령이 내려지고, 엔터프라이즈호 등 항공모함 3척이 북한 해역에 급파됐다. 북한에 대한 해상봉쇄에 나선 것이다. 또 전투기 372대도 출격 태세를 갖추었다. 언뜻 보면 미국이 제2의 한국전쟁이라도 일으킬 것처럼 비치는 상황이었다. 이런 상태에서 미국은 원산만에 대한 폭격을 공언했다. 하지만 이것은 제스처에 불과했다. 미국은 베트남에서 전쟁을 치르고 있었다. 또 중국과는 관계 개선을 해야 할 상황이었다. 이런 상황에서 동아시아에서 새로운 전쟁을 벌이는 것은 누가 봐도 어리석은 일이었다. 하지만 미국은 위협을 주는 방식으로 북한의 굴복을 받아내려 한 것이다. 최소한 굴복은 아니라도 북한이 추가적 행동을 하는 것만이라도 막아내려 했을 것이다.

하지만 북한은 미국의 의도대로 움직이지 않았다. 오히려 북한은 위기를 고조시켰다. 북한은 미국의 정당성을 약화시키는 방법으로 대응에 나섰다. 푸에블로호가 의도적으로 북한 영해를 침범했음을 인정하는 미군 장교들의 진술서를 《노동신문》에 게재하고, 미군 선원 82명이 린든 존슨 대통령에게 보내는 서한도 같은 신문에 게재했다. 이 서한에서 미군 장교들은 북한 영해 침범을 솔직히 인정하라고 백악관에 촉구했다.

2005년 5월 워싱턴에 있는 우드로윌슨국제학센터가 공개한 구소련 비밀문서에 따르면 이 시기에 김일성은 전면전까지 각오하고 있었다. 문서에 따르면 김일성은 "미국이 푸에블로호 파견에 이어 지역에서 군사력을 증강하고 동해에 항공모함들을 배치하고 있다."면서 "만일 전쟁이 발생하면 소련이 군사력을 지원해 달라."고 소련에 요청했다. 하지만 소련은 이 요청을 거부했다. 이것은 북한이 미국과의 전면전에도 대비하고 있었음을 의미한다.

반면에 미국은 내심으로는 전쟁을 할 생각이 없었다. 그러면서도 북한을 위협해 항복을 받아내려는 의도를 갖고 있었다. 북한이 미국의 도덕성을 공격하고 나왔으니 북한이 항복할 의사가 없는 것은 누가 봐도 명확했다. 미국은 단독으로는 북한을 굴복시킬 수 없겠나고 판단했다. 이때 미국은 구한말의 접근법을 다시 동원했다. 북한에 영향력을 행사할 국가를 물색한 것이다. 구한말에 미국은 청나라를 통해 조선을 압박하려다가 그것이 실패하자 신미양요를 일으켰다. 그런 뒤 일본의 도움을 빌려 조선과의 대화 채널을 열려 했지만 이 역시 실패했다. 그러다가 결국 청나라의 도움을 빌려 조·미수호통상조약을 체결했다.

이런 선례를 경험한 미국은 북한의 주변국들을 움직이기로 했다. 먼저 소련의 힘을 빌리고자 했다. 소련을 움직여 북한이 미국에 사과하도록 하는 방안을 모색한 것이다. 하지만 이 접근법에는 문제가 있었다. 미국은 선례에 따라 그렇게 했지만, 그것은 선례를 면밀히 검토하지 않은 결과였다.

조선이 1882년 청나라의 중재로 조·미수호통상조약을 체결한 것은 미국과의 국교 체결이 왕권 강화 차원에서 외세를 끌어들이려는 고종의 전략과 맞아떨어졌기 때문에 가능한 일이었다. 청나라가 중재한 덕분에 가능한 일이기도 했지만 무엇보다 고종이 서양열강을 필요로 했기에 가능한 일이었던 것이다. 따라서 조선이 원치 않았다면 청나라가 아무리 열심히 중재한다 해도 조·미관계의 돌파구가 열릴 수 없었다. 당시 청나라 황제 광서제 명의의 상유에서 '청나라가 조선 문제에 간섭하는 것은 쉽지 않다'는 문장이 있었다는 점을 앞에서 소개했다. 청나라의 중재는 조선이 그것을 수용할 의사가 있을 때에만 관철될 수 있는 것이었다.

1968년 당시의 북한도 그랬다. 북한은 제3국의 중재를 받아들일 의향이 없었다. 중국은 물론이고 소련도 마찬가지였다. 북한은 이미

두 나라에 실망한 상태였다. 또 두 나라에 기대지 않더라도 푸에블로호 국면을 유리하게 전개할 수 있다는 자신감이 있었다. 무엇보다 미국은 베트남 전쟁에 발이 묶여 있었다. 거기다가 푸에블로호 선원들의 진술까지 확보했다. 그래서 미국을 도덕적으로 압박할 명분도 있었다. 이런 상태에서 소련의 말을 듣고 미국한테 사과할 이유는 없었다. 북한의 입장이 이러했기 때문에 소련의 중재는 처음부터 사실상 불가능한 일이었다.

미국의 요청을 받은 소련이 중재에 나서기는 했지만 이것은 아무런 힘도 발휘하지 못했다. 이에 관한 에피소드가 학자적 저널리스트로 유명한 리영희의 《고백》에 소개되어 있다. 미국의 요청을 받고 나선 사람은 당시 외무장관이었던 안드레이 그로미코였다. 그는 제2차 대전 말부터 소련 외교의 선봉에 섰던 인물이다. 1946년 4월 유엔주재 소련 대표가 된 그는 한국전쟁 당시 안보리 회의에 불참하여 거부권 행사를 포기함으로써 유엔군이 한국전쟁에 참전하는 길을 열어준 인물이다. 북한과는 인연이 좋지 않은 사람이었다.

그로미코는 북한 대사를 외무성에 호출했다. 소련 측의 의도를 알고 있는 북한 대사는 이 호출에 불응했다. 이 사건은 전 세계 언론의 뜨거운 관심을 받았다. 아무리 압박을 가해도 북한 대사는 움직이지 않았다. 그러자 마음이 급했던 소련 외무차관이 직접 나섰다. 그는 자신의 차를 식섭 몰고 북한 대사관을 방문했다. 주재국의 외무장관이나 차관이 대사관을 방문하면 보통은 대사가 현관까지 영접을 나온다. 그런데 소련 차관을 영접한 인물은 대사도 아니고 일등서기관도 아니고 이등서기관도 아니었다. 외교관 중에서 최하위 직인 삼등서기관이었다. 북한은 소련의 중재를 거부하겠다는 의사를 이렇게 표현했던 것이다. 제3국을 통한 간접적 북·미 접촉은 받아들이지 않겠다는 의지의 표현이었다.

항공모함을 보내 해상봉쇄도 해보고 전쟁 위협도 해보고 소련을 내세워도 보았지만, 북한은 끝까지 흔들리지 않았다. 이제 미국이 할 수 있는 것은 북한을 직접 상대하는 것뿐이었다. 미국이 북한과 협상할 뜻이 있었다는 것은 사건 발생 초기에 이미 나타났다. 1월 30일부터 북베트남과 베트콩의 일제 봉기로 베트남전쟁에서 한층 더 수렁에 빠졌으니 그런 뜻을 품는 것은 당연했다.

2월 말경에 미국 정부는 길버트 우드워드 육군 준장을 군사정전위원회 유엔측 수석대표로 파견할 움직임을 추진했다. 그는 미 육사에서 정치학을 강의한 실력파로 알려져 있었다. 그가 수석대표가 되어 한국에 부임한 이래 북한과 미국의 협상은 그를 통해 진행됐다. 사건 초기에 정치적 감각이 있는 장군을 파견한 것은 미국이 처음부터 전쟁할 뜻이 별로 없었음을 보여주는 것이다. 군사정전위는 휴전협정의 실천을 목적으로 한 기구이지만 이를 통해 북·미 양국은 쌍방 간의 군사적 대결을 최소화하는 성과를 거두고 있었다. 이것은 제한적이나마 북·미 간의 직접적 대화 창구가 될 수도 있었다.

미국은 바로 이 군사정전위를 통해 북한과 접촉하여 푸에블로호 사건을 논의했다. 미국 대표 길버트 우드워드가 내놓을 수 있는 최상의 선택은 잘못을 인정하는 것뿐이었다. 결국 그는 군사정전위 회담을 통해 미국의 영해 침범을 인정하고 재발 방지를 약속했다. 물론 그는 자국 선원들을 돌려받기 위해 미국의 잘못을 인정할 뿐이라는 단서를 달기는 했다. 이에 대해 북한은 선원 81명과 유해 1구를 돌려주기로 했다. 이에 따라 북한에 대한 해상봉쇄도 풀렸다. 이렇게 사건은 그 해 12월에 해결되었다.

하지만 북한은 푸에블로호 선체는 돌려주지 않았고 이를 대동강에 전시해놓았다. 1866년 제너럴셔먼호 사건을 연상케 하는 동시에 미국에 대한 항전의 의지를 보여주고자 했던 것이다. 한국전쟁 이후에 처음 벌어진 양국의 대규모 대결은 이렇게 북한의 완승으로 끝났다. 미국이 유리한 상황에서 벌어진 이 사건은 뜻밖에도 미국의 완패로 끝났다.

미국 비행물체가 격추되다

푸에블로호 사건이 종결된 지 4개월 뒤인 1969년 4월 15일이었나. 이때는 북베트남이 1968년 1월 30일 이래 남베트남에서 봉기 작전을 벌인 뒤로 미국과 남베트남이 수렁에 빠진 이후였다. 그 해

5월부터 북베트남과 미국 간에는 파리 협상이 진행됐다. 전쟁의 실패 때문에 존슨 대통령은 불출마선언까지 해야했다. 이런 상태에서 1969년 1월 리처드 닉슨이 대통령에 취임했다. 그러니까 1969년 4월 15일은 북베트남과 미국이 협상 국면에 있을 때였다.

4월 15일, 이날은 북한의 최대 명절이다. 김일성의 57회 생일인 이날, 북한 창공에 미군 비행기 한 대가 출현했다. 미 해군 전자 정찰기인 EC-121기였다.

EC-121기는 동해상의 북한 영공을 서슴없이 침범했다. 북한이 축제로 어수선한 분위기를 틈타 정보 수집활동을 하고자 했던 것이다. 그러나 이 정찰기는 목적을 달성하지 못했다. 북한 방공사령부가 침입을 금방 탐지하고 곧바로 요격 명령을 내렸기 때문이다. 긴급 발진한 미그 21기는 레이더에 포착된 적기를 향해 공대공미사일을 발사해 격추시켰다. 정찰기에 탑승한 미 해군·해병 31명은 전원 바다 속으로 익사했다. 동해에서 미군 함정이 나포된 지 13개월 만에 미군 정찰기가 격추된 것이다. 미 해군에 속한 함선과 비행기가 13개월 간격으로 북한의 공격에 무력화됐으니 미합중국의 체면 못지않게 미 해군의 체면도 이만저만이 아니었다. 그것도 리처드 닉슨이 제37대 대통령으로 취임한 지 3개월도 안 돼 이런 일이 생겼으니 미국의 치욕은 한층 더 심각할 수밖에 없었다.

미국은 또다시 발칵 뒤집혔다. 공화당 출신의 닉슨 대통령은 푸에블로호 사건의 치욕을 씻고자 했다. 그는 민주당 소속의 전임자인 린든 존슨과의 차별성을 보여줘야 할 필요성이 있었다. 그래서 보복전의 분위기를 주도했다. 푸에블로호 때는 베트남전 상황이 좋지 않을 때였지만, 1969년 4월 이때는 그때보다는 상황이 나았다. 그래서 닉슨이 자신감을 품을 수 있었던 것이다.

이때 닉슨 대통령과 함께 콤비로 활약한 인물이 헨리 키신저 안보담당 특별보좌관이다. 두 사람은 푸에블로호 때처럼 압박과 봉쇄로 북한을 굴복시킨다는 작전을 구사했다. 이에 따라 미국은 두 개의 항공모함 전투선단을 동해에 출동시키고 F-4 전투기를 주한미군 기지에 긴급 배치하는 한편, 북한에 대해 핵공격 위협을 가했다. 핵공격 위협을 가하기는 했지만 이번에도 미국의 내심은 북한의 자진 굴복을 받는 것이었다. 베트남전 상황이 조금 안정됐다고 해도 아직 끝난 것은 아니었다. 그렇기 때문에 한반도에서 또 다른 싸움을 벌이는 것은 자폭이나 마찬가지였다. 그러므로 닉슨-키신저 콤비의 전략은 위협을 통한 굴복을 지향하는 것이 될 수밖에 없었따.

하지만 이런 전략은 불과 4개월 전에 실패로 종결된 것이었다. 푸에블로호 사건은 1968년 12월에 미국의 참패로 종결됐다. 그런 전략을 고작 4개월 뒤에 다시 채택한 것이다. 그러니 닉슨-키신저의 접근법은 실패를 예고하는 것이나 마찬가지였다. 당연하게도 미국의 압력은 북한의 굴복을 이끌어내는 데 실패할 수밖에 없었다. 오히려 북한의 전의만 불태워줄 뿐이었다. 북한은 군사분계선 부근을 비행하던 미군 헬리콥터를 격추하는 방식으로 대결 의지를 과시했다.

EC-121기 격추 사건이라 불린 이 사건도 푸에블로호 사건과 동일한 궤적을 밟았다. 미국은 사태 확산을 막고자 스스로 물러났다. 이번에도 재발 방지를 약속하는 문서에 서명하고 물러선 것이다. 1년 전에 바다에서 치욕을 당한 미국은 이번에는 공중에서 두 번씩이나 치욕을 당하고 물러났다.

미국이 북한에 정찰선과 정찰기를 파견한 것 자체는 충분히 있을 수 있는 일이었다. 문제는 미국이 과도한 대처법을 선택해서 북한을 자극하고 이로 인해 사태를 확산시켰다는 점이다. 베트남에서 큰일을 치르고 있는 상황에서 북한과의 문제가 불거지도록 만들었기 때문이다. 베트남에서 곤경을 겪고 있는 상황에서도 미국이 북한을 위협해서 굴복을 관철시키려 한 것은 1960년대부터 해양세력의 우위가 상대적으로 강화되고 1960년대 후반에 시작된 동아시아 탈냉전의 분위기 속에서 북한의 외교적 입지가 상대적으로 축소되었기 때문이라고 볼 수 있다. 이 때문에 미국이 북한의 처지를 지나치게 열악하게 평가했고 이것이 미국의 실패를 부르게 된 요인이었다고 볼 수 있다.

북한, 비동맹외교로 반격하다

북한은 1972년까지는 엄밀한 의미의 사회주의국가가 아니었다.

이른바 인민민주주의 국가였다. 진정한 의미의 프롤레타리아 국가가 아니라 부르주아·지주·소시민계급과의 연대가 허용되는 나라였던 것이다.

이 점은 1948년 9월에 제정된 헌법에도 반영되어 있었다. '조선민주주의인민공화국 헌법'이라는 명칭을 가진 이 헌법의 제2조에서는 "조선민주주의인민공화국의 주권은 인민에게 있다."고 선언했다. '노동자'가 아닌 '인민'이라는 표현을 사용한 것은 노동자 계급이 1948년 당시의 북한 사회를 온전히 주도하지 못했기 때문이다. 또 제5조에서는 "생산수단은 국가, 협동단체 또는 개인 자연인이나 개인 법인의 소유다."라고 규정했다. 개인에게도 생산수단의 소유를 인정했던 것이다. 그러니까 1948년 이후의 북한은 자본주의식 민주주의에서 사회주의로 이행하는 과도기를 걷는 나라였다.

이랬던 북한이 1972년에 가서 사회주의 헌법을 선포하고 국가체제를 사회주의로 일신했다. 7월 4일에 남북공동성명이 있었고 10월 17일 한국에서 유신이 선포되고 나서 2개월 뒤인 1972년 12월에 제정된 북한 헌법은 명칭부터가 사회주의적이다. 24년 만에 개정된, 아니 새로 제정됐다고 해야 할 이 헌법의 명칭은 '조선민주주의인민공화국사회주의헌법'이다. 이 헌법 제7조에서는 "주권은 노동자, 농민, 병사, 근로인텔리에게 있다."라고 선언함으로써 1948년 헌법의 인민 주권을 넘어섰다. 또 제18조에서는 "생산수단은 국가 및 협동단체의 소유"라고 선언함으로써 개인 소유를 부정했다. 이렇게 북한은 1972년 연말에 가서 사회주의 체제로 공식 전환했다.

이 같은 사회주의체제로의 전환은 김일성 정권이 그간에 박일우의 연안파, 허가이의 소련파, 박헌영의 남로당파, 박금천의 갑산파 등과의 권력투쟁에서 최종적으로 승리하여 독재체제 구축에 성공했음을 반영하는 것이기도 하지만, 1960년대 이래 미국의 대북 압박이 강화됨에 따라 이에 대항하는 과정에서 김일성의 권력 기반이 오히려 공고해졌음을 보여주는 것이기도 했다. 특히 제1차 탈냉전기에 미국의 대북 압박이 강화된 것이 김일성의 권력 강화를 도와줬다는 점은 1974년 2월에 김일성의 아들 김정일이 서른을 좀 넘긴 나이에 후계자로 내정된 사실에서도 드러난다. 이렇게 미국의 압박 속에서 김일성의 권력 강화와 후계자 세습화가 추진되는 가운데 북한은 진정한 의미의 사회주의 국가로 변신했다.

그런데 1970년대 초반에 진정한 의미의 사회주의 국가로 변신한 것과 상반되는 현상이 북한의 대외정책에서 나타났다. 1970년대 들어 북한 외교가 비(非)사회주의적 특성을 띠기 시작한 것이다. 이것은 제3세계의 비동맹 외교에 대한 북한 외교의 태도 변화를 가리키는 것이다. 북한은 1970년대 이전만 해도 비동맹 외교에 대해 관망하는 자세를 취했다. 그랬던 북한이 1970년대부터 여기에 적극적으로 참여했던 것이다.

제1세계·제2세계 어디에도 편중되지 않고자 하는 아시아·아프리카 국가들의 외교노선인 비동맹 외교에 대해 1970년대 이전만 해도 북한은 심정적 지지는 보내되 참여는 하지 않는 태도를 보였다. 1963년 신년사에서 김일성이 했던 것처럼 비동맹권을 반(反)제국주의 역량으로 높이 평가하는 수준이었다.

그런 북한이 제1차 탈냉전기에는 비동맹 외교를 중시하는 태도를 보이기 시작했다. 이때부터 북한이 제3세계 나라들에 외교사절을 파견하거나 초청하는 횟수가 급증했다. 북한은 1975년에는 페루 리마에서 열린 제5차 비동맹국 외무장관 회의(비동맹국 외상회의)에 정식 회원국으로 참여했다. 한편 북한은 미국과 가까운 북유럽 국가들과 호주를 상대로도 관계를 개선하거나 국교를 체결했다.

이런 결과로 남과 북의 수교국 숫자가 비슷해졌다. 1958년까지만해도 북한의 수교국이 한국의 수교국보다 많았다. 1950년에는 북한 12개국, 한국 6개국이었고 1958년에는 북한 14개국, 한국 11개국이었다. 그러다가 1959년에는 한국 15개국, 북한 14개국으로 역전됐다. 동아시아에서 해양세력이 강화된 1960년대에는 한국의 우위가 계속 유지됐다. 1968년에는 한국 79개국, 북한 27개국으로까지 차이가 벌어졌다. 그러다가 1970년대 초반이 북한이 비동맹 외교를 강화하면서 맹추격에 나서더니 1975년에는 한국 93개국, 북한 87개국으로 엇비슷해지는 상황이 됐다. 이렇게 외교적 영역을 넓히는 가운데 북한은 시리아·탄자니아·소말리아 등의 40여 국가에 대한 군사지원 등을 통해 비동맹권에 대한 영향력을 증대시켰다.

북한은 양자 간 외교뿐만 아니라 다자 간 외교에도 관심을 기울였다. 유엔에는 가입할 수 없었지만 유엔 산하 기구를 비롯한 국제 기구에 회원국으로 가입한 것이다. 이에 따라 1973년에는 세계보 건기구(WHO)에 가입하고, 1974년에는 국제연합교육과학문화기구 (UNESCO)와 만국우편연합(UPU), 세계지적재산권기구(WIPO)에 가 입했다. 1977년에는 국제원자력기구(IAEA)와 식량농업기구(FAO)에 도 가입했다. 훗날 제1차 핵대결 때 미국과의 대결장이 될 IAEA에 이때 가입한 것이다.

북한이 1970년대에 외교적 지평을 정력적으로 넓힌 것은 1960년 대 및 제1차 탈냉전기가 자신의 입지를 축소시킨 데 대한 반작용의 성격을 갖고 있다고 볼 수 있다. 미국의 압박으로 동아시아에서 입 지가 축소되자 제3세계로 눈을 돌려 외교적 지평을 넓히고자 했던 것이다. 북한은 비동맹권과의 유대를 강화함으로써 국제무대에서 정통성을 확보하고 미국의 정당성을 약화시키는 방법을 모색했다. 북한은 리마에서 열린 제5차 비동맹국 외무장관 회의에서는 한반도 에서 외국군을 철수해야 하며 휴전협정을 평화협정으로 대체함으 로써 한반도 통일을 촉진해야 한다는 계획서가 채택되도록 만들었 다. 미국의 대북 적대정책이 국제사회에서 명분을 잃도록 하는 데 상당한 성과를 거둔 것이다.

판문점에서 도끼를 휘두르다

1976년 8월, 북한과 미국 간에 돌발 충돌이 발생했다. 이른바 '판문점 도끼' 사건이다. 이 사건은 판문점 공동경비구역의 남쪽 지역에 있는 포플러나무를 미군 병사들이 자르는 데서부터 시작됐다.

공동경비구역의 남쪽 지역은 지금 같으면 유엔군 관할이라서 북한군이 도끼를 휘두를 만한 곳이 아니다. 지금의 공동경비구역은 뉴스에 자주 나오는 회담장을 중심으로 남과 북으로 나뉘어 있다. 하지만 당시에는 공동경비구역 전체가 북한과 유엔의 공동 관할 하에 있었다. 그래서 남쪽 지역에도 북한군 초소가 있었다. 양쪽 초소가 군데군데 산재해 있었던 것이다.

공동경비구역 왼쪽에는 사천강이 남북으로 흐르고 있다. 그 강과 공동경비구역을 연결하는 강이 두 개 있다. 북쪽에 있는 '72시간 다리'는 군사분계선 북쪽에 있고, 남쪽에 있는 '돌아오지 않는 다리'는 분계선 남쪽에 있다. 72시간 다리는 당시만 해도 없었다. 그때는 돌아오지 않는 다리뿐이었다. 이 다리는 휴전협정 뒤에 포로 교환이 이루어진 것이다. 포로들이 이곳에서 방향을 선택하면 그들의 운명은 다시 돌이킬 수 없었다. 돌아올 수 없는 운명이 되는 곳이었던 것이다. 그 뒤 북한과 유엔이 함께 이용하던 이 다리는 판문점 도끼 사선을 계기로 공동경비구역 내에 군사분계선이 설정됨에 따라 북한측이 이용할 수 없는 다리가 되었다. 그래서 북한이 72시간 동안

공사를 해서 만든 다리가 바로 72시간 다리다.

사건이 터진 곳은 '돌아오지 않는 다리'의 오른쪽 옆이었다. 회담장을 기준으로 하면 남서쪽이었다. 다리의 오른쪽 끝부분에는 한국군이 사용하는 유엔군 초소가 있었다. 세 개의 북한군 초소가 이 한국군 초소를 삼각형으로 둘러싸고 있었다. 이런 상황이기 때문에 위쪽에 있는 또 다른 유엔군 초소가 돌아오지 않는 다리 주변을 멀찍이서 관측하고 있었다.

그런데 또 다른 유엔군 초소의 시야를 가리는 것이 있었다. 바로 포플러나무였다. 이 나무가 너무 높게 자란 탓에 미군측이 제대로 관측을 하기가 힘들었다. 그래서 도끼를 든 미군 장교 두 명이 30여 명의 사병을 데리고 나무에 접근했다. 북한군 소위 박철이 작업 중단을 요구하자 미군 대위 보니파스 및 중위 바렛은 개의치 않고 작업을 강행했다. 그러자 박철의 지휘를 받는 북한 병사 네 명이 미군을 저지하고자 맨손으로 달려들었다. 나중에는 북한 병사들이 더 많이 가담했지만, 처음에는 북한 병사가 넷뿐이었다. 북한 병사들이 달려들자 당황한 미군이 도끼를 집어던졌다. 날아오는 도끼를 받아든 북한 병사는 두 명의 미군 장교를 그 자리에서 쓰러뜨렸다. 두 사람은 목숨을 잃었다. 이로 인해 북한 병사 몇 명과 미군 병사 30여 명 사이에 난투극이 벌어졌고, 싸움은 태권도 유단자들의 승리로 끝났다.

1968년 푸에블로호 사건 및 1969년 EC-121기 추락 당시 미국은 베트남전쟁에서 고전을 면치 못하고 있었다. EC-121기가 추락한 지 4년 뒤인 1973년 1월에 베트남과 미국은 평화협정을 체결하고 전쟁을 끝냈다. 1년 뒤인 1974년 1월부터 베트콩과 남베트남 사이의 무력 충돌이 재연되었고 1975년에는 북베트남이 대규모 공세를 시작했다. 결국 1975년 4월 30일 남베트남의 수도인 사이공이 함락되고 전쟁은 북베트남의 승리로 종결됐다. 7월 2일 남북을 아우르는 통일 국가인 베트남사회주의공화국이 수립되는 것으로 베트남 문제는 일단락을 짓게 되었다.

판문점 사건은 그로부터 1년 뒤에 벌어진 일이다. 미국은 충격에서 헤어나지는 못했어도 베트남전쟁 때보다는 운신의 폭이 넓었다. 이런 분위기가 있었기에 미국은 판문점 사건에 대해 강경한 대처법을 내놓을 수 있었다. 이번에는 미국 쪽에 명분도 있었다. 그래서 미국은 자신 있게 대응할 수 있었다.

1971년 리처드 닉슨 대통령(공화당) 밑에서 국무장관에 취임하고 후임자인 제럴드 포드 대통령(공화당) 때도 자리를 지킨 헨리 키신저는 이번에는 북한을 제대로 응징하겠다며 강경 대응을 준비했다. 그는 판문점 도끼 사건이 벌어지자 북한과의 전쟁을 주장했다. 그는 핵무기를 실은 B-52 폭격기를 괌에서 출격시켜 한반도 상공에서 전력 질주하도록 했다. 공중 위협을 연출한 것이다. 상황에 따라서는 전쟁을 일으킬 수도 있다는 무력 시위였다. 하지만 베트남 전쟁의 충격에서 온전히 벗어나지 못한 미국이 새로운 전쟁을 일으키는 것은 무리였다. 결국 키신저의 주장은 신중론에 묻혀 실행되지 못했다.

이 사건은 북한이 미군 사망자에 대한 유감을 구두로 표시하는 선에서 마무리되었다. 배상금 및 사죄, 범인 처벌을 요구하는 미국의 목소리는 묵살되었다. 한편 미군이 미처 베지 못한 포플러나무는 태권도 단증이 있는 한국군 병사들의 호위 속에 잘려졌다.

판문점 사건은 북한 측의 과격한 대응 때문에 벌어진 사건이지만, 이것은 미국의 대북 접근법에 담긴 문제점을 노출했다. 푸에블로호나 EC-121기 때처럼 미국은 당장에라도 전쟁을 일으킬 것처럼 위협을 가했을 뿐, 아무런 성과도 없이 망신만 당하고 번번이 끝냈다. 전쟁 분위기만 연출하지 않았어도 미국의 망신이 그렇게 크지는 않았을 것이다. 미국은 1960년대부터 북한이 동아시아에서 수세에 몰린 점에만 주목하고 무력행사가 뒷받침되지 않는 위협만 가했다가 북한에게 번번이 속을 들키고 말았다. 미국이 새로운 대처법도 내놓지 않으면서 계속해서 북한을 위협한 데에는 대규모 전쟁을 일으키지 않는 선에서 지역의 위협을 끊임없이 유지하려는 고려도 있었다고 볼 수 있다.

베트남전쟁 이후의 상황

베트남전쟁은 미국이 개입하지도 않아도 되는 전쟁이었다. 도미노이론에 대한 과도한 집착이 부른 재앙이었다. 이 불필요한 재앙에 휘말리는 바람에 미국은 세계 지도국가로서의 위신을 훼손당했을 뿐만 아니라 10년 세월을 허비하는 우를 함께 범했다. 또 이로인해 제1차 탈냉전 환경을 스스로 초래하고 말았다. 냉전을 전제로 패권을 행사하는 국가가 스스로 냉전의 기초를 허물고 만 것이다.

하지만 이런 중에도 미국은 동아시아에서만큼은 오히려 위상을 강화하는 성과를 얻었다. 한·미·일 삼각동맹의 구축을 통해 대륙 세력에 대한 우위를 확보했을 뿐만 아니라 제1차 탈냉전을 통해 대(對)중국 관계를 개선하는 결실도 얻었다. 북한은 미·중 간의 핑퐁외교를 미국의 항복으로 해석했지만 제1차 탈냉전으로 입지가 축소된 쪽은 미국이 아니라 북한이었다.

이로 인해 자신감을 가진 미국은 푸에블로호 사건과 EC-121기 사건 때 북한을 상대로 위협을 가하고 전쟁 분위기를 연출했다. 베트남에서는 몰라도 동아시아에서만큼은 밀리지 않는다는 자신감을 과시하려 한 것이다. 하지만 북한이 보여준 의외의 반응에 놀란 미국의 시도는 실패했고, 그 실패의 반복을 피하지 못했다. 이렇게 강공 분위기를 연출하는 중에 미군은 동아시아의 긴장 완화 및 중국과의 관계 개선을 위해 주한미군을 감축했다. 그 결과 미국은 예전처럼 동아시아에서 영향력을 행사하기 힘들게 되었다.

한반도에서 군대를 빼는 동안에도 미국은 자국의 위력이 이 지역에서 결코 줄어들지 않았다는 점을 보여줄 필요가 있었다. 주한미군 철수로 미국의 퇴조가 명확히 드러날 경우 전 세계적 차원에서 미국은 고전할 수밖에 없었다. 또 미국과의 한판 승부라면 언제라도 불사하겠다는 북한 지도부가 미군 철수를 보고 어떤 자신감을 가질 지도 알 수 없었다. 그래서 미국은 주한미군은 철수하지만 동아시아에서 미군의 위력은 줄지 않았다는 것을 과시할 필요가 있었다. 또 베트남전쟁으로 추락된 위신을 회복하자면 미국의 군사적 역량을 과시할 필요가 있었다. 이 때문에 나온 것이 1976년부터 시작된 팀스피리트 한·미연합훈련이다.

1976년에 들어서면서 미국은 1954년부터 시행된 포커스 렌즈 훈련을 을지 포커스 훈련으로 전환시키는 동시에 팀스피리트 훈련을 별도로 만들었다. 포커스 렌즈는 한반도에 있는 한국군과 주한미군의 공동보조를 목표로 한 훈련이다. 이에 비해 팀스피리트는 미국 본토의 미군이 유사시에 한반도에 진입해서 한국군 및 주한미군과 협조체제를 구축할 수 있도록 하는 것을 목표로 했다. 미군은 한반도에서 감축되지만 언제라도 한반도에 투입될 수 있음을 보여주기 위한 훈련이었던 것이다.

북한 코앞에서 벌어지는 팀스피리트 훈련은 물론 북한에게 위협을 줄 수 있다. 하지만 상황을 뜯어보면 이 훈련 속에서 어떤 공허

함 같은 것을 느낄 수 있다. 기본적으로 이 훈련은 미군이 한반도에 충분히 주둔할 수 없기 때문에 벌어지는 것이다. 미국이 한반도나 주변 지역에 북한을 능가할 만한 전력을 상시적으로 배치할 역량이 있다면 이런 훈련은 애당초 불필요한 것이다. 유사시에는 언제라도 한반도에 군대를 급파하겠다고 하지만 한국전쟁 이후로 미국은 북한을 상대로 개전하는 것을 기피했다. 전쟁을 할 마음이 있었다면 푸에블로호 사건 때나 EC-121기 사건 때 일을 벌였어야 했다. 자국 군대의 선박과 비행기가 적국에 의해 격추됐는데도 미국은 말로만 위협했을 뿐 실제로는 아무것도 하지 못했다. 이제까지 그랬던 나라가 국력이 계속 약화되는 상황에서 미래에 한반도를 보호하고자 군대를 파견한다는 것은 앞뒤가 맞지 않는다.

그래서 팀스피리트 훈련은 실상은 실속 없는 일이라고밖에 볼 수 없다. 중국과의 관계를 고려해서라도 중국 주변에서 전쟁을 벌일 수 없는 나라가 단지 자국의 체면 때문에, 혹은 한국의 보호를 위해 군대를 파견할 리는 없는 것이다. 중동처럼 석유가 매장된 곳이라면 모를까 한반도에서는 미국이 그럴 이유가 없다. 이제까지 인류 역사가 걸어온 길을 보더라도 자국 군대를 어느 해외 지역에 파견해서 어떤 식으로 전쟁을 치르겠다며 연례적으로 대규모 군사훈련을 벌이는 강대국은 드물었다. 진짜 전쟁 의사가 있다면 굳이 팀스피리트 같은 것을 벌일 이유가 없는 것이다.

팀스피리트 훈련이 시작된 것은 1976년 6월 10일이다. 그로부터 두 달 뒤인 8월 18일에 태권도 유단자들이 판문점에서 미군을 상대로 도끼를 휘둘렀다. 미국이 전쟁할 마음이 있었다면 이때라도 전쟁을 벌였어야 한다. 이것은 팀스피리트가 실상은 실전에 대비한 훈련이 아님을 보여주는 것이다.

이런 점을 고려하면 팀스피리트 훈련은 장래에 발생할지 모르는 한반도 유사시를 대비하기 위한 게 아니라 지금 당장에 미국의 패권을 유지하기 위한 도구에 불과하다고 결론을 내릴 수밖에 없다. 다시말해 북한의 위협을 지속적으로 부각시키고 이를 바탕으로 위기를 상존시키는 게 미국의 목표라고 볼 수밖에 없는 것이다.

또 팀스피리트 훈련을 실시한다는 것은 미국이 북한과의 관계를 단기간에 끝내기보다는 상당히 긴 호흡을 갖고 장기적으로 끌고 갈 생각임을 보여주는 것이다. 1970년대 중반부터 북한은 미국을 상대로 평화협정 체결을 제안했다. 이런 북한에 비해 미국은 북·미 대결구도를 가급적 장기간 끌고 갈 생각이었던 것이다.

속사정은 어떻든 간에 미국이 팀스피리트 같은 대규모 연합훈련을 실시하기 시작했다는 것은 베트남전쟁의 충격에서 어느 정도 벗어나 국력을 추스르는 상황에 진입했음을 의미한다. 이런 가운데 1980년대에 접어들면서 미국의 국력이 어느 정도 회복되는 경향이 나타났다. 1981년에 취임한 제40대 대통령 로널드 레이건은 세금 삭감과 재정지출 축소로 대표되는 레이거노믹스를 바탕으로 비록 부유층을 위한 것이기는 하지만 미국 경제를 회복시키는 데 성공했다. 이와 더불어 팔레스타인해방기구와 이스라엘의 대립 등으로 인해 중동에서는 어려움을 겪었으나, 소련과의 경쟁에서는 우위를 확보하는 데 성공했다.

한편, 소련은 1960년대 중반부터 1970년대 초반까지 미국이 베트남전쟁에서 겪은 실패로부터 응당한 교훈을 얻지 못했다. 소련은 중동 석유에 대한 탐욕을 억제하지 못하고, 사회주의 계열의 집권당인 아프가니스탄 인민민주당에 대한 저항을 분쇄할 목적으로 1979년 12월에 아프칸 침공을 감행했다. 제2차 대전 이후 소련이 동유럽 밖으로 군대를 파견한 것은 이때가 처음이었다. 소련의 아프간 점령은 서울올림픽이 있었던 1988년까지 계속됐지만, 이것은 소련에게 인적·물적 피해를 주었을 뿐만 아니라 사회주의 종주국의 위상까지 훼손시키는 결과를 초래했다. 미국이 베트남에 추악하게 뛰어든 것처럼 소련도 아프간에 그렇게 달려들었다는 이미지가 조성되었다. 이런 가운데 1985년 소련공산당 서기장이 된 고르바쵸프의 주도 하에 추진된 개혁·개방(페레스트로이카·글라스노스트)은 동유럽에 대한 소련의 영향력을 약화시키고 나아가 1990년에 동서독 간의 베를린 장벽이 붕괴되고 동유럽 공산당들이 권력을 잃는 결과를 초래했다.

독일 통일과 동유럽 지각변동은 소련이 자기 옆에 있는 동유럽조차 관리할 수 없는 나라임을 증명했다. 이것은 냉전의 한 축이 무너지는 것을 의미했으며, 세계 현대사에 제2차 탈냉전을 불러왔다. 미국도 이로부터 자유로울 수 없었다. 이제 북한과 미국의 대결도 제2차 탈냉전이라는 새로운 무대에서 펼쳐지게 된다.

북한과 미국의 핵대결

6

벌집을 발견한 미국

1990년대 초반 세계는 약 20년 만에 다시 탈냉전 시대로 진입했다. 해빙의 기운이 세계를 녹이기 시작한 것이다. 현대사에 등장한 두 번째 탈냉전이므로 제2차 탈냉전이라고 할 수 있는 이 현상과 함께 동아시아에서도 냉전이 부분적으로 와해되기 시작했다. 유럽의 베를린 장벽뿐만 아니라 동아시아 대륙세력과 해양세력 사이의 장벽도 무너지기 시작한 것이다. 물론 동아시아에서는 그것이 부분적인 현상에 불과했다. 유럽에서는 몰라도 동아시아에서는 여전히 미국의 패권이 힘을 발휘하고 있었기 때문이다.

제2차 탈냉전에서 가장 인상적인 성공을 거둔 나라는 한국이다.

노태우 정권은 서독이 1960, 70년대에 했던 동방정책과 유사한 북방외교를 통해 헝가리(1989년) 같은 동유럽 사회주의 국가뿐만 아니라 동아시아 대륙세력인 소련(1990년) 및 중국(1992년)과도 국교를 체결했다. 해양세력인 한국이 적대세력인 소련·중국과 관계를 개선한 것이다. 이에 비해 북한의 성적은 미미했다. 1991년에 일본과 수교회담을 갖고 한국과 남북기본합의서를 체결했지만, 그 이상의 진전은 이루지 못했다.

한편, 제1차 때처럼 이번에도 가장 큰 불이익을 당한 쪽은 대만이었다. 대만은 한·중수교와 함께 한국과의 정치적 관계를 상실했다. 1970년대에 일본·미국과의 관계가 끊어진 데 이어 한국마저 잃게 된 것이다. 이제 대만은 동아시아에서 설 자리가 없었다. 그래서 1993년부터 대만은 동아시아 외교를 포기하고 동남아 및 태평양 쪽으로 눈길을 돌렸다. 이른바 남방외교 혹은 남향외교를 전개했다. 이 시기에 가장 큰 이익을 얻은 한국 외교는 북방외교였고, 가장 큰 손실을 입은 대만의 외교는 남방외교였다는 점에서 묘한 대조를 이룬다.

한국의 북방외교 중에서 북한을 가장 긴장시킨 것은 한·중수교였다. 한·중수교는 한반도 유사시에 중국이 어떤 태도를 취할 것인지와 관련한 예측 가능성을 복잡하게 만들었다. 어차피 북한은 1960년대부터 중국을 신뢰하지 않았지만, 중국이 한국과의 유대를 강화하는 것은 북한에게는 이로운 일이 아니었다. 이것은 동아시아에서 북한의 운신의 폭이 그만큼 좁아진다는 것을 의미했다. 동시에 이것은 미국이 북한을 압박할 수단이 그만큼 많아진 것을 의미했다. 한·중수교 11년 뒤인 2003년부터 중국이 사실상 미국의 대리인이 되어 6자회담을 이끈 것은 두 차례의 탈냉전 때 중국이 한·미·일 삼국과 수교를 체결한 데에서 기인한 측면도 있다고 볼 수 있다.

이처럼 제2차 탈냉전으로 인해 동아시아 외교적 역학관계에서 북한은 더욱 더 불리해지게 되었다. 탈냉전이 시작되면 냉전에 기초한 미국의 힘이 약해지는 게 상식인데 대북관계에서만큼은 그런 이치가 통하지 않았다. 미국은 세계 여타 지역에서는 위상의 약화를 경험했지만 북한과의 관계에서만큼은 탈냉전을 유용하게 활용했다. 제1차 핵대결 때 클린턴 정권이 대북 전쟁을 불사할 듯한 태도를 보인 것은 기본적으로 이런 자신감이 있었기 때문이라고 볼 수 있다. 물론 대(對)중 관계나 중동 사정 때문에 실제로 전쟁을 할 수는 없었지만, 그런 분위기를 연출할 수 있었다는 것만으로도 미국의 자신감을 엿볼 수 있다.

그래서 별다른 변수가 없었다면 제2차 탈냉전 시기에 북한이 더욱 더 고개를 숙였어야 한다. 그런데 의외의 상황이 벌어졌다. 북한이 전면전을 불사할 듯한 태도를 보이며 오히려 미국을 압박한 것이다. 북한은 핵개발이라는 새로운 이슈를 갖고 미국에 맞섰다. 이것은 10여 년 전만 해도 미국이 생각지도 못한 대결 구도였다. 핵은 세계 5

대 강국만이 합법적으로 보유할 수 있는 것이었다. 북한이 핵을 놓고 미국과 싸운다는 것은 미국 입장에서는 어떨지 몰라도 북한 입장에서는 세계 패권을 놓고 싸우는 것으로 해석될 수도 있었다.

미국 입장에서는 다소 엉뚱한 상황일 수도 있는 이런 일이 벌어진 것은 제2차 탈냉전 직전부터 미국이 북한의 핵개발 가능성에 주목하면서부터였다. 미국이 그 가능성에 주목하게 된 것은 비유하자면 벌집을 발견한 것과 마찬가지였다. 이 벌집이 북·미 핵대결의 단초가 된 것이다. 이 벌집을 모른 체 하고 그냥 지나칠 수 있었다면 미국 입장에서는 오히려 다행스러웠을 것이다. 하지만 이것은 그냥 지나칠 수 있는 것이 아니었다. 이것은 현대 세계의 지배권을 좌우하는 핵무기와 관련된 것이었다. 그래서 미국은 결코 지나칠 수 없었다. 이 때문에 미국은 이 문제를 터뜨릴 수밖에 없었다. 이제 북·미관계는 핵대결이라는 공전의 양상으로 발전한다.

누가 걸려든 것일까?

북한의 핵개발은 1980년대에 가시화 단계에 접어들었다. 북한은 1977년에 NPT 조약의 집행기관인 IAEA에 가입했고, 8년 뒤인 1985년 12월 12일 NPT에도 가입했다.

그런데 북한의 NPT 가입은 상식적으로 이해할 수 없는 일이었다. 물론 북한은 소련의 권유를 받고 NPT에 가입했다. 즉, 핵발전소를 지어줄 테니 NPT에 가입하라는 권유를 받고 가입했던 것이다. 하지만 이 약속은 소련의 붕괴로 인해 지켜지지 않았다. 소련의 권유가 계기가 되기는 했지만 이것만으로는 북한이 NPT에 가입한 동기를 온전히 설명할 수 없다. 푸에블로호 사건에서 드러나듯이 북한은 소련의 말을 듣는 나라가 아니었다. NPT 가입은 주권 침해를 자초할 수 있는 일이었다. 주권 침해의 소지가 있다 하여 중국·프랑스 같은 나라도 가입을 기피한 바 있었다. 이처럼 주권 침해를 초래할 수 있는 일을 단순히 소련의 권유 때문에 결정했을 리는 없다. 그런데도 북한은 순순히 가입을 결정했다. 왜 그랬을까?

북한이 NPT에 가입한 이후 이상한 일들이 생겼다. 북한 내부의 의심스러운 정황들이 서방세계에 포착되기 시작한 것이다. NPT 가입 이듬해인 1986년, 미국과 프랑스의 정찰위성은 평안북도 영변에서 핵시설의 존재를 파악했다. 미국의 신경을 자극하는 정황은 그것으로 끝나지 않았다. 이상한 정황들이 속속 포착되기 시작했다. 일례로, 1987년까지 60억 달러 상당의 우라늄 연석이 북한에서 소련으로 이동했다는 정보도 입수되었다. 영변 핵시설 인근에서 핵폭탄 기폭 테스트로 추정되는 고성능 폭약 테스트가 실시되고 있다는 정보도 입수되었다. 이런 일들로 인해 미국은 북한이 핵무기를 개발하고 있다는 확신을 갖지 않을 수 없었다.

북한의 핵무기 개발은 중국·소련의 그것과 달리 위험한 일이었다. 북한이란 나라가 핵무기를 개발한다는 게 위험한 일이라는 뜻이 아니다. 또 북한이 미국과 대등한 전쟁 억지력을 갖게 되기 때문에 위험한 일이라는 뜻도 아니다. 북한은 동아시아 대륙세력이다. 그래서 북한까지 핵을 개발하면 북한·중국·소련이 저마다 핵을 갖게 되어 대륙세력의 분열은 한층 더 심해진다. 이런 점은 미국한테 불리하지 않다. 하지만 문제는 다른 데 있다. 북한이 핵을 갖게 되면 한국과 일본이 동요하게 된다. 한국과 일본은 중국이나 소련이 핵을 갖는 것은 그냥 지켜볼 수도 있다. 하지만 북한에 대해서는 태도가 달라진다. 북한이 핵을 가지면 한국과 일본은 공포심을 가질 수밖에 없고 이것은 두 나라의 핵무장 시도를 부를 수 있었다. 이것은 미국의 핵우산이 찢어지는 것을 의미한다. 그래서 북한의 핵개발은 중국이나 소련의 그것보다 훨씬 더 위험한 일이다. 적어도 미국 입장에서는 그랬다.

그래서 미국은 곧바로 반응을 보였다. 종전에 미국이 취한 태도와 비교할 때, 이때 보여준 미국의 자세는 상당히 부드러운 것이었다. 미국은 기존처럼 북한을 상대로 곧바로 으름장을 놓는 일은 하지 않았다. 갑작스레 미국은 전혀 색다른 접근법을 취했다. 북한과의 직접 교섭을 선택한 것이다.

1988년 10월, 미국은 북경에서 북한과 교섭을 가졌다. 북경 접촉에서 미국은 핵무기 개발을 포기하고 IAEA의 사찰을 받을 것을 요구했다. 미국의 요구는 무조건적인 사찰이었다. 이에 대해 북한은 5

대 조건을 내걸었다. IAEA 사찰을 수용하는 데 대한 반대급부를 요구한 것이다. 첫째는 팀스피리트 군사훈련을 중지하는 것이고, 둘째는 남북과 미국의 3자회담을 여는 것이고, 셋째는 한국에 배비한 핵무기를 철수하는 것이고, 넷째는 주한미군을 철수하는 것이며, 다섯째는 미국이 핵 불사용(不使用)을 약속하는 것이었다.

북한이 NPT에 가입한 지 4개월 뒤인 1986년 4월 15일이었다. 김일성의 생일인 이날 미국은 카다피의 나라 리비아를 상대로 무차별 폭격을 벌여 군사시설을 파괴함은 물론이고 100여 명의 목숨까지 앗아갔다. 여기에는 카다피의 가족도 포함됐다. 세계를 경악케 한 이 폭격에는 별다른 명분이 없었다. 같은 달에 있었던 서베를린 디스코텍 폭파의 배후에 리비아가 있다는 단정 하에 앞으로의 테러를 미연에 방지한다는 어설픈 명목으로 벌인 일이었다. 미국은 그냥 카다피가 미웠던 것이다.

김일성은 카다피보다 훨씬 더 위협을 줄 수 있는 인물이었다. 그렇지만 미국은 리비아를 폭격하던 그 시기에 북한에 대해서는 별다른 조치를 취하지 않았다. 리비아에 했던 것과 같은 무력 공격을 하지 않았을 뿐만 아니라 북한과 직접 대화의 장까지 만들었다. 한걸음 더 나아가 북한의 5대 요구조건 중 일부를 들어주기로 하는 결정까지 내렸다.

5대 조건을 제안 받은 것은 레이건이지만 그중 일부를 들어주기로 한 것은 조지 허버트 워커 부시(일명 '아버지 부시', 1989~1993년

재임) 대통령이었다. 1991년 걸프전쟁 직후의 일이었다. 미국은 핵사찰 수용을 전제로 북의 요구를 일부 받아들였다. 이런 결정을 내린 것은 걸프전쟁에서 국력을 상당 부분 소진했기 때문이다. 1986년에 북한의 핵개발을 포착하고도 5년씩이나 시간을 끌다가 결국 북한의 요구를 들어주기로 한 것은 미국이 북한 핵개발에 대해 얼마나 당혹스러워하고 있었는지를 잘 보여준다. 종전의 접근법을 버리고 직접 대화에까지 나서면서 그렇게 한 것은 더욱 더 놀라운 일이다.

미국이 수용한 요구조건은 첫 번째와 세 번째였다. 즉, 팀스피리트 훈련을 중지하고, 주한 핵무기를 철수하는 것이었다. 북한이 핵사찰 요구를 받아들이고 미국이 요구조건 중 두 가지를 들어주면서 1991년 하반기부터 남북관계에서도 중요한 변화들이 나타났다. 대표적인 것은 남북 유엔 동시가입(1991년 9월)과 남북기본합의서 체결(1991년 12월)이다. 미국의 용인이 없었다면 벌어질 수 없는 이런 일들이 남북 간에 벌어진 것은 이 기간에 북한에 대한 미국의 태도가 상당히 유화적이 되었음을 보여주는 것이다.

미국이 북한의 요구를 들어줌에 따라 북한은 핵사찰을 수용하게 됐다. 웬만해서는 자기 모습을 남에게 보여주지 않는 북한이 가장 은밀한 장소를 보여주기로 한 것이다. 상황이 이렇게 됐으니 외형상으로는 북한이 걸려든 것처럼 보일 만도 했다. 그 뒤로 북한이 핵문제 때문에 세계의 지탄을 받았으니 그렇게 비칠 수도 있었다. 그러나 또 다른 각도에서 생각하면 북한이 걸려든 것인지 미국이 걸려든 것인지 아리송할 수도 있다. 북한은 굳이 가입하지도 않아도 될 NPT에 가입했다. 그런 뒤에 요구조건을 내걸고 이를 관철시켰다. 이렇게 본다면 대체 누가 누구한테 걸려든 것인지 헷갈리지 않을 수 없다.

제1차 북·미 핵대결

1992년 5월부터 북한은 IAEA의 임시사찰을 받았다. 일이 이렇게 끝났다면 세계를 놀라게 한 북·미 핵대결도 벌어지지 않았을 것이다. 그런데 북한이 핵시설 두 곳을 신고하지 않은 사실이 IAEA에 알려졌다. 빌 클린턴이 제42대 대통령에 취임한 다음 달인 1993년 2월, IAEA는 특별사찰의 수용을 북한에 요구했다. 이로써 북·미 핵대결의 도화선에 불이 붙게 되었다.

북한은 IAEA의 추가 요구를 거절했다. 다음 달인 3월, 북한은 NPT를 탈퇴했다. 특별사찰이 임시사찰보다 한 단계 위인 것은 사실이지만 북한처럼 자기 정보를 철저히 통제하던 나라가 임시사찰을 받겠다고 나섰다면 특별사찰이라고 해서 못 받을 이유는 없을 것이다. 물론 IAEA의 요구에 문제가 없지는 않았지만 사찰을 받겠다고 마음먹은 북한이 특별사찰 거부로 의문의 여지를 남겨두는 것도 좀 이상한 일이었다.

북한이 사찰을 거부하고 NPT 무대에서 뛰어내리자 미국도 함께 뛰어내려 '장외투쟁'을 벌이게 되었다. 이와 동시에 미국의 대북 전략도 과거로 회귀했다. 아버지 부시 때 일시적으로 등장한 우호적인 대화 전략이 폐기되고 과거의 봉쇄 정책이 재연된 것이다. 이렇게 해서 상황은 제1차 북·미 핵대결로 이어졌다. 이 상황은 미국이 종전의 대북 전략으로 회귀함에 따라 발생한 것이다. 그런 점에서 이것은 '옛 것'이었다. 하지만 두 나라가 핵문제라는 낯설고 위험한 쟁점을 놓고 격돌했다는 점에서 이것은 '새 것'이었다. 이것은 북·미관계에서 완전히 새로운 국면이었다. 한국전쟁처럼 실전은 아니었지만 그것보다 훨씬 더 파괴력을 가진 것이었다. 핵대결의 본질은 세계에 대한 지배권을 가운데 둔 투쟁이다. 이런 핵대결이 북·미관계의 양상으로 새롭게 등장한 것이다.

공적인 측면을 배제하고 사적인 측면을 볼 때, 빌 클린턴은 버락 오바마처럼 역동적인 환경에서 성장한 사람이다. 어찌 보면 클린턴이 오바마보다 훨씬 더 역동적인 환경에서 성장했다고도 볼 수 있다. 케냐 출신의 유학생인 오바마의 아버지는 미국에서 오바마를 낳은 뒤 케냐로 돌아갔다. 미국인인 오바마 어머니는 그 뒤 인도네시아인 유학생과 재혼해서 오바마를 데리고 인도네시아에 갔다가 남편과의 불화 때문에 미국으로 돌아와 오바마를 홀로 키웠다. 이 정도 고난은 클린턴한테 아무것도 아니었을 수도 있다. 클린턴의 원래 성은 블라이드였다. 출생 3개월 전에 죽은 아버지의 성이 블라이드였기 때문이다. 그 뒤 로저 클린턴이라는 새아버지 밑에서 성장한 클린턴은 노름꾼이나 알코올 중독자인 새아버지가 어머니와 자기를 폭행하는 것을 견디며 살았다. 그 뒤 로저 클린턴은 암으로 사망했고, 클린턴은 세 명의 계부를 더 경험했다. 이처럼 클린턴은 매우 역동적인 가정환경을 디디고 미국 대통령의 지위에 오른 다이내믹한 인물이다.

어찌 보면 불행이라고 볼 수 있는 클린턴 인생의 다이내믹함은 대통령 취임과 함께 한 단계 더 고조되었다. 취임하자마자 아시아의 소국, 북한과 핵대결을 벌이게 된 것이다. 핵을 포기하라고 그냥 압박하는 정도가 아니라 핵문제로 전쟁 분위기가 연출되는 상황까지 갔으니 술 취한 새아버지로부터 폭행을 당할 때보다 훨씬 더 끔찍한 경험이었을 것이다.

핵대결의 초반전에 미국은 북한을 몰아붙였다. 빌 클린턴은 "특별사찰을 수용하지 않으면 선제공격도 불사하겠다."고 북한을 압박했다. 북한이 이를 무시하고 NPT를 탈퇴하자 미국은 1993년 5월 유엔 안보리 결의 제825호를 주도했다. 북한에게 NPT 탈퇴를 재고할 것을 촉구하는 결의였다. 국제적 연대를 통해 북한의 항복을 이끌어내고자 했던 것이다. 미국이 당장에라도 전쟁을 벌일 것처럼 압박하면서도 유엔 결의에 의존할 수밖에 없었던 것은 북한과의 새로운 전쟁을 부담스러워했기 때문이다. 푸에블로호 사건 때처럼 미국의 전쟁 위협은 이번에도 용두사미로 끝나고 말았다. 북한과의 핵 대결이 클린턴 인생에서는 역동적인 사건이었지만 클린턴의 처리법은 이전 대통령들과 별반 다를 게 없는 밋밋한 것이었다.

그런데 한 달도 안 돼서 이상한 상황이 벌어졌다. 미국이 갑작스레 북한과의 대화 테이블에 나선 것이다. 여기에는 두 발의 대륙간 탄도미사일(ICBM)이 결정적 역할을 했다. 2001년 4월 27일자 AP 통신의 보도에 따르면 1993년 5월 29일 두 발의 ICBM이 북한에서 발사됐다. 1945년 두 발의 핵폭탄을 맞고 무조건 항복한 경험이 있는 일본열도를 통과한 북한발(發) ICBM은 하와이와 괌의 미군기지 근처에 각각 떨어졌다. 미사일이 떨어지고 나서 4일 뒤인 6월 2일, 이날 북·미 양국은 곧바로 고위급회담에 돌입했다.

북한의 위협은 종전의 북·미관계에서는 전혀 볼 수 없었던 것이다. 북한이 미국 영토를 상대로 위협을 가하는 것도 그렇고 핵무기라는 쟁점을 갖고 미국을 압박하는 행태도 그랬다. 미국으로서는 북한이 정말로 핵전쟁을 벌일지도 모른다는 두려움을 가진데다가 북·미 전쟁이 중동에서의 미국의 지위를 위협할지도 모른다는 우려를 갖고 있었다. 그래서 회담장에 나갈 수밖에 없었다.

그 해 6월에 시작된 고위급 회담은 1994년 10월 21일 북·미 제네바합의 체결로 이어졌다. 회담이 진행되던 때인 1994년 7월 8일에 김일성이 사망하고 김정일이 대권을 행사하게 됐지만, 북한 정권은 별다른 영향을 받지 않고 미국과의 대화 국면을 이어갔다. 그 결과물인 제네바 합의로 제1차 북·미 핵대결은 종결되었다. 아니, 봉합되었다.

불완전한 봉합, 제네바합의

제네바합의는 제1차 핵대결을 봉합했지만, 위기의 재발을 막지는 못했다. 이것은 제네바합의에 중대한 문제점이 있었기 때문이다.

제네바합의에서 가장 핵심적인 규정은 제1조다. 제1조에서는 흑연감속원자로를 동결할 의무를 북한에 부과했다. 흑연감속원자로는 핵무기 원료인 플루토늄을 얻는 데 가장 뛰어난 원자로다. 북한이 이렇게 하는 대신 미국은 경수로 2기와 중유를 지원할 의무를 부여 받았다. 경수로는 일반적인 물을 사용하는 원자로이고, 중유는 원유에서 휘발유·등유·경유 등을 뽑아낸 상태의 기름을 의미한다.

제1조에 따르면 핵문제 해결의 순서는 3단계로 구분된다. (1)제네바합의 직후 북한은 흑연감속원자로 가동을 중단한다. (2)북한이 흑연감속원자로 가동을 중지하면 미국은 경수로 2기를 건설해주고 중유를 지원한다. (3)경수로 2기의 건설이 완료되면 북한은 흑연감속원자로와 관련된 시설을 완전히 해체한다.

여기서 주의할 것이 있다. 제1단계에서는 흑연감속원자로의 가동을 중단한다고 했고, 제3단계에서는 흑연감속원자로와 관련된 일체의 시설을 해체한다고 했다. 제네바합의 직후에 흑연감속원자로를 해체하는 게 아니라 미국이 경수로 2기를 지어준 다음에 그것을 완전 해체하기로 한 것이다.

제2조에서는 양국 정치경제관계의 정상화를 규정했고, 제3조에서는 한반도 비핵화를 위한 공동 노력의 의무를 규정했다. 제4조에서는 핵확산 금지를 위한 공동 노력의 의무를 규정했다. 제2조는 핵활동에 담긴 북한의 본질적 목표를 보여주고 있다. 미국과의 관계 정상화와 동아시아 질서 변경을 위해 핵무기 카드를 사용하는 북한의 의도가 엿보인다. 제3조의 한반도 비핵화 규정은 훗날 6자회담 국면에서 북한에게 유리하게 작용했다. 북한 비핵화를 요구하는 미국 등에 맞서 한반도 비핵화를 요구할 수 있는 근거가 된 것이다.

제네바합의는 위기를 대화와 타협으로 일단 봉합했다. 이런 점에서는 긍정적 의의를 갖지만 이것은 본질적으로 불완전한 합의였다. 위기를 종결한 게 아니라 '봉합'한 것에 불과하기 때문이다. 이 합의는 형식과 내용의 두 측면에서 모두 다 불완전했다.

형식적 측면에서 볼 때 제네바합의는 정식 조약이 아니었다. 이것은 '합의의 틀' 혹은 '합의 대강'이라는 모호한 형식으로 등장했다. 그래서 국제법적 구속력을 갖기 힘든 것이었다. 이 점은 이 합의의 영문 명칭에서도 드러난다. 영문 명칭은 'Agreed Framework Between the United States of America and the Democratic People's Republic of Korea'다. '미합중국과 조선민주주의인민공화국 간의 합의의 틀'이다. 정식 명칭에서 드러나듯이, 북한과 미국은 국제법적 효력을 갖는 정식 조약을 체결한 게 아니었다. '합의의 틀' 혹은 '합의 대강'으로 번역되는 애매모호한 약정을 맺은 것이다.

물론 조약이나 합의 같은 명칭을 갖고 있어야만 국제법적 효력이 생기는 것은 아니다. 국제법 학계의 일반적인 학설에 따르면 조약 외에 협약·협정·약정·의정서·합의의사록·각서·교환공문·잠정협정 같은 명칭으로 체결된 것이라 해도 국제법적 효력이 생기는 데는 지장이 없다. 1969년에 체결된 '조약에 관한 비엔나 협약' 제2조에서는 명칭이 어떠하든 간에 국가 혹은 국제법 주체 간의 합의를 담은 것이면 국제법적 효력을 갖는다고 규정했다. 그런데 제네바합의는 실상은 합의가 아니라 합의의 틀을 담은 것에 불과했다. 국가 간의 합의를 담은 것인가 아닌가 하는 논란이 발생할 수 있도록 해놓은 것이다. 이것은 국제법적 구속을 두려워하는 쪽의 입김이 크게 반영된 결과라고 볼 수 있다.

이렇게 된 데는 일차적으로 미국의 사정이 크게 작용했다. 미국은 북한을 상대로 전쟁 위협까지 했지만 북한 핵시설을 완전히 해체시키는 데 실패했다. 도리어 경수로 및 중유 지원을 조건으로 흑연감속원자로를 '동결'시키는 수준에 그쳤다. 그런 탓에 미국 입장에서는 제네바합의의 의미를 어떻게든 축소시킬 필요가 있었다. 미국의 외교적 실패라는 평가를 초래할 수 있는 합의를 조약 수준으로 격상시키기가 부담스러웠던 것이다. 한편 북한 입장에서도 미국으로부터 그 이상의 것을 얻어내기가 힘들었기 때문에 '합의의 틀'이라는 형식을 통해 사태를 마무리할 수밖에 없었다.

　문제점은 형식적 측면뿐만 아니라 내용적 측면에도 있었다. 제네바합의의 내용은 어느 한쪽도 제대로 만족시키지 못했다. 미국은 북한의 핵을 폐기하고자 했지만 경수로 2기와 중유 지원을 조건으로 흑연감속원자로를 동결시키는 수준에 그쳤다. 북한도 마찬가지였다. 북한은 미국과의 관계를 개선하고 핵공격 위협을 제거하고자 했지만 실제로는 "미국은 미국에 의한 핵무기의 위협이나 사용과 관련하여 북한에 대해 영속적인 보장을 제공한다."(제3조 제1항)는 추상적인 약속을 얻어냈을 뿐이다.

　이처럼 제네바합의는 북·미관계 해결은 물론이고 한반도 비핵화 문제를 위한 실질적 진전을 거두지 못한 채 위기를 일시 봉합하는 수준의 효과밖에 산출하지 못했다. 북한이나 미국이나 그 이상의 성과를 거둘 만큼의 역량을 갖고 있지 못했던 것이다. 불완전한 봉합은 결국 제2차 핵대결의 원인이 되었다.

　그러나 북한과 미국이 아무런 소득도 거두지 못한 것은 아니다. 북한 입장에서는 제네바합의 이후의 소강국면을 활용하여 고난의 행군과 대외관계의 회복 등 자체 충전의 기회를 가질 수 있었다. 또 새롭게 등장한 김정일 체제를 안정시킬 시간적 여유도 벌게 되었다. 미국 입장에서는 동아시아 탈냉전을 일시 저지하고 위기 국면을 유지함으로써 역내 패권을 계속 유지할 수 있는 시간을 벌었다.

미국의 대북정책 전환

제1차 핵대결과 제네바합의는 미국의 대북정책을 전환시키는 계기가 되었다. 1960년대 이후 미국의 대북정책은 갈등이 생길 때마다 전쟁 위협을 통해 굴복을 받아내는 방식이었다. 번번이 실패하면서도 미국은 계속 이 방식을 고수했다. 북한의 굴복을 얻어내지 못하더라도 이를 통해 동아시아의 위기를 계속 유지할 수 있으므로 미국은 이런 패턴을 포기하지 않았다.

하지만 1993년의 경험은 미국에게 악몽이었다. 미국은 북한이 자국의 봉쇄를 받는 데만 익숙했었다. 그런데 그런 북한이 미국 영토에 미사일을 발사하는 장면을 목격했다. 이것은 북한이 미국을 상대로 전면전을 벌일 수도 있음을 현실적으로 보여주는 것이었다. 이런 상황은 19세기 중반 이래 처음 겪는 것이었다. 19세기 이래 우리민족과 미국의 갈등은 항상 한반도나 주변 해역에서 벌어졌다. 1993년 때처럼 북한이 미국 영토를 위협하는 일은 이전에는 없었던 일이었다.

미국 문 앞에 있는 쿠바도 미국을 상대로 전쟁 위협을 가할 수는 없었다. 우수한 쿠바 야구가 미국 프로야구에 영향을 줄 수 있었어도 군사적 대결에서만큼은 쿠바는 미국에 큰 위협이 되지 않았다. 그런데 북한은 마젤란이 배 타고 건넌 태평양을 가로질러 핵미사일을 쏠 수도 있는 나라라는 게 증명됐다.

또 1993년 이전만 해도 미국은 군사무기 측면에서 북한을 압도했다. 19세기에는 비록 번번이 실패하기는 했지만 세계 최고 수준의 대포를 갖고 조선을 위협했다. 1945년 이후에도 미국은 핵무기라는 최신 무기를 갖고 동아시아에 군림했다. 그런 상황만 경험했던 미국 입장에서는 북한이 발사한 ICBM에 핵무기가 탑재될 수 있다는 가능성을 고려하지 않을 수 없었다.

그래서 미국은 제1차 핵대결과 제네바합의를 계기로 북한에 대한 정책을 수정하지 않을 수 없었다. 전쟁할 생각도 없으면서 북한을 위협해서 굴복을 받아내려는 방식이 무용하다는 것을 깨달은 것이다. 그동안 미국은 같은 실수를 계속 되풀이했다. 그런 나라가 1993년을 계기로 그간의 전략이 잘못됐음을 절감하게 되었다. 북한은 위협을 받고 굴복하는 나라가 아니라 위협을 받으면 전쟁을 벌일 수 있는 나라라는 점, 동아시아 위기를 계속 유지할 목적으로 북한을 위협하는 것은 너무나 위험한 일이라는 점을 인식한 것이다. 한마디로 위기 유지용으로 써먹기에는 북한은 너무 부담스러운 존재라는 결론에 도달한 것이다.

오랫동안 되풀이하던 실수의 문제점을 갑작스러운 계기로 인식하게 되면 대부분의 사람들은 동일한 실수를 반복하지 않으려고 하게 된다. 미국도 그랬다. 그래서 1994년 이후로는 미국의 대북 정책이 획기적으로 변하게 된다. 물론 획기적이라는 말은 미국의 대북 정책이 효과적인 방향으로 개선됐다는 의미가 아니라 이전과 다른 방향으로 크게 바뀌었음을 의미하는 것이다. 미국의 접근법이 바뀌었다는 점은 약 10년 뒤에 전개된 제2차 핵대결에서 증명된다.

한편 우리는 핵대결을 통해 거둔 북·미 양국의 은밀한 수확에 주목하지 않으면 안 된다. 미국 입장에서는 세계적인 탈냉전 기조에도 불구하고 동아시아에서만큼은 냉전 구도를 유지하는 데 성공했다. 이를 통해 미국은 동아시아 해양세력을 계속 통제할 수 있는 분위기를 유지하는 데 성공했다. 북한은 자국과 미국의 대결을 동아시아 최대 쟁점으로 만드는 데 성공했다. 챔피언과 더불어 쟁점을 주도하는 도전자는 훗날 벨트를 거머쥘 수도 있다. 그래서 쟁점을 주도하는 자는 현재는 1등이 아니라도 내일은 그렇게 될 수 있는 희망을 품을 수 있다. 세계적 이목을 끄는 미국과의 대결장을 만들어 놓음으로써 북한은 경제적 열세에도 불구하고 한·중·일보다 국제정치적으로 유리한 위치를 확보하는 성과를 거두었다.

제2차 북·미 핵대결

제네바합의의 생명력은 8년밖에 가지 않았다. 한동안 잠잠했던 북·미관계는 2002년에 제2차 핵대결로 발전한다. 제2차 핵대결의 토양은 동아시아에서 전개된 제3차 탈냉전과 미국에서 벌어진 9·11 테러다. 남과 북은 6·15 공동선언을 발표했고, 일본은 북한과 수교회담을 재개했다. 물론 두 가지 다 결실을 맺지는 못했지만 동아시아는 10년 만에 해빙을 맞이했다. 한편 세계적 차원에서는 중동과 이슬람권의 도전으로 미국의 권위가 한층 더 추락했다. 이런 상황에서 북한과 미국의 두 번째 핵대결이 점화되었다.

이 대결은 제임스 켈리 미국 대통령 특사의 평양 방문을 계기로 점화되었다. 아들 부시 행정부 출범 이후의 첫 북·미대화를 위해 2002년 10월 북한을 방문한 제임스 켈리는 "북한이 고농축 우라늄(HEU) 핵프로그램의 존재를 시인했다."고 발표했다. 제네바합의를 통해 핵 프로그램을 포기한 듯한 인상을 준 북한이 고농축 우라늄 핵프로그램을 가동하고 있다는 사실은 북한에 대한 국제사회의 불신을 가중시켰다. 물론 이런 불신은 부정확한 사실에 기초한 것이었다. 북한은 고농축 우라늄 핵프로그램을 가동하지 않겠다고 명시적으로 말한 적이 없다. 또 미국이 제네바합의 상의 경수로 제공 약속을 이행하지 않았기 때문에 북한 입장에서도 할 말이 있었다. 미국이 허위의 사실로 북한에 대한 압박을 재개했으므로 북·미 간의 제네바합의는 무의미해질 수밖에 없었다. 제네바합의로 일시 봉합된 핵위기는 이렇게 해서 다시 점화되었다.

제1차와 마찬가지로 제2차 때도 처음에는 상황이 일촉즉발 단계로 치달을 것만 같았다. 하지만 어느 쪽도 내심으로는 전면 대결을 원치 않았다. 동아시아에서 전쟁을 일으키지 않는다는 것은 미국이 오래 전부터 지켜온 사실상의 규범이었다. 핵 문제가 없을 때도 북한을 침공하지 못했던 미국이 핵 문제가 불거진 상황에서 북한을 공격하는 것은 상식적으로 기대할 수 없는 일이었다. 그래서 외형적 공언과 달리 사태가 극단으로 치닫지는 않았다. 클린턴이나 아들 부시나 이 점에서는 다를 바 없었다.

제1차 때 험악한 분위기를 연출하여 세계의 이목을 집중시킨 뒤 일정한 성과를 얻어내고 퇴장한 경험이 있는 북·미 양국은 제2차 때도 유사한 행동패턴을 보였다. 이번에도 북·미 양국은 얼마간의 험악한 국면을 연출한 뒤 회담 국면으로 돌입했다. 그런 뒤 제1차 때처럼 동아시아 정세를 자신들의 쟁점으로 주도하는 성과를 거두었다.

그런데 1993년의 경험 이후로 미국은 대북정책에서 중대한 전환을 이룩했다. 그것은 북한을 단독으로 위협하여 굴복을 받아내는 전략을 더 이상 고수하지 않기로 했다는 점이다. 물론 제2차 핵대결 초기에 공포 분위기를 조성하기는 했지만 그것은 자신의 대결에 세계의 이목을 끌기 위한 연출이라고 해석할 수 있다. 얼마 안 있어 미국은 전혀 새로운 대북 접근법을 내놓았다. 그리고 북한도 이 접근법에 동참했다.

제2차 핵대결의 해결을 위해 등장한 해법이 바로 6자회담이다. 이 구도는 2003년 4월의 북한·미국·중국 3자회담을 거쳐 2003년 8월 이후의 북한·미국·한국·중국·일본·러시아 6자회담을 통해 확정되었다. 들러리가 될 수도 있었던 한·중·일·러는 이로써 이

대결의 정식 당사자가 되었다. 북한을 제외한 나머지 5개국은 북한의 핵무장을 반대하는 나라들이다. 따라서 제1차 핵위기 때는 북한과 미국이 1:1로 만났지만, 제2차 때는 북한과 미국이 1:5로 만난 셈이 된다.

숫자적으로뿐만 아니라 규범상으로도 6자회담은 미국에 유리했다. 이것은 북한에 대한 압박의 부담을 5개국이 분담할 수 있을 뿐만 아니라 대북 압박에 대해 국제적 공인력을 부여할 수 있는 것이었다. 또 제네바합의 때처럼 미국이 실패한다 해도 5개국과 함께 실패의 책임을 나눌 수 있었다. 하지만 막상 회담의 뚜껑이 열리자 상황은 북한에 유리한 방향으로 흘러갔다. 미국을 포함한 5개국이 북한이 제네바합의 때 깔아놓은 복선을 향해 움직이는 현상이 나타난 것이다.

6자회담을 교란시킨 북한

2003년 8월부터 2008년 12월까지 5년 4개월 동안 북경에서 진행된 6자회담을 올바로 이해하려면 6개국이 어떤 목표를 갖고 참가했는지부터 파악할 필요가 있다.

북한은 핵문제를 명분으로 대미관계를 개선함으로써 통일의 장애물을 제거하고 차기 동아시아 패권을 추구하겠다는 목표를 갖고 이 회담에 임했다. 북한의 목표는 1842년 체제를 완전히 극복하고 대륙세력이 주도하는 동아시아를 만드는 것이다.

미국은 핵문제를 해결하고 북한을 영향권 하에 둠으로써 역내 지위를 공고히 하겠다는 목표를 갖고 이 회담에 임했다. 1842년 체제를 보존하고 서양 출신 해양세력의 우위를 유지하는 것이 미국의 의도라고 할 수 있다. 6자회담을 통해 북한 위협론을 상존시키고 미국의 역할이 계속 필요하도록 하는 것도 미국의 의중에 있다고 볼 수 있다. 북한이 이 회담을 빨리 끝내고 미국과의 단독 테이블을 만들려고 한 것에 비하면 미국은 상대적으로 느긋한 편이었다고 할 수 있다.

한국은 핵위기의 증폭으로 인한 한반도 전쟁의 가능성을 방지함으로써 한반도에 평화를 정착시키겠다는 목표를 갖고 임했다. 대외적 영향력의 확장을 추구하기보다는 전쟁 방지를 추구했다는 점에서 한국은 6개국 중에서 가장 순수한 나라였다고 볼 수 있다.

나머지 3개국은 자국의 영향력을 증대시키겠다는 목표에서 크게 벗어나지 않았다. 중국은 핵위기를 통해 북한이나 미국의 영향력이 증대될 가능성을 차단하는 동시에 북한과 미국 사이의 중재를 통해 영향력을 제고하려는 목표를 가졌다. 일본은 핵위기를 통해 발언권을 높이는 한편, 이 기회에 납치문제를 쟁점화시킴으로써 자국에 유리한 이슈를 부각시키려 했다. 핵문제와 납치문제를 동시에 부각시켜 일본이 얻을 수 있는 것은 미국의 대북 압박을 정당화하고 일본의 과거 범죄를 희석시키는 것이다. 이것은 일본이 안보리 상임 이사국이 되는 길에 놓여 있는 장애물을 제거하는 것과도 관련되어 있다. 러시아는 구소련 붕괴 이후로 상실한 동아시아에서의 영향력을 회복하고자 6자회담에 임했다. 이렇듯 나머지 4개국은 외형상으로는 북한 비핵화를 주장하지만 실질적으로는 자국의 안보 혹은 영향력 팽창을 목표로 회담에 임했다.

각국의 기본 목표에서 드러나듯이 한국을 뺀 나머지 국가들은 핵문제를 해결하는 데는 그다지 관심이 없었다. 핵심 당사자인 북한과 미국은 물론이고 중국·일본·러시아 역시 자국의 영향력 증대에 일차적 관심을 두고 있었다. 참가국들이 핵문제 해결보다는 자국의 영향력 증대에 초점을 맞추었다는 점은 처음부터 6자회담이 큰 성과를 거두기 힘들었음을 의미하는 것이다.

이런 가운데서도 6자회담은 9·19공동성명, 2·13합의, 10·3합의 등의 성과를 도출했다. 2007년의 2·13합의와 10·3합의는 2005년의 9·19공동성명을 구체화한 것이므로, 9·19공동성명을 이해하는 것이 6자회담의 성과를 쉽게 파악하는 지름길이 된다.

제4차 6자회담 2단계 회의의 결과물로 발표된 9·19공동성명의 핵심은 6자회담의 목표는 '한반도의 검증 가능한 비핵화'라는 것이다. 9·19공동성명 제1조에 제시된 한반도 비핵화 규정에 따르면, 북한이 모든 핵무기와 현존 핵 프로그램을 포기하는 대신 미국은 한반도에 미국의 핵무기가 부존재하며 북한을 공격할 의사가 없음

을 확인한다고 했다. 이와 더불어 나머지 국가들은 북한의 평화적
핵 이용권을 존중하며 적절한 시기에 경수로 제공 문제를 논의하는
데 동의한다고 규정했다.

언뜻 보면 북한이 제1조를 통해 핵무기 포기를 약속한 것 같지만
자세히 살펴보면 북한의 의도가 따로 있음을 알 수 있다. 조문의 구
성을 볼 때 북한의 핵 포기와 미국의 의무는 상호 대가관계에 놓여
있다. 북한이 핵무기를 포기하는 대신 미국은 한반도에 핵무기가
없다는 것과 북한을 공격할 의사가 없다는 것을 보여줘야 한다. 미
국이 한국 비핵화를 증명하는 것을 조건으로 북한도 핵무기를 포기
하기로 한 것이다. 그러므로 북한은 "왜 약속대로 핵무기를 폐기하
지 않느냐?"라는 미국의 항의에 대해 "미국도 한국의 비핵화를 증명
해야 한다."는 반론을 제기할 수 있게 됐다. 9·19공동성명 이후 조
지 워커 부시(아들 부시) 대통령은 북한의 핵 포기 약속을 받아냈다
며 고무되었지만, 북한은 공동성명 문구 안에 "미국이 비핵화를 증
명하면 우리도 핵을 포기하겠다."고 말할 수 있는 근거를 마련해 놓
았다. 미국이 '북한의 비핵화'를 목적으로 만들어놓은 6자회담이 결
국 '북한과 미국의 비핵화'라는 원칙을 생산한 것이다.

그러므로 6자회담은 내용상으로는 북한의 승리였다고 평가할 수
있다. 참가국들이 영향력 증대를 제1차적 목표로 삼은 데다가 북·
미 합의과정에서 북한에 유리한 문구가 삽입됨에 따라 6자회담은
원래의 목표인 핵문제 해결을 위한 실질적 성과를 거두지 못한 채

북·미의 논리대결 무대로 변질되고 말았다.

6자회담에서 두드러진 또 다른 현상은 북한이 이 무대를 활용하여 세계 여론의 주목을 끄는 한편 자국의 위상을 높이는 데 성공했다는 점이다. 그 과정을 살펴보면 다음과 같다.

북한은 2004년 6월 제3차 6자회담 이후 8개월 만인 2005년 2월 10일 느닷없이 '핵보유 선언'을 발표했다. 2005년 9월에는 미국이 마카오 방코델타아시아은행(BDA)의 북한 계좌에 대한 제재조치를 통해 북한 경제에 타격을 입혔지만, 북한은 이에 굴하지 않고 2006년 7월 장거리 미사일을 발사하여 세계를 놀라게 만들었다. 미사일 발사 이후 유엔 안보리 결의 제1695호(북한의 핵확산 행위에 대한 비난)와 금융제재가 대북 압박에 동원됐지만, 북한은 2006년 10월 제1차 핵실험을 단행해 미국에 굽힐 뜻이 없음을 분명히했다.

미국이 금융제재를 계속 가하자 북한은 2007년의 2·13합의 및 10·3합의를 통해 핵 폐기 가능성을 시사했다. 이를 계기로 북한은 2008년 10월 미국으로부터 테러지원국 지정해제를 받아냈다. 하지만 북한은 자국의 미사일 발사 실험에 대한 미국의 비난을 이유로 2009년 3월 24일 외무성 담화를 통해 "6자회담은 더 이상 존재가치가 없다."면서 6자회담의 파탄을 공식 선언했다. 미국은 2015년 현재까지도 6자회담 재개에 대한 미련을 버리지 못하고 있지만 북한은 한 번 공언한 이상 특별한 변화가 없는 한 6자회담에 복귀하지 않을 것이다.

그 뒤로 북한은 6자회담에 기대를 걸고 있는 5개국과 전 세계를 무색케 하는 행보를 계속하고 있다. 북한은 인공위성 및 미사일 발사 실험을 통해 미국 정부를 계속 압박하는 한편, 2009년 5월에는 제2차 핵실험을 단행했다. 북한의 의도는 한층 더 명확해졌다. 공식적인 핵보유국 지위를 인정받고 싶은 것이다. 안보리 상임이사국 5개국이 아니면 얻을 수 없는 그 지위에 욕심을 내고 있는 것이다.

핵보유국 인정에 대한 북한의 열망은 2011년 12월에 권력을 잡은 김정은체제 하에서도 계속 표출되고 있다. 2013년 2월 북한은 제3차 핵실험을 통해 세계를 또 한 번 당혹시켰다. 미국은 애써 무시하고 있지만 미국 정부 일각에서는 북한이 핵보유국임을 인정하는 것을 전제로 한 발언들이 이따금씩 나오고 있다. 북한이 공식적 핵보유국은 아니지만 사실상의 핵보유국이라는 점은 이제 움직일 수 없는 사실이 되었다.

최종 대결의 전망

우리가 지금까지 북·미관계의 역사를 돌아본것은 결국 그 미래를 전망하기 위함이다. 사실, 최선의 방법은 양국의 현재 역량을 정밀하게 평가하는 것이다. 현재 보유한 역량이 두 나라의 향후 대결에서 승패를 좌우하는 핵심 요소가 될 것이기 때문이다.

하지만 유감스럽게도 북·미관계에서만큼은 이러한 접근법이 유효하지 않다. 결정적 장애물이 있기 때문이다. 미국 쪽 역량은 몰라도, 북한의 역량을 정확히 평가할 만한 객관적 자료가 북 외부에 존재하지 않는다. 경제지표만 해도 그렇다. 북이 그런 지표를 공식 발표한 것은 1962년까지다. 그 후로는 통계 자료가 공개되지 않고 있다. 물론 조선노동당 중앙위원회 기관지인《근로자》와 같은 자료에서, 속도전 경제전략으로 1970년대에 연평균 15.9%의 경제성장을 달성했다는 식의 이야기는 있지만 40년 넘게 공식 발표가 나오지 않았기 때문에, 북한의 경제적 역량을 올바로 파악하기가 쉽지 않다. 이런 사례에서 드러나듯이, 북한에 관한 객관적 지표가 공개되지 않는 상황에서 현재 역량을 근거로 두 나라의 미래를 점치는 것은 타당한 접근법이 아니다.

북한에서 나온 자료가 아닌, 자신들이 만들어낸 자료를 바탕으로 북의 경제·군사력을 측정하고 이를 통해 북의 미래를 예측하는 이들도 있다. 정확히 말하면, 그들은 북한의 미래를 예측하는 게 아니라 '희망'하고 있는 것이다. 정확성이 담보되지 않는 '희망'이 무용지물이라는 것은 굳이 강조할 필요도 없을 것이다. 북의 편에 선 것이든 미국 편에 선 것이든 마찬가지다.

이처럼 현재 상황을 알려주는 자료가 불충분한 상황에서, 우리가 선택할 수 있는 최선의 방법은 역사를 토대로 패턴을 추출하고 이를 기초로 양국의 움직임을 예측하는 것뿐이다. 이것이 현재로서는 가장 과학적인 접근법이다.

북·미관계의 장래와 관련하여 가장 확실하게 예측할 수 있는 것이 있다. 6자회담의 복원을 염두에 두고 미래를 구상하는 것은 어리석은 일이라는 점이다. 한·미·일 3국 6자회담 대표들은 아직도 가끔씩 만남을 갖고 있다. 2016년 6월에는 중국도 이 회담의 자국 대표를 국제무대에 등장시켰다. 우다웨이 중국 측 수석대표가 베이징에서 한국 측 수석대표와 협의를 가진 것이다.

하지만, 북한은 2009년에 6자회담의 폐기를 공식 선언했다. 2016년 5월에 열린 조선노동당 제7차 대회에서는 "항구적인 핵보유국으로서 세계 비핵화를 위해 노력하겠다."는 김정은의 선언까지 나왔다. 애초에 미국이 6자회담을 연 것은 북한 비핵화를 위해서였다. 반면에 북한이 6자회담에 참가한 명분은 한반도 비핵화에 있었다. 자국만의 비핵화에는 찬동하지 못해도 한반도 전체의 비핵화에는 반응을 보이는 게 북한의 기존 태도다. 그랬던 북한이 이제는 세계 비핵화를 주장하고 있다. 이것은 미국이 생각하는 6자회담의 틀 속에 북한을 가두어 놓을 수 없음을 뜻한다. "우리도 핵무기를 폐기할 테니 비핵화 협상을 하자."고 미국이 말하지 않는 한, 북한은 기존의 6자회담이나 이와 유사한 어떤 회담에도 나오지 않을 것이다. 북한만의 비핵화를 전제로 한 회담에 한·미·일·중이 나올 수는 있어도 북한은 나오지 않을 것이다.

현실이 이러함에도 불구하고 6자회담 수석대표들이 아직도 뉴스에 거론되는 깃은 미국이 6자회담보다 나은 대안을 찾지 못했기 때문이다. 6자회담보다 더 강력한 대북 압박 카드를 찾아내지 못한 채 여전히 6자회담에 대해 미련을 품고 있는 것이다. 미국이 이렇다 보니, 한국과 일본도 덩달아 발을 빼지 못하고 있다.

하지만 박근혜 대통령이 2016년 상반기에 보여준 외교활동을 보면, 한국 정부도 6자회담의 효용성에 대해 회의적 인식을 갖고 있음을 확인할 수 있다. 한국 정부가 돈다발을 뿌려가며 이란·우간다

같은 북한의 우방을 돌면서 대북 압박용 공조체제를 강화하는 것은, 6자회담 체제를 통한 압박에 대해 믿음이 가지 않기 때문이라고 볼 수 있다. 또 지지율이 많이 떨어진 데에다가 국정 장악력마저 변변치 않은 박근혜 대통령이 2016년 하반기에 '북 붕괴론'을 설파하면서 탈북을 종용하는 발언들을 내뱉은 것은, 북과의 대화를 성사시킬 가능성이 그리 높지 않다고 판단했기 때문이라고 볼 수 있다. 북이 6자회담에 나올 가능성이 있다고 판단했다면 그렇게 막나가지는 못했을 것이다.

이처럼 6자회담 체제가 삐거덕거리는 상황에서 미국이 해야 할 일은 6자회담에 대한 미련을 하루빨리 버리는 것이다. 그런 다음에 양자택일을 해야 한다. 북한의 핵 보유를 인정하든가 아니면 전쟁을 하든가.

사실, 미국 입장에서는 그런 양자택일 보다는 북한이 저절로 붕괴되는 쪽을 희망할 것이다. 그런 기대 속에는 어느 정도 합리적인 측면도 있다. 북한 정치체제에 취약한 면이 있기 때문이다.

2009년 개정된 현행 북한 헌법 제4조에서는 "조선민주주의인민공화국의 주권은 노동자·농민·군인·근로인테리를 비롯한 근로인민에게 있다."고 선언했다. 그러나 대한민국 헌법의 국민주권 조항과 유사한 북한 헌법의 이 규정은 외형상 제대로 실현되지 않고 있다. 김일성-김정일-김정은 3대 세습이 실현됨에 따라 왕조국가라는 비판을 피할 수 없게 됐기 때문이다. 합법적 세습의 명분이 없는 상태에서 사실상 세습 왕조의 면모를 띠고 있는 것이다.

합법적 명분이 없는 상태에서 이루어진 세습체제가 정치적으로 취약하다는 점은 고려시대 최 씨 무신정권의 사례에서도 잘 드러난다. 최충헌으로부터 시작된 최 씨 정권은 군사력을 바탕으로 왕 씨 왕실을 억누르고 고려를 지배했다. 하지만, 살아남은 쪽은 최 씨가 아니라 왕 씨였다. 최 씨한테는 군사력은 있었지만 세습의 명분이 없었다. 반면에 왕 씨는 군사력은 없었지만 세습의 명분이 있었다. 왕건의 후예들이 천명을 받아 고려를 통치한다는 점에 대한 사회적 공감대가 있었던 것이다. 최 씨 정권은 이 공감대를 깨지 못했다. 동시에, 최 씨의 후예들이 대대로 고려를 통치하는 것에 관한 합법적 공감대도 형성하지 못했다. 그런 불완전한 상태로 1196년부터 1258년까지 62년 동안 최충헌·최우·최항·최의로 정권이 세습되었던 것이다.

몽골이 고려를 침공하기 시작한 것은 1231년부터다. 바꿔 말하면, 최 씨 정권이 몽골군에 신경 쓰지 않고 국내 정치에 집중할 수 있었던 기간은 1231년까지다. 이 정권이 수립된 1196년부터 몽골이 침략한 1231년까지는 35년간이다. 이렇게 35년간이나 정권을 잡았으면서도 이 정권이 왕조 단계로 발전하지 못한 것은, 최 씨 세습의 명분을 법적으로 공식화시키지 못했기 때문이다. 합법적 명분이 없는 상태에서 이루어지는 권력세습이 취약할 수밖에 없음을 보여주는 사례다.

조선노동당 규약이나 헌법에는 김일성이라는 이름이 수도 없이 등장한다. 하지만, 김일성의 자손이 정권을 세습할 수 있다는 법적 근거는 어디에도 나오지 않는다. 세습의 공식적 명분이 없는 상태에서 김 씨 정권이 세습되고 있는 것이다. 이것은 김 씨 정권의 기반이 제도적으로 불안정함을 뜻하는 것이다. 장기적으로 보면 정권이 불안하다는 뜻이다.

하지만, 적어도 지금 단계에서는 그런 불안 징후가 포착되지 않고 있다. 북 주민들이 탈출하는 것도 사실이고 체제에 불만을 품은 사람들이 있는 것도 사실이다. 태영호 영국 공사처럼 남으로 망명하는 사람들이 있는 것도 사실이지만, 지금 당장 정권 붕괴로 이어질 가능성은 그다지 높지 않다.

이 점은 김일성-김정일-김정은 세습이 현재까지는 너무도 자연스럽게 안착된 사실에서도 잘 드러난다. 1993년에 김일성 주석이 죽자, 북은 1998년 헌법 개정을 통해 "김일성 동지를 공화국의 영원한 주석으로 높이 모시며"라고 선언했다. 김일성이 '영원한 주석'으로 격상되면서 김정일은 주석 칭호 대신 국방위원장 칭호를 사용해야 했다. 그랬던 김정일이 2011년 사망하자, 북은 2012년 4월 11일 조선노동당 당대표자회의를 통해 김정일을 '영원한 당 총비서'로 추대하고, 4월 13일 최고인민회의 제12기 제5차 회의를 통해 김정일을 '영원한 국방위원장'으로 추대했다. 이에 따라 김정은은 국방위원장 대신 '국방위원회 제1위원장' 직함을 사용하고, 조선노동당 총비서 대신 조선노동당 위원장 직함을 사용해야 했다.

이렇게 된 것은 김정일이 김일성의 권위를 뛰어넘지 못하고 김정은이 김정일의 권위를 뛰어넘지 못했기 때문이기도 하지만, 달리 생각하면 현재의 지도자가 보다 더 안정된 기반을 갖도록 하는 데 기여하고 있다. 전임자의 직함을 비워두는 것은 그에 대한 존경의 표시이기도 하지만, 이것은 현재의 지도자가 전임자의 정통성을 승계한 후계자로 자처하는 데 유리할 뿐만 아니라 전임자의 지지기반을 자기 기반으로 차용하는 데도 유리하다.

남의 경우에는, 김영삼 대통령 시절의 정부 지지층이 1997년 이후에는 정부에 대한 태도를 바꾸었다. 또 노무현 대통령 시절의 정부 지지층도 2008년 이후에는 태도를 바꾸었다. 하지만, 북에서는 김일성의 지지기반이 김정일에게로 이어지고, 다시 김정은에게 이어지고 있다. 법적으로 세습의 정당성이 갖춰지지 않아 불안하기는 하지만, 적어도 현재까지는 김 씨 가문 내에서 권력 세습이 순조롭게 이루어지고 있는 것이다.

이것은 비헌법적 세습에 대해 불만을 가진 사람들이 적어도 현재까지는 제대로 된 세력을 형성하지 못했음을 의미하는 것이다. 김정은이 공포정치 분위기마저 연상시키면서 숙청작업을 전개하는 것은 그의 포악성을 증명하는 것이라기보다는, 그렇게 해도 될 만큼 그의 권력기반이 안정적임을 증명하는 것이라고 봐야 할 것이다. 그렇기 때문에 지금 단계에서는 김씨 정권이 국내의 도전세력 때문에 조만간 붕괴할 것이라는 전망을 갖기 힘들다고 말할 수 있다. 장기적으로 보면 불안정한 게 사실이지만, 적어도 지금 단계에서는 붕괴론을 논하는 게 시기상조라고 볼 수 있다.

그렇다면, 미국이 지금 당장 선택할 수 있는 카드는 무엇인가? 그것은 북한의 핵 보유를 인정하든가 아니면 자력으로 북한을 붕괴시키든가 둘 중 하나일 것이다. 그런데 두 개의 카드 중에서 미국이 사용할 수 없는 것이 하나 있다. 그것은 자력으로 북한을 무너뜨리는 것이다.

객관적 전력만을 보자면 북한은 핵무기만 갖고 있는 데 비해, 미국은 그에 더해 일본·괌 등에 미사일방어체제(MD)까지 구축하고 있다. 북한은 창만 갖고 있는 데 비해, 미국은 창과 방패를 함께 들고 있는 것이다. 그래서 구도 상으로는 미국이 유리하지만, 이 구도는 현실의 대결에서는 별다른 힘을 발휘하지 못하고 있다. 2016년 하반기에 미국이 MD의 하위 개념인 사드(고고도 미사일 방어체계)를 한국에 배치하려 하자 중국의 반발로 대북한 압박을 위한 국제 연대가 약해진 데서도 드러나듯이, 미국이 동아시아에서 북한을 상대로 방패를 들이대는 데는 현실적인 장애물이 많다. 미국이 방패까지 들이대면 중국의 두려움이 커져 중국이 북한 쪽으로 완전히 돌아설 수도 있다. 따라서 MD 체제가 북한을 압박하는 데 얼마나 기여할지는 미지수다. 이것은 미국이 '핵무기+MD'로 북한을 자력으로 붕괴시키는 게 쉽지 않음을 뜻한다.

미국이 자력으로 북한을 붕괴시키기 힘든 또 다른 이유가 있다. 그것은 미국의 세계전략상의 한계다. 2016년 4월 26일 버락 오바마 미국 대통령은 CBS와의 기자회견에서 "우리는 분명히 우리의 군사력으로 북한을 무너뜨릴 수 있다"고 장담했다. 하지만 그렇게 할 수 없다는 것이 미국의 처지라고 오바마는 인정했다. "북한 바로 옆에는 우리의 핵심 우방국인 한국이 있다"는 게 그 이유였다. 하지만, 미국이 북한을 공격할 수 없는 이유는 따로 있다. 한국 때문이 아닌 것이다. 진짜 이유는 1960년대 이후의 세계정세에서 찾아야 한다.

베트남전쟁이 한창이던 1965년, 미국은 북위 17도 이북의 북베트남 즉 베트남민주공화국을 상대로 대대적인 폭격을 감행했다. 이른바 '북폭'이었다. 이때만 해도 미국은 이것이 자신의 운명에 어떤 영향을 미칠지 예측하지 못했다. 이것이 부메랑이 되어 자기 머리를 때리게 될 줄은 예상하지 못한 것이다. 이런 상태에서 1968년 1월, 북베트남과 베트콩(베트남판 빨치산)이 남베트남을 상대로 일제히 공격을 개시했다. 남베트남은 이 공격을 막아내지 못했다. 미국도 마찬가지였다. 미국은 어떻게 대처해야 할지 몰랐다. 자연스럽게, 전쟁의 주도권은 미국의 적에게로 넘어갔다. 그제야 미국은 뭔가 잘못됐음을 깨닫게 되었다. 수렁에 빠져 하늘만 올려다보고 있는 자신의 처지를 뒤늦게 알아차린 것이다. 그때서야 미국은 이 전쟁이 팍스 아메리카나의 몰락으로 이어질 수도 있다는 판단에 도달하게 되었다.

이런 위기 상황에서 리처드 닉슨이 1969년 1월 제37대 미국 대통령에 취임했다. 닉슨이 해야 할 일은 전임자인 린든 존슨이 벌여놓은 사태를 최대한 빨리 수습하는 것이었다. 그는 미국의 영향력 추락을 신속히 막아야 했다. 그래서 나온 것이 같은 해 7월의 '닉슨 독트린'이다. 이 선언의 핵심은, 미국은 앞으로 특별한 경우가 아니면 아시아 문제에 개입하지 않겠다는 것이었다. 여기서 말하는 아시아는 베트남이 포함된 동아시아를 주로 지칭한다. 동아시아에 대한 개입을 최소화함으로써 아시아에서의 영향력 추락을 막겠다는 것이었다.

하지만, 미국 스스로 개입을 최소화한다고 해서 팍스 아메리카나의 몰락을 방지할 수 있는 것은 아니었다. 추락하는 미국의 어깨를 붙잡아줄 파트너가 필요했다. 제2차 대전 이후 동아시아에서 미국의 최대 동맹국은 일본이었다. 하지만, 일본의 힘으로 구제할 수 있을 정도의 추락이 아니었다. 더 강한 나라의 도움이 필요했다.

그런데 기존의 미국 우방들 가운데는 그런 나라가 없었다. 그래서 발상의 전환을 해야 했다. 적대국 중에서 파트너를 택한 것이다. 그 나라가 바로 대륙 중국이다. 이전 같았으면 상대도 하지 않았을 중국과 과감하게 손을 잡은 것이다. 이렇게 해서 나온 게 핑퐁외교로 상징되는 미국과 중국의 전략적 제휴다. 중국 입장에서도, 이념분쟁 및 국경분쟁으로 상징되는 중·소 분쟁에서 우위를 잡자면 미국 같은 강대국의 도움이 필요했다. 그래서 미국이 내미는 손을 잡았던 것이다.

그 후 미국은 중동 같은 여타 지역에서는 대규모 무력을 행사해도, 동아시아에서만큼은 무력행사를 최대한 자제했다. '동아시아 문제에는 가급적 개입하지 않는다'는 닉슨 독트린을 지키는 것은 중국과의 전략적 제휴에서 꼭 필요한 일이었다. 물론, 핑퐁외교 이후에도 동아시아 패권국은 여전히 미국이었다. 하지만 달라진 게 있다. 미국의 동아시아 지분 속에 중국의 '투자 지분'도 포함된다는 점이다. 그렇기 때문에 동아시아에 개입할 때만큼은 중국의 입장을 존중해주지 않으면 안 되게 되었다. 그래서 무력 개입을 최소화할 수밖에 없는 것이다. 그렇게 하지 않으면 중국과의 제휴관계가 깨지고 동아시아 패권도 흔들리게 될 것이다.

미국은 이 제휴관계에서 상당한 성과를 거두었다. 동아시아에서의 영향력 추락을 수습하는 데 성공한 것이다. 이 점은 여타 지역에 비해 동아시아에서 미국의 입김이 여전히 강한 이유를 잘 설명해준다. 위안부나 역사교과서 같은 동아시아 역내 분쟁에 대해 미 국무부가 걸핏하면 개입해서 은근히 일본 편을 들 수 있는 것도, 이 지역에 대한 미국의 영향력이 여전히 강하기 때문이다. 이것은 미국이 중국과의 제휴 관계를 비교적 잘 활용한 덕분이라고 할 수 있다.

이 제휴관계는 중국 쪽에도 많은 이익을 남겼다. 중국은 이를 활용해서 소련의 견제를 차단하고 동아시아에서 미국 다음의 지위를 구축했다. 또 1970년대 후반부터는 개혁·개방으로 고도의 경제성장을 이룩했다. 미국이 세계 경제권을 쥐고 있는 현실에서 중국이 오로지 자국의 힘만으로 고도 성장을 이루는 것은 불가능하다. 미국과의 제휴관계가 뒷받침됐기에 가능한 일이다.

위와 같이 중국과의 제휴를 통해 몰락의 위기를 수습한 미국으로서는 중국의 이익을 결정적으로 침해하는 행위는 할 수 없다. 이런 행위 속에는 '하나의 중국' 원칙을 깨는 것도 포함되고, 중국 주변에서 전쟁을 벌이는 것도 포함된다. 경제성장를 넘어 경제발전 단계로 나아가야 하는 중국으로서는 자기 주변이 가급적 평화로워야 한다. 전쟁이 벌어지면 경제에 투입될 역량이 군사로 돌려질 수밖에 없고, 이 과정에서 소수민족의 이탈까지 걱정해야 할 수도 있다. 미국은 이런 중국의 입장을 고려하지 않을 수 없다. 그래서 중국 옆에 있는 북한을 상대로 한 무력행사는 생각조차 할 수 없는 일이다.

오바마는 "한국 때문에 북한을 공격할 수 없다"고 했지만, 한국보다는 중국 때문에 공격할 수 없는 게 미국의 처지다. 중국이 동의하지 않는 한, 미국은 북한을 상대로 개전을 할 수 없다. 중국이 그런 동의를 해주는 일도 없을 것이다. 미국이 북한과 전쟁을 벌이면 중국의 경제발전이 저해될 뿐 아니라, 만약 여기서 미국이 승리하면 닉슨 독트린 이후의 미·중관계가 무의미해지는 일까지 생길 수 있다. 그렇게 되면, 미국은 중국과의 제휴관계에 의존하지 않고 중국을 한층 더 견제하려 할 것이다. 이런 점들 때문에라도 중국은 북·미전쟁에 동의하지 않을 것이다. 중국이 동의해주지 않는다면, 미국이 북한을 침공할 가능성은 별로 없다고 볼 수 있다.

그렇다면, 남은 선택지는 북한의 핵 보유를 인정하는 것뿐이다. 북한이 저절로 붕괴할 가능성도 낮고 미국이 전쟁을 벌일 수도 없기 때문에, 남은 카드는 북한의 핵보유를 인정할 수밖에 없는 것이다.

실제로 이런 조짐이 2016년 상반기에 나타났다. 북한 핵무기에 대해서는 아니지만, 북·미수교에 대해 미국이 긍정적 신호를 보낸 것이다. 2016년 2월 21일자 〈월스트리트저널〉에서는 2월 6일의 제4차 북한 핵실험 직전에 북·미 양국이 평화협정 논의를 개시하기로 비밀리에 의견을 모았다고 보도했다. 북한의 핵실험 강행으로 인해 평화협정 논의가 곧바로 개시되지는 않았지만, 이 보도는 미국이 현상 타개책으로 북·미수교라는 카드를 만지작거리고 있음을 반영하는 것이다. 북한과 수교한다고 해서 곧바로 북핵을 인정하게 되는 것은 아니지만, 미국이 수교 문제를 고려하고 있다는 것은 그것 외에는 북핵문제를 해결 할 돌파구가 없음을 인정하고 있다는 뜻으로 해석할 수 있다.

또 북한의 핵실험이 계속됨에 따라 미국 내에서 북한의 핵능력을 하나의 현상으로 인정하는 분위기가 무르익어 간다는 점에도 주목할 필요가 있다. 북한의 핵능력을 인정하지 않을 수 없다는 이야기가 미국 조야에서 심심찮게 새어나오고 있다.

2016년 10월 11일(현지 시각) 미국 브루킹스 연구소의 마이클 오핸런 선임연구원은 〈월스트리트저널〉에 기고한 글에서 "북한이 핵탄두 미사일 발사능력을 보유한 것으로 보인다."며 북한의 핵능력을 인정했다. 또 같은 달 25일(현지 시각) 제임스 클래퍼 국가정보국장은 "북한은 핵을 포기하지 않을 것이며 미국이 할 수 있는 최선의 길은 북한의 핵 프로그램을 제한하는 것이지만, 북한이 엄청난 보상을 요구할 것이기 때문에 이마저도 어려울 것"이라고 말했다. 물론 국무부가 이 발언에 대해 즉각 반발하는 모습을 보였지만, 이런 식의 흐름이 계속 누적되다 보면 어느 순간 미국 내의 여론도 북한의 핵능력을 기정사실로 인정하고 북·미수교를 추진하는 방향으로 기울 가능성이 높다고 볼 수 있다. 미국 정부 내에서까지 북핵을 인정하자는 발언이 나오는 것은 미국 정부가 분열되어 있음을 보여주는 것이 아니라, 정책의 전환을 위한 분위기를 다지기 위한 것이라고 해석할 수 있다. 전쟁을 벌일 수 없는 미국의 입장에서는 그 수밖에 없을 것이다.

오랫동안 북한과 반목해온 미국이 이제 와서 얼굴을 바꾸고 북한과 수교할 수 있을까? 한국과 일본을 봐서라도 그렇게 할 수 있을까? 그런 의문이 들 수도 있다. 하지만, 미국이 얼마든지 그럴 수 있다는 점은 미국과 중국의 수교에서도 잘 나타난다.

중국은 1959년부터 핵개발을 시작해 1964년 핵실험을 단행했다. 미국은 중국의 핵 무장을 막기 위해 소련·영국을 끌어들여 대(對)중국 압박을 가했다. 1963년에는 미·소·영 3자가 공동으로 중국 봉쇄에 대한 합의도 도출했다. 이른바 3자회담이었던 것이다. 이때만 해도 미국은 지금의 북한을 대하듯이 중국을 대했다. 불법으로 핵개발을 추진하는 깡패 국가로 취급했던 것이다.

그랬던 미국이 달라진 것은 베트남전쟁의 실패 때문이다. 중국의 도움이 절실해지자 중국과의 냉전을 끊고 관계개선으로 돌아선 것이다. 미국은 여기서 그치지 않았다. 돌아설 때는 화끈하게 돌아서는 게 미국이다. 아니, 그게 세상 이치다. 미국은 중국과의 관계개선을 선택했을 뿐만 아니라 핵 보유까지 인정하기로 했다. 미국은 1969년 유엔총회에서 NPT 조약을 만들면서, 1967년 1월 1일 이전에 핵을 보유한 국가를 합법적 핵보유국으로 규정했다. 미국은 1945년에 핵실험을 했고 소련은 1949년에 했다. 영국은 1952년, 프랑스는 1960년이다. 그 다음이 1964년의 중국이다. 미국이 NPT 조약에 '1967년 1월 1일'이란 문구를 넣은 것은 중국의 핵 보유를 합법화하기 위해서였다. 중국의 핵 보유를 인정하지 않고는 자국의 지위를 유지할 수 없었기에 태도를 180도 바꾼 것이다.

미국의 호의는 이것으로 끝나지 않았다. 대만이 갖고 있던 안보리 상임이사국 자리를 빼앗아 중화인민공화국에 넘겨주고, 중화인민공화국이 주장하는 '하나의 중국' 원칙도 지지해주었다. 그 전에도 미국은 '하나의 중국' 원칙을 지지했었다. 그러나 그때는 대만을 중심으로 한 '하나의 중국' 원칙을 지지했었다. 그랬던 미국이 중화인민공화국이 말하는 '하나의 중국'을 지지하고 대만과의 관계를 미련 없이 끊어버렸다. 중국의 핵 보유를 견제하고 저지했던 미국이 베트남전으로 인한 위기를 넘기고자 '코페르니쿠스적 전환'을 선택했던 것이다. 미국은 정말 화끈하게 돌아서는 나라였다.

오늘날 미국으로서는 북한의 핵 보유를 저지할 길이 마땅치 않다. 거기다가 전쟁도 벌일 수 없다. 이런 상태에서 북한이 핵실험이나 미사일 발사 등으로 미국의 위상을 계속 흔들어대면, 중동을 비롯한 여타 지역에서도 미국의 입지가 한층 더 흔들릴 수밖에 없다. 수십 년간 미국의 봉쇄를 받는 북한이 인공위성을 쏘아대고 핵실험을 하고 미사일을 발사하는 것 자체가 미국의 위상을 흔드는 일이다. 이것은 전 세계 반미 진영을 고무시키는 일이 될 수밖에 없다. 그래서 북한이 행동하면 할수록 미국이 흔들릴 수밖에 없는 것이다. 그렇게 되면 이슬람국가(IS)와의 전쟁에서 곤경을 치른 것 이상으로, 미국은 중동 반미진영과의 대결에서 한층 더한 곤란에 처하게 될 것이다.

북한이 계속 흔들어대면 중동뿐 아니라 동아시아에서도 미국의 위상이 약해질 수밖에 없다. 2016년 상반기에 북한이 핵실험을 하자 한국 여당인 새누리당에서 핵무장 목소리가 나온 것에서 알 수 있듯이, 북한이 계속 핵실험을 해대고 미국이 번번이 지켜만 보게 되면 한국·일본·대만 등에서 핵무장 목소리가 높아질 수밖에 없다. 미국 핵우산의 영향권 하에 있는 이 지역에서 독자적 핵무장이 확산되면, 미국은 북한과의 대결 때문이 아니라 이 나라들의 배신 때문에 동아시아에서 쫓겨날 가능성이 있다. 이것은 미국의 추락을 한층 더 가속화시키는 결과를 초래할 것이다.

이런 사태를 막기 위해서라도 미국은 북한의 핵 보유를 인정하고 수교를 선택할 수밖에 없다. 중동의 반미진영은 미국을 상대로 싸움을 걸고 있지만, 북한은 싸움이 아니라 수교를 하자고 말하고 있다. 그렇기 때문에 미국 입장에서는, 차라리 북한과 수교하고 중동 문제에 전념하는 게 더 효율적일 수도 있다. 이렇게 되면, 닉슨 독트린 이후 미국이 대만을 배신했던 것처럼, 미국이 한국을 배신하고 북한과 친구가 될 가능성도 없지 않다고 볼 수 있다.

미국은 중국과의 전략적 제휴를 통해 베트남전 패배의 위기를 넘겼다. 이 제휴는 그럭저럭 성공을 거둔 편이다. 미국은 북한과의 제휴를 통해서도 그런 효과를 얻고자 할 것이다. 하지만 이 제휴는 잠깐의 성공만 보장해줄 것이다. 미국은 가능하면 북·미수교만 해주고 핵보유국 인정은 하지 않으려 할 것이다. 만약 미국이 충분한 경제적 보상을 해준다면, 북한이 북·미수교와 사실상의 핵보유국 지위에 만족하고 넘어갈 수도 있다. 하지만, 그렇지 않다면, 북한은 북·미수교에만 만족하지 않고 국제법적 의미의 합법적 핵보유국 지위까지 요구하게 될 것이다. 이렇게 되면, 문제가 달라진다. 그래서 양국의 제휴가 '잠깐의 성공'만 보장해줄 것이라고 말한 것이다.

만약 북한이 합법적 핵보유국이 되면 수많은 문제가 발생한다. NPT 조약에서 1967년 1월 1일 이전의 핵보유국만 합법적 보유국으로 인정해준 것은, 더 이상의 핵 확산을 막기 위한 측면도 있지만 또 다른 측면도 숨어 있다. 그것은 유엔 안보리 상임이사국들만의 핵 보유를 인정하기 위한 것이다. 이 나라들은 한결같이 1967년 1월 1일 이전에 핵 능력을 갖췄기 때문이다.

안보리 상임이사국들은 오늘날 인류 세계의 지배자들이다. 합법적 핵보유국들도 인류 세계의 지배자들이다. 그렇기 때문에 합법적 핵보유국과 안보리 상임이사국을 일치시키는 것은 지금의 세계질서에서 당연한 일이다. 핵무기가 최첨단 무기의 지위를 잃게 되는 날이 오면 모르겠지만, 핵무기가 그런 지위를 유지하는 한은 이렇게 하는 게 당연하다. 이런 상황에서 북한이 합법적 핵보유국의 지위를 얻게 되면, 북한은 안보리 상임이사국 못지않은 국제적 지위를 누리게 될 것이다. 이것은 북한이 공식적인 세계 지배국의 반열에 올라서는 것을 의미한다.

이것은 일차적으로 한국의 불안과 반발을 초래할 것이다. 한국은 북한뿐 아니라 미국에 대해서도 맞서려 할 것이다. 또 중국 역시 동요하게 될 것이다. 중국 역시 북한의 세계대국화를 용인하지 않을 것이다. 이로 인해 동아시아 지역의 긴장이 고조되면 한국·일본·대만은 자체적 핵무장을 고려하지 않을 수 없을 것이다. 2016년 미국 공화당 대통령후보 경선에서 도널드 트럼프는 한국·일본의 핵무장을 용인할 수 있다는 발언을 했다. 트럼프가 용인하지 않더라도, 또 미국이 용인하지 않더라도 한국·일본이 핵무장에 착수하는 일이 벌어지게 되는 것이다.

이렇게 되면 북한과의 전략적 제휴를 통해 패권의 연장을 희망했던 미국의 의도에 금이 갈 수밖에 없다. 동아시아 국가들은 미국에 개의치 않고 상호 경쟁에 돌입할 것이고, 이 과정에서 팍스 아메리카나의 몰락은 가속화될 것이다. 이는 1842년 아편전쟁 종전 이래 동아시아를 지배해온 서양이 이 지역에서 영향력을 상실하는 결과로 이어질 것이다.

이런 양상은 세계질서에도 직접적 영향을 줄 것이다. 북한이 합법적 핵보유국이 되어 안보리 상임이사국과 다를 바 없이 행동한다면, 5대 상임이사국을 중심으로 한 유엔 안보리 체제도 사실상 유명무실해질 가능성이 있다. 이것은 유엔에 대한 도전을 가중시킬 것이고, 유엔을 중심으로 한 제2차 대전 전승국들의 세계 지배권을 약화시키는 결과를 초래할 것이다. 그렇게 되면 세계질서는 과도기를 거쳐 새로운 단계로 넘어가게 될 것이다.

그럼, 한국은 어떻게 해야 하는가? 북·미 핵대결에 대해 어떤 자세를 취해야 할까? 이 사안은 결코 남의 일이 아니다. 외형상은 북한과 미국이 당사자이지만 실제로는 우리도 당사자다. 그런데도 한국은 당사자에서 빠져 있으니 서글픈 일이다. 하지만, 서글퍼하고 있을 수만은 없다. 그랬다가는 북·미 간의 핵대결 불똥에 맞아 치명적 화상을 입을 수도 있다.

오늘날 한국은 내부적으로 국가체제의 안정기에 접어들고 있다. 신분제가 고착되려 하고, 금수저니 흙수저니 하는 얘기가 나오는 것은 그만큼 체제가 안정되어 가고 있음을 뜻한다. 이것은 16세기 조선왕조에서 공무원을 가리키던 양반 개념이 사회적 신분을 가리키는 개념으로 바뀌면서 양반과 평민의 상하 신분제가 정착된 것과 유사한 현상이다. 만약 별다른 외부 변수가 발생하지 않았다면, 조선왕조는 그대로 체제 안정기에 접어들었을 것이다. 하지만 당시 조선은 동아시아 최강이 아니었다. 그래서 내부 변수보다는 외부 변수에 보다 더 많이 휘둘릴 수밖에 없었다. 16세기 후반에 일본이 명나라의 패권을 흔들 목적으로 임진왜란을 도발하자, 조선왕조는 전쟁 후에도 덩달아 체제 불안정기로 휩쓸리지 않을 수 없었다. 임진왜란 후에 청나라와의 동맹을 발판으로 왕조의 간판은 간신히 지켜냈지만, 조선왕조는 그 후로 계속해서 백성들의 도전에 시달려야 했다. 그래서 양반 중심의 사회체제가 조선 후기에는 크게 동요하지 않을 수 없었다. 그래서 임진왜란 이전과 이후의 조선은 간판은 같지만 실제로는 상당히 다른 나라였다.

만약 21세기 대한민국이 외부 변수로부터 스스로를 지킬 힘이 충분하다면, 대한민국은 이대로 체제 안정기로 접어들 것이다. 하지만 조선왕조처럼 대한민국도 동아시아 최강이 아니다. 그래서 외부 변수에 흔들릴 수밖에 없다. 바로 위에 있는 북한이 핵을 무기로 세계 최강 미국을 툭툭 쳐대는 이 상황에서, 한국이 체제 안정을 기대하는 것은 무리다. 한국은 북·미대결 구도에 필연적으로 휩쓸릴 수밖에 없다. 아니, 이런 말을 할 필요도 없이 한국은 이미 휩쓸리고 있다.

이런 상황에서, 지금까지 했던 것처럼 미국의 등 뒤에 숨어 한반도 문제에 소극적으로 대응한다면, 한국의 운명은 북·미대결의 결과에 따라 타의적으로 결정될 수밖에 없다. 이것이 얼마나 위험하고 어리석은 일인지는 굳이 강조할 필요도 없다.

한국이 자신의 이익에 맞는 방향으로 자신의 길을 개척하고자 한다면, 방법은 딱 하나다. 스스로 하나의 주체가 되어 지금의 동아시아 대결무대에 뛰어드는 것뿐이다. 북·미 양자 구도에서 미국 편을 드는 게 아니라, 독자적으로 뛰어들어 구도 자체를 흔들어야 한다. 그렇게 해서 남·북·미의 3자 구도로 바꾸는 것이다. 이것은 미국 입장에서도 뜻밖의 상황이고 북의 입장에서도 그럴 것이다. 그렇게 하지 않으면 한국은 다가오는 운명을 결코 피할 수 없을 것이다.

내기 게임에서 패색이 짙은 사람이 할 수 있는 선택은, 그대로 판이 끝나기를 기다리든가 아니면 판을 뒤엎어버리는 것뿐이다. 그대로 게임이 끝나면 게임의 패자가 될 수밖에 없지만 판을 뒤엎으면, 당장에 욕은 먹겠지만 새로운 상황의 출현을 기대할 수 있다. 지금 한국에 주어진 판은 북·미 양자대결이다. 이 게임이 그대로 끝나면 한반도 전체의 운명이 북한의 의도 혹은 미국의 의도대로 귀결될 수밖에 없다. 두 가지 다 한국의 운명에는 긍정적이지 않다. 통일이 되더라도 북한에 의한 통일이 될 수밖에 없다. 평화적이고 대등한 통일은 결코 기대할 수 없다. 이런 결과를 원치 않는다면, 한국은 지금의 판도를 뒤엎어 버리고 남·북·미의 3자 구도를 만들지 않으면 안 된다. 이렇게 하지 않으면 새롭게 형성될 국제질서에서도 한국은 누군가에게 종속된 삶을 살거나 아니면 아예 간판을 내려야 할지도 모른다.

한국이 지금의 판도를 뒤엎어 버리려면 기존의 지배층을 그냥 두어서는 안 된다. 한국이 3자 구도를 만들려면 대미 종속적인 현존 구도를 파괴하고 미국과의 관계를 대등하게 만들어야 한다. 이렇게 하자면 이제껏 한국을 대미 종속적인 나라로 만들어온 세력을 청산하는 노력이 일차적인 과제가 되지 않으면 안 된다. 새로운 세력이 한반도 남부의 새로운 책임자가 되어 미국과의 관계를 재정립하고 북한과의 관계도 재정립해야 한다. 그런 다음에 한반도 통일과 동아시아 평화를 위해 달려가는 것이 한국의 입장에서 북·미 대결을 푸는 열쇠가 될 것이다. 북·미 어느 쪽의 주장에 동조하는 것이 한국의 문제 해법이 되어서는 안 된다. 한국 내부를 먼저 개조하고 그런 다음에 판도를 바꾸는 것이 가장 바람직한 해법이 될 것이다.

왜 미국은 북한을 이기지 못하나

초판 1쇄 인쇄일 2017년 2월 21일
초판 1쇄 발행일 2017년 2월 27일

지은이   김종성

펴낸이   김완중
펴낸곳   내일을여는책
디자인   agentcat
관리실장   장수댁

인쇄   예림인쇄
제책   바다제책

출판등록 1993년 1월 6일(등록번호 제475-9301호)
주소   전라북도 장수군 장수읍 송학로 93-9(19호)
전화   063) 353-2289
팩스   063) 353-2290
전자우편 wan-doll@hanmail.net
블로그   blog.naver.com/dddoll

ISBN   978-89-7746-069-0   03300

ⓒ 김종성

(CIP제어번호: 2017004506)